实用新闻与传播学丛书　　总主编 顾理平

电视深度报道

TELEVISION IN-DEPTH REPORTING

邹 举 著

南京师范大学出版社
NANJING NORMAL UNIVERSITY PRESS

图书在版编目(CIP)数据

电视深度报道 / 邹举著. —南京：南京师范大学出版社，2017.4
(实用新闻与传播学丛书)
ISBN 978-7-5651-2765-6

Ⅰ.①电… Ⅱ.①邹… Ⅲ.①电视新闻—新闻报道 Ⅳ.①G222.2

中国版本图书馆 CIP 数据核字(2016)第 124131 号

书　　名	电视深度报道	
丛书策划	林荣芹　王　涛	
著　　者	邹　举	
责任编辑	于丽丽	
出版发行	南京师范大学出版社	
地　　址	江苏省南京市宁海路 122 号(邮编：210097)	
电　　话	(025)83598919(总编办)　83598412(营销部)　83598297(邮购部)	
网　　址	http://www.njnup.com	
电子信箱	nspzbb@163.com	
照　　排	南京理工大学资产经营有限公司	
印　　刷	启东市人民印刷有限公司	
开　　本	787 毫米×960 毫米　1/16	
印　　张	13	
字　　数	227 千	
版　　次	2017 年 4 月第 1 版　2017 年 4 月第 1 次印刷	
书　　号	ISBN 978-7-5651-2765-6	
定　　价	32.00 元	
出 版 人	彭志斌	

南京师大版图书若有印装问题请与销售商调换
版权所有　侵犯必究

总 序

新锐博士团队,精辟理论解析,本科实用教材,科学传播知识,这是我对本丛书的基本期待。翻阅一本本书稿,这种期待的满足感油然而生。江苏是一个新闻大省,拥有一批在国内外都有重要影响的新闻传媒集团和新闻传播人才;江苏也是一个教育大省,其中,新闻传播教育的学科点众多,新闻教育的优秀学者荟萃,但是,学者们的许多成果花开本土,却果结异乡,令人颇为遗憾。我们希望这套产于本土,香飘本土的教材,能成为我省新闻教育发展进程中的一段宝贵记忆。换句话说,我们书写的,是一种历史责任感和使命感。

一、关于作者

在我的感觉中,一个人最具创造性的阶段应该在三十岁至四十岁间,理工科类稍早,人文学科稍晚。这并不奇怪,这个年龄段的人身体机能处于巅峰状态,精力旺盛,注意力集中,更重要的是他们告别了年少轻狂,也未至暮气沉沉,因此具备无穷的想象力和创造力。本丛书的作者,正是处于这样一个年龄段的青年才俊,一群才华横溢的博士。在他们的身上体现出来的,首先是新锐的思想。他们普遍具有良好的教育背景,通过博览群书,具有了比较广阔的学术视野。他们对前辈先贤的理论有透彻的理解,同时,他们又拥有可贵的质疑精神,不迷信权威,不妄从传统,希望用自己的智慧来解读新闻传播的理论与实践。他们的奇思妙想和真知灼见频频闪现,因此,翻阅丛书,我们不时会有"原来如此""原来还可以如此"的惊喜。其次是深厚踏实的学术功力。丛书的作者均为博士或在读博士,他们都经历了系统专业的学术训练和理论熏陶,这就使本丛书充满了浓浓的理性魅力,也更加符合学术规范的基本要求。学术功力的培养说起来简单,实际上是一个异常艰苦的过程。第一,学术训练需要大量的时间和精力做保障。春暖花开要抵挡得住美景的诱惑,夏日酷暑要忍受得了炎热的烦扰,秋高气爽要抗拒得住美食的侵蚀,冬雪飘零要忍耐得了严寒的考验。第二,学术训练还需要一定的天赋和灵气。理论研究的过程需要有好奇心和发现力,要有较强的领悟能力,而我们的作者正是这方面的佼佼者。第三,强烈的责任心。"文章千古事",教材的编写更是如此。大至谋篇布局及主要观点的表达,小至遣词造句的准确和标点的使用恰当,作者们都要认真琢磨,反复推敲,体现了他们的良苦用心和严谨态度。作者们都知道,这不仅是一般的学术研究,更是一种直接的知识传承,必须要本着对历史、对科学负责的态度来从事本书的编写工作。在初稿完成后,大家又不断地进行校阅,争取把最好的书稿呈现给读者。这套书所有的作者都是大学一线教师,教书育人是他们的天职,他们把这种责任心倾注到了这套丛书的写作中,他们深知,面对一双双求知若渴的眼睛,面对日新月异的传媒发展局面,只有专注地、科学地表达,才对得起读者的期待和经受得住时间的检验。

二、关于丛书

这套丛书具备这样一些特点:第一,创新性。首先是内容的创新。新闻与传播学科是一门贴近社会的学科,必须时刻关注社会的日新月异和科技的最新进展,关注这个时代的宏观趋势和微观变迁。因此,创新性几乎可以说是这门学科的必然要求。近年来,经过一代代新闻人的不懈努力,学术界有不少相关学科的教材出版,初步框定了主要的研究领域,构建成科学的学科体系,形成了基本的学科概念,这些内容是这套丛书必须传递的基本内容。因为我们始终相信一点,即传统是创新之母,脱离了传统的创新只能是空中楼阁。因此,我们遵循已有的、规范的学科内容。在此基础上,我们更强调内容的不断创新。新闻的价值,贵在"新"字,否则就成了旧闻,而关于新闻的学科知识,当然也必须时时关注新闻界的最新变化,并从理论上对这种变化进行总结。于是,在这套丛书中,我们除了能看到对本学科相关知识的系统阐述外,更能看到这些新锐的学者关于新闻与传播学发展的最新总结。其次是形式的创新。除了一般教材常规的表述方式外,我们在形式上也做了一些创新性的改变,譬如,我们在每章的开头都会有知识点导读或小贴士,在文中会有精当的最新案例分析,在文后附有促进理解的思考题。另外,在本丛书的编排和版式安排上,我们也做了不少创新性的尝试。我们希望这样的尝试,会给读者以耳目一新之感。第二,学理性。对学理性的坚守应该是一个有责任心的学者应有的态度,我们当然也不例外。这套丛书是一套教材,因此,它承担的学术责任理应更重。这种学术责任一方面表现在它对本学科知识表述的完整性上,即读者通过对本套教材的学习,对本学科的知识能有一个完整的、全面的了解。另一方面则表现在对本学科知识表述的准确性上。我们希望我们提供的观点是有创新价值的，但前提是准确。学术研究需要百花齐放，新见迭出，但教材提供的观点不追求石破天惊，更不应该离经叛道。我们希望我们提供的是基本成熟的，为学界和业界普遍认可的观点。第三，实用性。本套教材不追求玄虚空洞的抽象理论，专注于学而有用，因此，实用性是我们重要的着力点。

三、关于读者

中央电视台著名节目主持人白岩松在一档连线节目中曾有过这样一段话："英国一家著名媒体的同行问我，英国的媒体人应该向中国的媒体人学什么？我告诉他，第一是中文。这当然是开玩笑。我告诉他首先要学习中国媒体人对世界的好奇心。"看似有些令人意外的回答，包含的却正是一个媒体人应该具备的基本素质。好奇心表达着一个人对世界的关心和关爱，也表达着一个媒体人发现新闻的必备能力。试想，如果一个人对外在世界漠不关心，充满着无所谓的态度，怎么会从纷繁复杂的诸多现象和事实中去发现最有价值的新闻进行传播呢？当然，一个媒体人应该具备的素质远不止好奇心这一项。国际化的视野，专业主义精神，社会责任意识，创新思维能力……所有这些，都有待在悠长岁月的流淌中养成。本丛书的读者，主要是充满新闻理想的、意气风发的大学年轻学子，也包括那些对新闻传播有爱好的人们，坚守社会正义、维护社会良知是他们共同的追求。我们希望通过本套教材，能对他们实现各自的新闻理想有所帮助。

顾理平
（南京师范大学新闻与传播学院院长、博士生导师）

前　言

从历史的维度看,深度报道是新闻报道理念不断发展的产物,也是传统媒体专业价值逐渐体现、专业规范逐渐确立的结果。从技术的维度看,新媒体具备的速度快、消息短、用户广泛、人人发声等特点给传统媒体带来了巨大的压力,逼迫后者提高自身竞争力以谋求生存和发展。电视作为传统媒体的代表,要想彰显自身"声画并存"等优势,一个重要的实现途径就是做好电视深度报道。深度报道通过对信息的甄别、筛选,并加之以背景链接、关联整合和意义阐释,可以帮助人们发现事实易被遮蔽的本来面目和可能隐含的深层意蕴。

作为一本面向新闻学、广播电视学等专业的教材,本书力图做到理论和实践的相互结合。具体而言,前两章为历史与理论阐述,后几章内容则为实践操作的方法和技巧介绍。

第一章从深度报道理念的缘起、电视深度报道的界定和特点、我国电视深度报道的发展几个方面展开,既以历史的纵向视野考察深度报道理念的渊源,又从理论的角度审视电视深度报道的概念、特点及其在我国的发展情况。第二章聚焦于电视深度报道之"深度"的两个方面:方法上的科学性和文本上的拓展性,同时,介绍了解释性报道、调查性报道、人物专访、纪实性报道、数据新闻报道、组合文体的深度报道等多种具体类型。第三章强调正确的策划要以事实为基础、以创意为核心,实现对新闻资源的优化配置,然后介绍了电视深度报道策划的意义和做法。第四章从表现形态的角度,介绍了电视深度报道中最为常见的五种采访类型,并对它们的特点、适用范围、要求等方面做了整体介绍。第五章解析了采访提纲的设计,以及采访过程中的对话机制。第六章讲述采访中的观察和拍摄,介绍了采访中观察的方法及摄像记者的职责。第七章介绍了理性材料的重要性及其获取方法。第八章介绍了报道词的写作特征、写作技巧,并就报道词写作如何符合听觉规律、叙述功能、评论功能提出了建议。第九章介绍了电视深度报道叙事的视角、策略和基本结构类型。

　　由于水平有限,书中所述恐难免有所疏漏。对于存在的问题和不足,笔者诚挚地希望广大师生批评和指正。

目 录

总序 …………………………………………………………… 1

前言 …………………………………………………………… 1

第一章　电视深度报道概述 …………………………………… 1
  第一节　深度报道理念的缘起 …………………………… 1
  第二节　电视深度报道的界定 …………………………… 9
  第三节　电视深度报道的特点 …………………………… 10
  第四节　我国电视深度报道的发展 ……………………… 15

第二章　电视深度报道的常见类型 …………………………… 22
  第一节　解释性报道 ……………………………………… 22
  第二节　调查性报道 ……………………………………… 27
  第三节　人物专访 ………………………………………… 32
  第四节　纪实性报道 ……………………………………… 37
  第五节　数据新闻报道 …………………………………… 40
  第六节　组合文体的深度报道 …………………………… 44

第三章　电视深度报道的策划 ………………………………… 47
  第一节　策划对于深度报道的意义 ……………………… 47
  第二节　电视深度报道为何需要策划 …………………… 52
  第三节　电视深度报道的策划要求和步骤 ……………… 56

第四章　电视深度报道采访的类型 …………………………… 63
  第一节　电视现场采访 …………………………………… 63

第二节　电视电话采访 ·· 73
　　第三节　电视连线采访 ·· 80
　　第四节　电视隐性采访 ·· 87

第五章　电视深度报道中的提问和对话 ································· 94
　　第一节　采访提纲的设计 ·· 94
　　第二节　问题的"开合"与推进 ······································ 97
　　第三节　采访中的倾听 ··· 103
　　第四节　采访中的回应 ··· 106

第六章　电视深度报道中的观察和拍摄 ································ 121
　　第一节　观察的方法 ··· 121
　　第二节　摄像记者的职责 ··· 128

第七章　电视深度报道中理性材料的获取 ······························ 132
　　第一节　理性材料的重要性 ··· 132
　　第二节　理性材料的类别 ··· 137
　　第三节　理性材料的获取方法 ······································· 143

第八章　电视深度报道的写作 ·· 148
　　第一节　电视深度报道写作特征 ····································· 148
　　第二节　电视深度报道写作技巧 ····································· 151
　　第三节　立足于听觉规律的写作 ····································· 159
　　第四节　立足于叙述功能的写作 ····································· 165
　　第五节　立足于评论功能的写作 ····································· 172

第九章　电视深度报道的叙事 ·· 185
　　第一节　电视深度报道的叙事视角 ··································· 185
　　第二节　电视深度报道的叙事策略 ··································· 189
　　第三节　电视深度报道的叙事结构 ··································· 193

第一章 电视深度报道概述

深度报道(In-depth reporting)是新闻报道的一种重要类型。对于电视新闻工作者而言,深度报道是体现其视野广阔性、思想深刻性以及其较高的逻辑思维能力、创意创新能力的一种节目类型;对于电视媒体而言,它是自身个性、实力的象征,是体现自身文化内涵、思想灵魂特质的重要标签,是媒体运用各种资源、技巧和元素把脉时局、解读事实、引导社会舆论的重要工具。

在以社交媒体为代表的新媒体崛起的时代,几乎每人手中都有一支可以随时发声的"麦克风","全民皆记者"的现实状况使绝大多数专业记者感到前所未有的压力。深度挖掘新闻事件的来龙去脉,制作出一档电视新闻深度报道栏目,可借之在以碎片化、浅表化传播为主要特征的新媒体的竞争中占据一席之地,是电视媒介在如今信息泛滥的碎片化时代中取胜的重要法宝之一。因而,作为传统媒体的电视媒体,利用自身优势做好深度报道,对于其长远发展至关重要。

第一节 深度报道理念的缘起

深度报道作为一种新闻报道的类型最早是从报纸中发展而来的。报纸中出现新闻深度报道这一类型,是与一定的社会历史背景和新闻业发展中出现的相关思想潮流密不可分的。基于此,本节回顾了西方尤其是新闻业高度发达的美国的新闻思想中的几股重要思潮,这便于我们理解"深度报道"的理念和方法的由来。

一、客观报道

客观报道的理念出现在19世纪30年代。当时的美国新闻业逐渐出现了两个重要的现象:一是大众化报刊的兴起;二是通讯社的创立。

首先是大众化报刊的兴起。在这之前的政党报刊时期被称为"美国报刊最黑暗的时期",政党报刊以联邦党、反联邦党的观点冲突、政治斗争为基本价值取向,内容充满了谎言和谩骂,新闻报道成为人身攻击的武器,这样的风气甚至引发了街头斗殴。随着资本主义工业的发展,产业阶层的出现,客观上出现了以前一直被报刊忽视的受众,因此产业阶层成为精明的出版商和报刊发行者追求的对象。于是以本杰明·戴的《纽约太阳报》(1833年)、詹姆斯·戈登·贝内特的《纽约先驱报》(1835年)等为开端,新闻业开始追求煽情化的报道方式,并努力增加公众需求的信息。报纸的受众群扩大,广告收入和发行收入增多,经济实力也得以增强,新闻传播业从此进入空前繁荣的时期。但是,随着公众新闻眼界的扩大,那些单纯依赖煽情、不顾事实真相的新闻方式,又逐渐被公众唾弃。美国新闻史上的"高尚的办报者"——如霍勒斯·格里历与《纽约论坛报》、亨利·雷蒙德与《纽约时报》,他们致力于发展以事实报道为基础的新闻理念。[①] 从这个意义上看,其实是商业化催生了客观报道,并普遍以"信息模式"替代政党报刊时期的"政论模式",客观报道的理念也逐渐成为新闻业所信奉的基本原则。

还有一些学者认为,客观报道理念出现的另一个原因在于通讯社的创立。由于早期电报收费非常昂贵且线路经常发生故障,1848年5月,纽约的六家报社为了能够节约开支并且完整迅速地报道消息,成立了联合采访部,共享由一名记者撰写的报道,而电报费由各家报社平摊。这样的联合采访机制便是美联社的前身。美联社要为多家具有不同政治立场的报社提供新闻,就必须在观点上找到平衡点,慢慢地就形成了"客观"的报道方式。1856年,美联社驻华盛顿特派员戈布赖特就曾对美联社的这种策略给出直接有力的证实,他曾说,"我的职务是传递事实,我的工作守则不容许我对事实做出任何评论,我的电讯发给各种政治态度都有的诸报。因此,我自己节制,只报道我认为正当的新闻,而且力求真实和公正"[②]。

客观报道以观点和事实分开为核心要义,并确定了一系列具有操作性的准则。从技术层面上看,客观报道所产生的一个重要成果是内容的倒金字塔结构,也就是说在导语中将何人、何事、何地、何故及如何等因素表述出来,在新闻内容的主体部分再按照事实情节的重要次序来进行扩展或描述。这种新

---

① 陈敏直.西方客观报道演变与话语权[J].当代传播,2006(4).
② [美]梅尔·奥延杰.传播媒体之功能[M].台北:今日世界出版社,1985:19.

闻报道的写作方法逐渐得到美国乃至世界各国新闻界人士的认可,并成为新闻客观性报道原则的写作典范,至今仍有很大影响。

总体上来说,客观报道适应了新闻工作的实际。新闻业的服务对象是广泛的异质人群,受众具有不同的社会背景、兴趣爱好和知识结构,客观报道是让新闻为最广泛的受众满意的最佳方式;客观报道的思想和方法可以帮助新闻业形成一套可供效仿的工作模式,使事实的收集、加工、报道走向常规化,并且有效地维护新闻职业独特的专业身份和合法性地位。[①] 所以,直至今日,客观原则依然是所有新闻观念中最为重要的一个元素。

但早期的客观报道理念亦有其局限性。它将主观和客观对立起来,主张媒体人在新闻活动中应成为置身事外、冷眼旁观的中立者,不掺入自己的偏见,将意见与事实分开。新闻学家麦克斯维尔·康博思把这种以新闻事件为主的报道趋势称为冰山理论(iceberg theory)。他说:"传统新闻媒介每天观察地方社区及国家,搜寻危险的信号,就像雷达在海面照射冰山的顶端示警一样,记者在没有帮助的情况下,只能描述冰山的顶端,而对沉在海底的冰山的主要部分,未能注意,因此无法描述。"[②]这种"有闻必录"式的纯粹客观报道拒绝对社会现象进行分析,无法帮助人们更全面、更深入地了解社会,因而新闻记者丧失了更好地服务社会的主观能动性,客观报道的局限性逐渐显示出来。尤其到了20世纪,在第一次世界大战、经济危机、"麦卡锡主义"等危机事件出现之后,这种报道遭到种种质疑和否定。

"一战"期间,美国公共资讯委员会和军方使用"省略"手段掩盖消息,甚至还直接炮制假新闻,而记者则不加辨析地进行报道,使得"一战"成为"第一场新闻宣传员的战争"[③]。有人认为,"美国报纸受到外国宣传家及资本家战争贩子的欺骗,即在协约国英国和国内军火制造商、政客等利益团体误导下,美国人民误入歧途,美国被拖入了一场不必要的屠杀战争"[④]。

20世纪30年代前后,经济危机使人们茫然无措,引发了社会恐慌,更加深了人们对客观报道的不满。在客观报道模式下,很多重大的新闻事件只有

---

① 李良荣. 当代西方新闻媒体[M]. 上海:复旦大学出版社,2003:123.
② 罗文辉. 精确新闻报道[M]. 台湾:正中书局,1991:21.
③ The Times is quoted in Hiebert. Courtier to the Growd. p. 243//[美]Michael Schudson. 探索新闻:美国报业社会史[M]. 何颖怡,译. 台北:台湾远流出版事业股份有限公司,1993:143.
④ 刘灿璨. 客观新闻思潮论[D]. 长沙:湖南大学,2007:33.

当它成为事件之后才可能被公众感知,而在一个动荡不安的社会里,这对于公众来说无疑是一种伤害,因为他们只能获得局部性甚至是碎片化的信息,无法从整体上了解社会,了解周围潜在的危险。①

1950年2月,参议员麦卡锡在一次演说中指责美国国务院至少聘用了205名"共产党分子"。麦卡锡的言论一出,引起了资本主义世界的纷纷议论,人们对此惊慌失措。很多记者虽然也怀疑麦卡锡所说内容的真实性,但是在客观报道的理念下,大部分记者都对麦卡锡的言论进行了"如实"报道,把麦卡锡的种种指控"客观"地记录下来,并刊载到报纸的显要版面。结果造成了麦卡锡对整个事态的掌控和操纵,很多无辜人士甚至是知名人士遭到调查。

以上事件在新闻业界引起了巨大的反响,媒介批评家和业界自身开始认识到狭义客观报道的局限性,同时也认识到在新闻报道中,分析新闻事件的意义以及对新闻事件做出解释的必要性。随着动荡的60年代的到来,美国的社会发生了巨大的变化,在此背景下出现的"新新闻主义"等思潮使得客观报道理念受到了更多的挑战。

二、新新闻主义

当历史步入20世纪60年代,美国经历了剧烈的社会动荡。总统遇刺、反战示威、黑人民权运动、女权运动、艾滋病危机等接连发生,街头暴力不时出现,美国社会似乎一时失去了控制,处于一片混乱状态。这样的时代里,反叛、颠覆、非理性成为时代精神,权威荡然无存。由于无法在混乱的世界中告知民众事件的真相,新闻从业者对所谓传统的新闻客观性与一成不变的报道模式失去了热情。再加上当时地下报刊的兴盛,在20世纪60年代的反文化(counter-culture)浪潮中,兴起了一股新新闻主义报道之风。

"新新闻主义"是新闻报道的一种全新的理念,它在报道真人真事时,融入了小说的写作技巧,注重刻画细节、场景以及人物的内心世界,对传统新闻报道所谓的客观性和权威性提出挑战。它横跨小说与纪实新闻两大领域,所以又被称为"非虚构文学"。新新闻主义虽然不被主流新闻媒体接纳,但它对报纸的周末板块、专栏栏目以及软性新闻的杂志等产生了重要影响。它以直面现实人生的态度,结合文学的手法,紧扣社会潮流,成为令全世界新闻界为之瞩目的新浪潮,开创了前所未有的纪实主义时代。

---

① 杜骏飞,胡翼青.深度报道原理[M].北京:新华出版社,2001:59.

新新闻主义的生命很短暂,崛起于20世纪60年代,消亡于70年代。它与客观报道在理论依据上的最大不同在于:客观报道只相信所看到的、听到的东西,认为记者的任务是完全客观地记录现实;而新新闻主义则认为现实存在必须通过人的主观意识才能被感知并呈现。它改变了记者对新闻事实的认识方法和思维模式,反映了对于新型写作方式的前瞻性的理论呼吁,一定程度上促进了新闻文体的发展。①

其实,新新闻主义理论的起源可以追溯至殖民地时代托马斯·潘恩的《常识》。只是作为一种广泛兴起的新闻思潮,它到了20世纪60年代才出现。它主张记者应该花费大量时间深入采访,记录人物的对话和行动,描述人们的主观感受和心理活动。在混乱的社会背景之下,这种对边缘人物、底层人物的描写,对文学手法的运用更显示出独特的优势。20世纪60年代的混乱为一批人实践新新闻主义理念提供了良好的土壤,比如汤姆·沃尔夫、吉米·布雷斯林、盖伊·塔利斯、诺曼·梅勒、杜鲁门·卡珀蒂、亨特·汤姆逊等都是其中的杰出代表。

新新闻主义的产生亦有媒介竞争的背景。20世纪60年代,电视新闻已经走向成熟,并显示出巨大的影响力,甚至总统竞选也必须上电视进行辩论。1960年美国总统选举,民主党参议员约翰·肯尼迪以极微弱的优势击败时任美国副总统的理查德·尼克松。据民意调查显示,超过一半的选民是受到了电视辩论的影响,而6%的人声称是电视辩论使他们做出最后的决定。两年后,这场角逐的失败者——尼克松在书中承认了辩论的重要性以及当年的致命失误:"我应谨记,一张图片胜过千言万语。"从新闻的角度看,电视的发展,使得报纸面临极大冲击,其报道方式急需改变。于是,当时的一些知名作家便进入了报纸领域,在报纸上发表具有文学性的新闻报道。

当然,新新闻主义自身有着不可避免的致命缺陷。其对人物的主观感受、内心情感的涉足,对环境气氛的渲染、个人观点的阐发,就新闻报道本身的特质来说是十分危险的。这种主观与客观杂糅、混合的做法,与传统的新闻客观性观念背道而驰,使之即使是在鼎盛的20世纪60年代也仍然招致严厉的批评。新新闻主义终因自身缺陷和反对之声的高涨,在新闻传播领域悄然消逝,但其对客观报道的反思及产生的影响不容忽视。

---

① 李璐.新新闻主义中国化发展研究[D].重庆:西南政法大学,2010.

三、精确新闻报道

精确新闻报道中的"精确"二字并不是非常准确之意,而是指一种特定的方法和手段。它是新闻机构或新闻记者采用民意调查、内容分析、实地调查等社会科学研究方法和研究结果来报道新闻的一种方式。精确新闻报道的概念最早由美国新闻学者菲利普·迈耶在其1973年出版的《精确新闻学——一种社会科学报道的理论》一书中提出。他认为,传统的采集和加工新闻信息的做法,只停留在对新闻事件做一般性的描述和似是而非的评价上,致使新闻报道难以做到准确和客观。因此他提出,新闻记者要广泛运用社会学和其他人文社会科学的方法和手段,来采集和加工信息,并从社会、历史、政治和经济的角度去分析新闻事实和材料,解释社会事件,以提高新闻报道的"准确性"和"客观性"。

精确新闻报道的产生与早期的选举研究密不可分。首先尝试采用精确新闻报道技巧进行选举研究的是《哈里斯堡宾州人报》,该报于1824年以"假投票"的方式在德拉威尔敏顿市进行美国选举民意调查,并于1824年7月24日刊登了这项调查的结果。1932年,米勒夫人决定竞选州务卿,她的女婿盖洛普便利用这次的选举,来验证他在博士论文中所提出的一种科学抽样方法。盖洛普用这种科学的抽样方法进行了一项选民意见调查,准确地预测出了选举的结果。1936年的总统大选,盖洛普运用科学抽样方法得出与《文学文献》大样本调查相反的结果,并最终证明了科学抽样法的精确性,于是全美各地的报纸开始认识到民意调查的新闻价值。

20世纪60年代的美国因种族问题而引发多次骚乱。种族骚乱先是从洛杉矶开始,随后蔓延到纽沃克和底特律。对于种族骚乱的原因,当时许多报纸社论采用的解释是:骚乱者是处于社会经济底层的人,他们没有其他的向上层发展或表达自己意见的机会,只有采取发动骚乱的做法。受教育程度较低的人应更倾向于参与制造骚乱,生长在南方的黑人应比生长在北方的黑人更容易参与制造骚乱。所有的记者在报道中都反映种族关系恶化。时任《底特律自由报》记者的菲利普·迈耶与另外两位社会科学家采用"随机抽样法",选择暴乱地区的437位黑人进行访问。随后将所得资料输入电脑,以统计方法分析了黑人暴乱的原因,并依据研究结果写出了系列报道《十二街那边的人们》。调查结果显示,在南方长大的黑人中只有8%参与了骚乱,而在北方土生土长的黑人却有25%参与了骚乱。而且无论是在全国范围内还是在地方,无论是在地理上还是在态度上,种族之间的容忍度和互相的尊重程度都更高了。最终,迈耶的这些系列报道为《底特律自由报》赢得了普利策奖。

20世纪60年代电脑技术的发展使得数据的收集与分析更为简便、快捷,这也为精确新闻报道提供了技术上的可能。基于此,精确新闻报道使记者能够运用科学的方法进行直接或间接的系统观察,而这种系统的观察和科学的计算,使精确新闻报道在内容上显得更加全面、公正、客观。应该说它适应了社会发展的需要,社会越来越复杂,为了适应时代的需要,新闻记者必须学会采用更加细致、科学的方法来分析和报道各种社会现象,为受众提供最"真实"的信息。精确新闻报道的出现,可以说是新闻界长期以来探索新闻更准确地反映客观真实的科学精神的必然结果。

20世纪70年代,精确新闻报道的研究在美国风行一时,出现了大批教科书和参考书。美国的新闻学院大都开设了研究方法方面的课程,有些学校甚至把研究方法纳入采访写作的课程中。由于新闻学院越来越重视研究方法,新闻学院的毕业生中精通研究方法的人数也逐年增加。因此,新闻机构越来越容易雇佣到能够执行精确报道研究的记者,这种现象可能是20世纪70年代精确新闻报道能在新闻界迅速发展的重要原因之一。[1]

当然,精确新闻报道也有其矫枉过正之处:精确新闻报道是以数据信息作为自己的内容基础,但是数据往往停留在对社会宏观概况的描述,这样的新闻报道往往无法深入到社会的深处和细处,显得表面化、肤浅化。而且,社会科学研究的方法常常过于烦冗和严苛,其研究方法本身又可能带来学理上的争议,同时从受众接受的角度看,数据的堆砌反而容易使新闻显得乏味而无意义。正像我们在幽默故事中读到的那样,一名美国记者奉命去精确报道某非洲国王的加冕典礼,结果不得不在狱中写信报告主编:"我清点通往王座的台阶数,在数到343级台阶时被捕。"[2]这就要求记者除了采写数据,还应当以数据为起点和线索,拓展报道的广度和深度,并努力发现和捕捉新闻背后更为具体、富有意蕴的人和故事。

四、深度报道对新闻理念的整合

从历史发展的角度来看,任何新闻思潮的产生总有一定的社会背景。客

---

[1] 梁舞.精确新闻报道的理论起源以及在美国的发展[J].东南传播,2006(1).
[2] 杜骏飞,胡翼青.深度报道原理[M].北京:新华出版社,2001:65.

观报道思潮的兴起源自于18、19世纪工业化、城市化等社会的重大转型以及报纸的商业化发展、通讯社的出现等因素。而新新闻主义和精确新闻报道的出现则是由于这样一些原因：一是美国国内局势跌宕起伏、扑朔迷离，社会公众需要新闻媒体对报道的事实给出解释；二是社会责任论已被美国新闻从业人员逐渐接受，为打破片面、单纯的"客观"理念提供了强大的理论依据；三是基于媒介竞争的加剧，在新闻报道的速度上报纸已难以与新兴的广播电视相匹敌，不得不扬长避短，在报道的深度上与广播电视展开竞争。

总体看来，新闻思潮的出现总是适应了当时社会发展、媒体发展的要求，但它们各自走上了忽左忽右的极端，分别存在着一些难以克服的局限。

客观报道虽然树立了新闻业的标杆，但其罗列事实的方式无法解释事件的前因后果，也无法在时效上与占有得天独厚优势的电子媒介相抗衡，更糟糕的是，没有主观能动性的记者使报纸成为没有判断力的"传声筒"。当广大受众感受到自己所受的伤害时，他们对客观报道的新闻理念产生了怀疑。于是，强调主观感受的新新闻主义理念试图从另一个极端修正客观报道。但在实践过程中，由于新新闻主义过于强调主观的作用，过多地抛弃了客观报道的合理因素，甚至一度导致假新闻泛滥。最后，新新闻主义几乎在一夜之间退出了新闻的舞台。精确新闻报道虽然开创了报道的新思路、新方式，但其工具化特点明显，而且其特定方式注定只适用于某些宏观性题材，对大千世界的细微之处、人文的一面缺乏感应。

深度报道的理念正是在这样一些新闻理念的碰撞中扬弃、整合生成。深度报道在继承客观报道合理因素的同时，并不排斥新新闻主义中的合理成分。它强调记者在进行新闻报道时要客观冷静，但也强调绝对的客观是不存在的，记者要有主体意识和主观能动性，要积极地追求报道的深刻和优美。它在强调用事实说话，用事实解释新闻事实时，也并不反对记者个人倾向的流露。深度报道无疑看到了客观报道的合理内核，与此同时，它也吸收了新新闻主义、精确新闻报道的某些合理倾向。[1] 可以说，深度报道对新闻观念的整合无疑为新闻客观主义的传统理念找到了现代化之路；同时，它将新新闻主义从文学化的轨道上拉回，保证了新闻的本体性；它将主观性思考和形式的丰富性注入精确新闻报道中，避免其过度工具化。

---

[1] 胡翼青.论深度报道的整合[J].广播电视大学学报(哲学社会科学版),2001(2).

第二节 电视深度报道的界定

深度报道作为一种新闻报道实践,已经有了几十年的历史。很多强势的新闻媒体都在着力打造深度报道的品牌,"中国新闻奖"和各省新闻奖等获奖作品中也有相当一部分是电视深度报道。实践开展如火如荼,就概念而言,究竟怎样的报道可称为"深度报道",人们的认识却存在着较大分歧。总体而言,当前学界和业界对深度报道内涵的认识,主要有以下三种代表性观点。

第一,报道体裁说。比如,张雨认为:"深度报道就是'一种以深见长的新闻体裁'"。吴培恭认为:"深度报道是介于动态新闻与新闻评论之间的一种相对独立的文体"。姚文华认为:"独立文体的深度报道种类繁多……至少也有20多种。但从文体流变角度看,解释性报道、调查性报道和预测性报道可以看作是最基本、最典型的深度报道"。

第二,报道方式说。比如,甘惜分在其主编的《新闻学大词典》中认为深度报道是一种"运用解释、分析、预测等方法,从历史渊源、因果关系、矛盾演变、影响作用、发展趋势等方面报道新闻的形式"。程世寿认为,"深度报道是一种系统反映重大新闻事件和社会问题,揭示其实质,追踪和探索其发展趋势的报道方式"。浙江人民出版社出版的《简明新闻学词典》对深度报道所做的阐述是"一种阐明事件因果关系,预测事件发展趋势的报道形式。诞生于20世纪40年代,是新闻的五个W和一个H的进一步深入的报道方式,它的主要特点,要在WHY(为什么)和HOW(怎么样)中进一步深化"。周胜林、尹德刚认为:"深度报道(亦称深入报道),是指完整反映重要新闻事件和社会问题,追踪其来龙去脉,揭示其实质意义或预测其发展前景的一种高层次的报道方式"。

第三,报道理念说。何婕认为:"深度报道是讲究新思维方式的报道……原有的深度报道的定义已经不能涵盖现在被称为是深度报道的新闻专题的外在表现,而深度报道正日益由注重报道形式向注重报道思维转变;也就是说,凡思想深刻,能揭示客观事物的内在属性、相互关系与某种发展规律的新闻报道,能充分体现时代意义、社会意义的新闻报道均为深度报道"。梁家新等认为:"深度报道之深是相对于动态报道的平面叙述而言的,谁又能完全划分一个深与浅的界限呢?从这一点来看,深度报道也仅仅是我们从业人员采用的一种新思维、新模式在新闻报道中的实践,而并非一种固定的体裁"。杜俊飞、胡翼青提出:"'深度报道'所体现的是一种新闻旨趣(interests),它揭示了新闻的主体与客体间的关联,从深度(深刻性)和广度(广延性)两方面指出了新闻文本以受众认知效用为主导的运作方向"。胡立德认为:"深度报道内涵可以概括为'主流价值及专业职责观照的、以潜在重大新闻价值及意义为目标的传播追求'"。其要点有三:"报道以正义(公众、国家)和专业职责为出发点和落脚点,并体现社会、全局、历史、人文、前瞻、发展、辩证等视角高度以及实事求是的报道原则。对新闻事件和社会现象下重大新闻价值及意义内容的组织与挖掘,对报道内容真实、准确、全面和智慧地呈现与描述"。

总体而言,以上三种界定的方法各有道理,它们分别从不同的角度来阐述深度报道的含义:"报道体裁说"重在概括深度报道的表现形式;"报道方式说"重在分析深度报道的主体内容及其内在逻辑关联;"报道理念说"则重在说明深度报道的价值追求。相比较而言,"报道体裁说"主要是通过列举或说明来阐述深度报道概念的外延;"报道方式说"和"报道理念说"则更贴近深度报道概念的内涵。就后两种观点而言,"报道理念说"倾向于认为深度报道之"深"是一个相对的概念,"报道方式说"则倾向于认为深度报道对"深"的追求有着特定的方法和逻辑。

本书认为,概念的界定应着眼于对象的实质内涵,至于深度报道的外延,其实是具有一定的开放性的。随着传播技术的发展和报道理念的不断演变,新的深度报道体裁可能会不断涌现(比如后面会提到的数据新闻)。因而,本书更倾向于综合"报道理念说"和"报道方式说"来界定深度报道,亦即从抽象的价值追求和具体的操作方式两个方面来进行考察和界定:

所谓深度报道,是以满足受众的深刻认知为目标,通过解释、调查、预测等方法,分析重大新闻事件或社会现象的历史渊源、因果关系、影响作用、发展趋势等多方面内容的报道类型。

第三节 电视深度报道的特点

电视深度报道已基本形成自身特点,其主要特点体现在两个方面:一是深度报道所共有的"深度"特征;二是电视所专有的媒介特征。具体来说,体现在以下几个方面。

一、所涉题材重大

既然深度报道要以满足公众认知为目标、以公共利益为指向,其选题就必定要能承载较大的信息量和意义挖掘的空间。简单的琐碎小事以及一事一报往往难以达到这样的目标,通常只有比较复杂或重大的事实(现象)或者事实(现象)的关联,才能使记者在基本的新闻要素之外,有所记录、展现、挖掘、揭露、解释、分析,从而使观众在收看节目之后有所收获。

那么,何谓题材"重大"?除了所报道的事件本身具有一定的社会影响力,以及对普遍存在的社会公众有着或多或少、或直接或间接的利益关联,有学者认为,深度报道的题材还必须是当前社会的热点、难点、新点、疑点。具体地讲,最重要的是要勇于涉及观众普遍关心的热点问题和疑难问题;同时选题要"新",有新的角度、新的思维;事件过程有疑点,有可以调查的余地,有值得解释和分析的地方。[①]

如今,深度报道在报道题材的选择上将更有讲究。在新媒体环境下,所有人在"传一授"关系上都是双向的,既是传播者又是接受者,因此信息的来源更加多样,故而为深度报道提供了更加丰富而多元的选择内容。同时,动态消息、一般性事实的报道已经不再是传统媒体的强项,其专业性优势将逐渐失去。对于以电视为代表的传统媒体而言,对于报道题材的选择需要更加注重重要性以及针对性,要能及时解答公众关心的热点问题。

二、采访全面深入

深度报道之"深度"的源头在于采访。只有采访比一般性报道更全面、更深入、更充分,记者才能获得进行深度报道的基本素材,才能对事件或现象有更恰如其分的感性认识和更富洞见的理性思考。

记者进行深入的采访,题中应有之义是到现场进行采访。有人认为,各种新媒体、新渠道的出现为记者提供了一个捕捉新鲜事物、联系各方信源的便捷途径。然而新媒体环境下,大量的信息远远超过了人们的经验范畴,碎片化的信息也常常使人们感到更加困惑,这就需要专业人士亲临现场,亲眼观察、亲

[①] 闫凯蕾."深"度测量——对电视深度报道分析之一种[J].海南广播电视大学学报,2004(2).

身体验。在当前的媒介环境下,记者从网上获得信息是必要的,但不能代替到现场进行采访,不能代替对各种材料所做的甄别、整合、思考和报道。

当然,所谓深入采访既包括现场采访,又不局限于现场采访。记者通过在现场所做的采访以及在现场之外的、借助其他手段实施的采访,清楚地了解事情的来龙去脉、现象本质、因果联系、细枝末节、隐微之处,方能为深度报道奠定坚实的基础。在此过程中,特别能够显示出深度的是追根溯源,不断探寻造成特定结果的深层次原因,从而满足受众不仅希望知道发生了什么,而且想知道此事为什么发生的新闻需求。①

三、思考理性深刻

深度报道的崛起,其最大的突破就在于从"零度"的纯客观叙事走向深度叙事。所谓"零度"的纯客观叙事是指没有任何主观介入和艺术加工的最原始的叙事。而深度报道则需要尽最大可能进入事件的内核。这要求记者既要客观真实地记录事实,还要带着自己的思考走近事实和人物,对报道对象进行全方位、理性的观察和思考。

深度报道中的理性思考主要体现在两个方面。

首先,是对事实本身的理性审思。很多时候深度报道的对象并不是简单的事实,事实本身就容易被重重迷雾遮掩,记者需要在"雾失楼台"的情况下努力还原,达到"拨云见日"的效果。因而,深度报道不应该支离破碎地描述表象事实,或简单罗列各方所观察到的事实片段,应该用透视的方法,形象、立体并完整地反映现实。记者在报道过程中实际上是存在着一定的价值判断的,所需要的常常是突出重围或拨开迷雾,通过艰苦卓绝的采访获得完整的证据链条来支持自己的判断,并将客观的事实片段用富有逻辑的方式组合表达出来,最终努力去还原和呈现事实的原貌。

其次,是对事实背景、本质、影响的理性思考。相对而言,消息类报道只重视交代新闻的基本要素,呈现事实的概貌;而深度报道所涉事件往往根植于社会生活的大系统中,记者需要从核心事实出发,由内向外地进行延伸和辐射性思考,从更全面、更宏观的角度对关联事实或者对社会系统进行多角度、多层次的观照。从空间上理清和呈现与报道对象相关的背景、事物以及与之互为因果的社会网络结构;从时间上联系过去、现在和未来。从而为新闻事件的发

---

① 丁柏铨.深度报道:概念辨析及深度探源[J].新闻记者,2014(10).

展过程理清历史脉络,为其在现实社会生活网络中进行坐标定位,并使受众能够得到启发,从新闻事件中感受到它与自身生活的距离和影响。

四、背景材料丰厚

深度报道如何体现其深度?如何帮助受众清楚了解事情的来龙去脉?深入理解新闻事实的内涵,了解新闻事件的发展趋向,其重要途径在于对背景材料的引用和整合。

所谓"背景材料",是有关新闻事件的历史性或环境性材料,起着补充、反衬或烘托新闻事实的作用,因而常被称为"新闻背后的新闻"。当然,在消息类新闻中也常常有背景材料的使用。但消息中,背景材料的地位是"当用则用,可无则无",不使用背景材料的消息很常见,如果需要使用背景材料,往往也只是点到为止,极为简略。但是,在深度报道中背景材料的使用是必不可少的,正如美国新闻学者所说,"不使用背景材料,几乎没有报道是全面的,忽视这个忠告的记者,他们绝不能给读者和听众提供充分的情况"。深度报道中,背景材料所起的作用或为解释,或为烘托,或为对比,通过背景材料的组织将报道对象置于多层次、立体化的维度下进行聚焦,不仅从横向上注意事物与事物之间的相互联系,而且从纵向上考察其历史背景和发展趋势,构成一个纵横交织的网状结构,显示出报道的深度。如中央电视台关于伊拉克战争的报道:

> 伊拉克战争爆发当天,中央电视台采用全程新闻直播形式,全方位、多角度地进行了报道。在这次直播中,央视第一、第四、第九套节目累计直播500多小时,有600人参加了直播工作。直播节目内容能够产生巨大的社会反响,得益于事前策划早,各种背景资料准备充分。早在开战前两个月,央视就开始组织策划,强调在新闻采集上,要做到"快"和"准";在背景资料制作上要做到"全"和"细"。新闻中心和海外中心预先制作了相当于播出量10倍的专题节目,背景内容涉及与战争相关的各个领域和各个方面,既有新闻性,又有知识性,而且资料不断更新直至节目播出前一秒钟。正是通过编辑部对各种背景材料的有效整合,信息组合的时空才得以呈现多维形态,才使这次报道给人以信息密集、节奏明快且富于变化的感觉,播出后所起的宣传效果自然是明显的。背景材料的组织给观众

带来大量"想知道"和"不知道"的信息,使新闻的"深度"明显加强。①

五、电视手段多元

电视深度报道的题材重大、头绪繁多而且结构复杂、视听符号多元,而观众对电视深度报道又抱有与文字深度报道不一样的收视期待和审美心理,这些都是对记者、编导的创作能力的严峻挑战。

众所周知,"一种大众传播媒介所兼容的传播符号越多,它所传播的信息对受众的影响就越全面、越深刻,也越有利于传播更丰富、更深刻的内容。电视同时兼容了画面、声音、文字等传播符号,而且它们不是一种简单的相加关系,而是相互整合,形成了一种合力。这种合力就是我们常说的电视再现事实、表情达意、概括抽象、谈古论今、上天入地的潜能"②。在此基础上,现代电视新闻就具备了"追求新闻事件的快捷迅速报道,扩充单位时间内的信息含量,满足观众的现场同步感受和参与"的特征。电视传播技术、新闻理念的发展使得记者可以通过客观记录、访谈对话、体验介入、同步直播等方式了解事实,并以富有真实感、现场感、新鲜感的形式和最"深入浅出"的方式最大程度还原事实。与此同时,观众也不是单纯地满足于了解发生了什么,而是以审美的目光去了解事情的前因后果以及最终的真相。可以这么说,现在的观众对新闻内容的要求已由"知道和了解"转向了"思考和欣赏"。

因而,创作者需要组织好画面、声音以及语言这三种视听元素,重建事件的逻辑、展示调查的过程、突出报道的重点和疑点。冲突、悬念、细节,是电视深度报道叙事的关键元素;一波三折、层层剥笋、逐层推进,是理想中的结构;徐疾有致、收放自如,是节目最佳的节奏;充满动感与细节,是对声画的要求。从采访、拍摄到叙事结构、叙事节奏,再到解说、声画乃至标题,电视深度报道的记者、编导需要对以上所有环节全盘考虑。

---

① 王贵平,王青.深透性:电视深度报道的品质追求[J].电视研究,2004(11).
② 樊亚平.论电视的深度报道优势[J].当代传播,2005(6).

第四节 我国电视深度报道的发展

当今的电视媒体并不局限于"有闻必录"的信息发布者,不仅仅向观众提供各种动态信息;它同时也注重信息的精加工,向人们提供经过深度解读的新闻内容。从各家电视媒体的实际情况看,电视深度报道正处于活跃期,节目的比重正在不断提高,报道形式与内容的多样性、思辨性、探入性都精益求精。

一、电视深度报道的崛起

1. 社会发展的需要

20 世纪 80 年代,中国社会进入了现代化转型进程,从计划经济到市场经济,从相对封闭到全面融入全球一体化浪潮,中国社会经历了前所未有的发展历史。进入 21 世纪之后,社会转型速度进一步加快,经济、政治、文化等领域的各项改革全面推进,同时随着加入 WTO,中国 2003 年人均 GDP 首次突破 1 000 美元,社会利益主体逐步多元化,社会结构进一步分化,社会矛盾日益纷繁复杂。在这种错综复杂的情况下,普通大众要认识各种层出不穷的社会问题、简单的新闻事件报道只是隔靴搔痒,让观众无法了解新闻事件的来龙去脉,他们需要新闻工作者对新闻进行专业地深入解读、分析,以帮助他们加深对新闻事件的认识和理解。同时,大众需要媒体建立起一种公共话语空间,借此表达自己的观念和诉求,而这一点是普通消息类新闻所无法做到的。

另一方面,由于社会环境的变化,政府也希望媒体能够担当起环境监测、释疑解惑、观念引导、舆论监督与控制的责任,他们鼓励媒体针对那些"政府重视、群众关心、普遍存在"的社会问题进行深度报道。这一点可以从三任总理对《焦点访谈》的态度看出来,他们都视察过《焦点访谈》的演播室,并且都留下了自己的赠言,这些赠言成为新闻工作者反复提起的座右铭。1997 年 12 月 29 日,李鹏总理赠言:"表扬先进,批评落后,伸张正义";1998 年 10 月 7 日,朱镕基总理赠言:"舆论监督,群众喉舌,政府镜鉴,改革尖兵";2003 年 8 月 26 日,温家宝总理赠言:"与人民同行,与祖国同在,与世界同步,与时代同进"。

2. 受众的信息需求

现在的社会是信息社会,人们每天都被呈几何级数增长的信息所包围,以至于人们常常用"信息洪流""信息泛滥""信息爆炸"这几个词来形容自己所处的环境。在这样的环境中,如果信息彼此之间缺乏联系、支离破碎,人们就很难对现实形成一个清晰的认识,从而很容易在"信息洪流"面前迷失方向,甚至会对接触信息产生一种畏惧心理。这样,信息的增长非但没有产生正面的效果,反而使有效信息的比例降低,这也就走向了信息增长的反面——信息相对匮乏。所以,从整个信息社会的角度来看,信息仅仅在数量上增长并不一定是有益的,人们要求信息在质量方面也能得到提高,也就是要求信息能够相互联系、彼此整合。

另外,从受众个人的角度看,在市场经济条件下每个受众都是一个决策主体,信息是他们的重要决策依据。"而决策的正确与否不仅仅取决于信息获取的迅速、真实,同时也取决于信息的充分和完备程度。"作为供决策者参考的信息,"不能停留在一般的事实性的信息,而必须进一步提供关于事实的原因、影响等解读性信息。因此,在一般市场经济的意义上,决策主体(政府、企业、家庭、个人等)出于自身利益需要必然会要求媒体提供信息的解读。"[①]同时,随着市场经济的发展和社会文化水平的提高,决策主体的个人素质越来越高,人们对自己的"知情权"也越来越重视,对于自己周围环境的意义也会越来越关注,因此对新闻深度的要求也越来越高,这一特征对于那些决策能力强、新闻需求强的人来说尤为明显。

3. 媒介竞争的结果

在当前越来越激烈的新闻竞争中,对独家新闻的占有已经变得相当的困难。由某一家媒体单独垄断某个新闻事件报道的时代已经一去不复返,单纯追求对新闻事件报道权的争夺已经落后于新时期的新闻理念。当代新闻的最新理念除了表现在之前所说的时效性、现场感等因素上,还更多地表现在报道的深度上,深度之争、观点之争、意义之争将决定媒介竞争的未来走向。

在深度性方面,报纸一直被视为媒介中的强者。它选择性强、保留性强,读者可以有目的地针对自己感兴趣的内容反复阅读;而且由于文字的抽象功能,报纸善于表达某些深刻、复杂的内容。作为后起之秀的网络,由于其大容量、超链接、交互性等特征,在深度性方面也具有天然的优势。相对而言,电视由于其画面和声音的易逝性,对于人们理解和记忆信息就显得有些不力。

---

① 林晖.未完成的历史——中国新闻改革前沿[M].上海:复旦大学出版社,2004:234.

于是,有人对电视深度报道的能力产生了质疑,认为"电视不能进行详尽深入的报道"。其实,实践已经证明,电视新闻不仅能快,而且能深,能以自己特有的传播优势使深度报道更受观众的喜爱。首先,电视强调时效性,但不仅仅强调给观众第一丝信息,还强调给观众第一个理解,很多现场直播节目其实就是极富深度的报道。其次,电视是纪实性的,它所带来的形象感、生动感以及细节刻画能力、情绪感染能力是多少文字都难以达到的,而这些正是深度的一个方面。再次,"ENG 的声画同步,使一批在社会上有影响,有丰富新闻工作经验的资深记者担任新闻主持人,他们在屏幕上对新闻事态的分析、解释、预测,为电视新闻深度报道开辟了广阔的前景。他们娴熟的采访技巧、纵横自如而有说服力的解说,大大提高了电视新闻报道的深度与舆论权威"[1]。

我国的电视深度报道开始于 1980 年中央电视台的《观察与思考》。最初的《观察与思考》不定期播出,而且主持人和记者通常是一个人,后来才分开。20 世纪 90 年代是电视深度报道进入大发展的时期。首先是 1993 年 5 月 1 日,杂志型新闻栏目《东方时空》开播,每期节目总长 40 分钟,包括四个板块:《东方之子》《金曲榜》《生活空间》《焦点时刻》。其中三个板块对后来的深度报道都产生了重要影响:《东方之子》开创了人物专访栏目的先河;《生活空间》掀起了一股记录热潮;《焦点时刻》则启蒙了后来的电视新闻评论。1994 年 4 月 1 日《焦点访谈》的开播是电视深度报道发展的里程碑,它的"时事追踪报道,新闻背景分析,社会热点透视,大众话题评说"以及后来的"用事实说话"都深深地影响了深度报道的内容、形态和采编方式。在这之后,全国各省、市(地区)级电视台纷纷推出 10～15 分钟的类似栏目,电视界称之为"焦点访谈现象"。1996 年 5 月 17 日,央视又推出一个"重磅炸弹"——《新闻调查》,节目定位为调查性深度报道,融社会性、故事性、调查性为一体,设记者型主持人。2003 年 1 月,《新闻调查》中的人物访谈类节目被分离了出来,形成了一个新的名牌栏目——《面对面》,成为我国人物访谈类深度报道的"标志性建筑"。2003 年 7 月 1 日,中央电视台新闻频道正式开播,该频道密集地设置了一系列深度报道栏目,如《央视论坛》《共同关注》《法制在线》《国际观察》《新闻会客厅》等,题材、形态、风格各异;同时针对国内外重要事件,新闻频道还能及时出击组织起现场直播,实现了时效性、现场性、深度性的高度统一。

至此,我国的电视深度报道呈现出多样化发展的繁荣景象,在数量上呈逐

---

[1] 叶子.现代电视新闻学[M].北京:中国广播电视出版社,2005:217.

步上升的趋势;在具体形态上形成了纪实类、评论类、调查类、人物访谈类、现场直播类等多种类型;在选题上"一网打尽",力争不放过任何值得深入报道的话题,如突发事件、重大事件、新闻人物、典型报道、舆论监督、热点探讨等;在内容上呈现出全景化、全程化、全知化的发展趋势。所谓全景化,就是指全前景和全背景,即既完整展现新闻事件自身的面貌,也全面提供新闻的背景知识;所谓全程化,就是指注重对新闻事件发展全过程的报道,也注重对新闻事件由历史向未来发展走向的报道;所谓全知化,就是要求新闻活动中的感性知觉和理性知觉的全面发展,既注重新闻事件中的细节、人物、情感等活灵活现的感性因素,也注重对新闻深层含义的理性思考。①

二、新媒体对电视深度报道的影响

由于新媒体技术的支持,任何人都具备即时捕捉和发布信息的能力,动态消息体现新闻专业性的特质正在消退。可以说,新媒体时代缺少的不是信息,而是有用的信息以及对信息的解释。正如波兹曼所形容的那个"失去语境的信息环境":"到处是水却没有一滴可以喝","在信息的海洋里,却找不到一点有用的信息"。② 能够帮助人们解决这一危机的途径,在于专业的新闻工作者对信息的甄别、筛选以及通过对信息的背景链接、关联整合和意义阐释,而这正是深度报道的价值体现。一方面,新媒体时代深度报道的价值凸显;另一方面,新媒体的发展也对深度报道本身产生了一定的影响。

1. 速度与深度的交织推进

新媒体时代到来之前,电视深度报道的挑战更多来源于内部,时效性和深刻性的角力往往在消息和专题、日播和周播节目之间展开,基本相安无事。新媒体的出现改变了这一切,时效与深度的竞争呈现全方位态势,不仅在报纸、广播、电视等传统媒体之间展开,各路新媒体也对电视发起了"攻击"。新媒体在第一时间集纳事实和背景、链接相关事实和背景、聚合评论反馈以及音像视频、图文的能力,构建了一个强大的能在第一时间满足受众深度需求的平台,而固定播出、线性传播的电视深度报道在深度和广度上都无法与之抗衡。

---

① 杜骏飞,胡冀青.深度报道原理[M].北京:新华出版社,2001:85、106.
② [美]尼尔·波兹曼.娱乐至死[M].章艳,吴燕莛,译.桂林:广西师范大学出版社,2009:62.

基于此,电视深度报道必须调整自身的运作机制和反应速度,在速度和深度方面交织推进。比如,以评论和报道见长的《新闻1+1》是一档25分钟的深度直播栏目,运作流程是当天热点事件和话题当天报题、策划、联系嘉宾、确定连线、收集视频、制作短片、当晚送审播出,速度之快已和短新闻同步。为追求更快更新,有时下午5点还更换选题,紧急制作,保证当晚9:30播出。而老牌的《新闻调查》也在不停地提速。两个月的常态制作周期已缩短为两周,遇到重大时效性选题,三组人马同时运作,创造过两天就制作播出一期45分钟节目的奇迹。而单一摄制组也尝试过5天采制完成一期节目,但这个奇迹是主创人员连续几天不休息创造的,以损害健康为代价,不可复制。[1]

当然,尽管新媒体在速度和深度的综合实力方面占据一定的优势,但电视依然需要清楚认识自己的长处。当前,由于政策等方面原因,新媒体报道(除主流媒体自身的新媒体平台之外)主要还是来源于对传统媒体的复制、链接、聚合,电视深度报道仍然在报道的独家性、权威性、现场感等方面具有优势。因此,电视深度报道还应在这些方面继续加强,尤其是在针对突发事件的直播报道上。

2. 信息资源的汇聚

传统媒体时代,媒体的主要信息来源是政府、企业、社会团体等常规渠道,承担信息采集任务的主要是职业新闻记者。但诸如论坛、博客、微博、微信、短信等新媒体的出现,使得新闻信息源的结构发生了巨大变化。之前所谓信息末端的"受众",在整个信息传播链中的地位已经悄然改变。技术填平了他们与信息提供者之间的鸿沟,使其能够以前所未有的热情参与到新闻传播中,他们不但能够作为新闻源头主动提供线索,在特定条件下还能变身为记者直接进行新闻的采集和发布。而且,很多时候相对于传统的新闻记者,受众作为新闻当事人"从内部而不是从外部来了解事物,因此,人们就得到了一个完全不同的视角。在很多情况下,人们还可以从亲身经历事件的人那里得到现场照片和视频。这和专业摄像师从外部得到的画面是完全不一样的"[2]。

因此,电视深度报道需要学会利用新媒体,学会从"受众"群体中广泛地获

---

[1] 张洁.速度与深度:鱼和熊掌如何兼得?——论新媒体背景下的电视深度报道[J].中国记者,2011(3).
[2] 公民新闻——民主化媒体形式[EB/OL]. http://home.donews.com/donews/article/8/82985.html.

取信息，汲取营养。从选题的发现、视频素材的获取、相关背景的收集，到后续的采访深入推进，深度报道的每一步都可以在新媒体之中获得帮助和支持。这不仅要求记者有扎根新媒体、融入新媒体的意识和能力，同时也要求电视媒体能够创设平台，以便于广纳外部资源。

比如，美国有钱电视新闻网（CNN）于 2006 年 8 月 1 日正式推出的一款完全由用户自制内容的网络新闻板块——iReport，目的就是让新媒体为 CNN 官方网站和有线频道提供新闻内容。在 2011 年日本里氏 9.0 级地震中，CNN 国际频道在第一时间以突发新闻形式插播口播新闻，主持人与驻日本记者电话连线报道当地局势。由于事发突然，连线中只插播了一些日本受灾地区的地图和 NHK 的地震片段镜头。随后，一条 iReport 的广告推出，鼓励观众为 CNN 提供日本地震的最新进展。CNN 因此而获得了来自现场的上千张照片和上千条视频。最终，CNN 地震报道在美国的收视人数达 220 万人，远超 FOX 新闻频道和 MSNBC 电视台，CNN 网络电视台也创下了有史以来的最高收视纪录。[①]

3. 报道手段的创新

新媒体的发展也给电视深度报道提供了很多方法和手段上创新的可能。比如，柴静所创作的《穹顶之下》运用大数据分析的办法，将燃煤、燃油数据、雾霾数据、气象数据、经济发展数据关联起来，尝试寻找雾霾的成因。这样的方法突破了传统的"因果关系"分析法，转而求助于大数据"关联分析"的价值。在当前社会走向智能化、数据化以及事物关联走向复杂化、多元化的情况下，这样的分析方法越来越显示出其独特的价值。除了在逻辑的推进上有所创新，《穹顶之下》还有其他创新：在表达方式上，它几乎用上了所有最新的新媒体呈现手段，TED 式演讲、信息可视化、Flash 动画、移轴摄影、无人机拍摄……新奇的呈现手段，加上独特的带入方式，引起观众的强烈共鸣，将人们牢牢吸引在屏幕前。在视频中，全程用数据"说话"，片中大约提及了 203 个数据，在数据来源上，既有权威专家的背书，也有权威报告的结论；数据展示时也采用了极其严谨的数据引用格式，在每个数据的右上角标明数据来源，让调查具有较强的说服力。[②]

---

① 韩鸿. 论新媒体背景下的突发事件报道——以 CNN 日本地震报道中的 iReport 为例[J]. 电视研究, 2011(6).

② 王睿, 李翠芳. 由《穹顶之下》引发的关于媒介融合时代新闻产品呈现手段和传播方式变革的思考[J]. 科技传播, 2015(上).

思考题

1. 客观报道思潮出现的社会原因是什么？
2. 简析深度报道理念形成的历史过程。
3. 什么是深度报道？它的特点是什么？
4. 简述我国电视深度报道发展的原因及其特点。
5. 如何看待新媒体对电视深度报道产生的影响？

第二章　电视深度报道的常见类型

　　从具体的报道方式上而言,电视深度报道所谓之"深度",其实主要体现在两个方面:一是方法上的科学性;二是文本上的拓展性。方法上的科学性,是指在认识报道对象、呈现报道对象的方法上具有相对复杂性、规律性和有效性。比如:广泛掌握背景资料进行文献分析、进行数据的统计分析、深度访谈、体验调查等等。文本上的拓展性,是指突破简单的新闻元素组合,在关键性的元素上做出充分的延伸和拓展,让受众在时间和空间维度上获得更多的认知。一般来说,方法的科学性是手段,文本的拓展性则是目标。然而,记者对不同报道目标的选择,使得应采取的方法有所不同,"深度"实现的方向和程度有所不同,文本呈现的面貌也有所不同。

　　基于方法和文本上的差异,我们通常可以将电视深度报道分为以下一些类型:解释性报道、调查性报道、人物专访类报道、纪实性报道、数据新闻报道和组合文体的报道。

第一节　解释性报道

一、解释性报道的产生及界定

　　解释性报道是最常见的电视深度报道类型。当然,这种深度报道类型依然首先成长于纸质媒体。具体而言,解释性报道产生于20世纪20年代,是由美国《时代》杂志率先采用的。"一战"后,美国经济获得了较大的发展,而伴随着经济的发展,社会节奏明显加快,社会上的多数人往往没有充裕的时间去接触令人眼花缭乱的报刊。鉴于此,《时代》打出为"忙人"服务的旗号,在各媒体的一周消息综合和介绍新闻背景上下功夫,由此一举成功,并引发其他报纸的竞相效仿。当时这类解释性报道刚具雏形,写法不一,名称也不一,诸如"思考性文章""注释性新闻""推测性新闻""背景文章""深层次报道"等等,不一而足。直到1933年,美国报纸编辑协会通过决议,承认并强调对于新闻的解释和分析,解释性报道的名称及其地位才得以正式确立。

那么,究竟什么是解释性报道?中外学者的说法众多。美国学者卡尔·林兹特洛姆认为:"所谓解释性报道,就是在报道新闻事件中补充新的事实,即'历史性的、环境性的、简历性的、数据性的、反映性的'事实,这样就能使正在发生的新闻事件更加明白易懂"。李良荣在《西方新闻事业概论》一书中则认为:"所谓解释性报道,就是运用背景材料来分析一个新闻事件发生的原因与意义,或影响,或预示发展趋势的一种新闻报道"。尽管表述各不相同,但基本上可以这样理解:解释性报道是一种充分运用背景材料来说明新闻事实的来龙去脉,着重于揭示新闻事实的原因、实质意义或预测新闻事实发展趋势的分析性报道。

二、解释性报道的适用题材

新闻报道面对的是整个大千世界,其报道对象与内容是各不相同的。有的简单,有的复杂;有的单一,有的多元。并非所有的内容都需要深入解释,较为简单的事件或现象,观众通过了解事实与进行思索即可把握其内容与意义者,就无须再画蛇添足地予以解释,否则反而会引起观众的反感。只有内容较为复杂,观众仅了解新闻事实内容本身,即使进行思索亦不易发现其内涵与意义所在者,方需进行解释。应该指出,所谓复杂性是一个相对的概念。一个传播过程包括三个要素:传者、受众与信息。这里的复杂性,既指信息本身,更是相对受众而言的。一个特定的媒体,又是与其特定目标受众直接相关的,需具体估计目标观众群体的一般情况、他们对某一特定信息的理解能力,依此来决定是否需要做出解释。倘若一般目标观众难以理解,则有做出解释的必要性;倘若他们并不难理解,则不具备解释的必要。[①]

通常而言,这样一些题材需要记者进行解释:离观众生活较远的新闻事件,比如国际新闻;具有宏观性、全局性特征的新闻事件,比如中国申办冬奥会、新政策的提出、新法律的颁布或修订等;某些过于专业,和普通观众的知识

---

① 郭亚夫.解释性报道论析[J].西南民族大学学报(人文社科版),2006(1).

体系存在隔阂的新闻事件,比如经济领域或科技领域的重大新闻;某些普遍存在但又有复杂背景的社会现象,比如"蚁族"现象、个人隐私危机等;有些发生在身边,一般人能理解其产生的直接原因,但对其深层原因和背景缺乏了解的事件,比如大学英语四六级考试中的"枪手"现象;某些突发性事件,有着比较复杂的背景原因或需要进行整体性反思,比如食品安全问题、暴雨导致城市洪涝灾害等。

三、背景材料的类型

运用背景材料来说明新闻事实,来分析、解释新闻背后的原因和影响是解释性报道的主要特征。差不多可以说不使用背景材料,就不能称之为"解释性报道"。背景材料是指新闻事件发生的历史环境与原因的说明,它解释事件发生或人物成长的主客观条件及其意义,为烘托和阐释新闻内涵服务。换句话说,新闻背景也就是关于新闻事件的历史、环境、知识性材料,是新闻的有机组成部分,补充或烘托新闻事实的主题内容。新闻报道中的背景材料,常被称为"新闻背后的新闻"。

有一些消息类节目也会运用背景材料。但是,一般消息运用背景材料的目的只是辅助性地注解事件的局部或细节,或是对关键事实进行引申式、链接式的介绍,作者的观点极少通过这些背景材料来传达。而解释性报道几乎就是靠背景材料的支撑而铺衍开来的,背景材料与主题息息相关,其意义也不仅限于"告知",有时会暗含作者想要表达的观点。很多新闻学者直截了当地在解释和新闻背景之间画上等号。他们认为,解释就是提供新闻背景知识,就是新闻报道的深入化。[①]

解释性报道中的背景材料主要包括这么几类:历史背景、现实背景、数据背景和知识背景。

历史背景是从纵向来概括、支撑新闻事件的来龙去脉、历史起因的相关资料。历史背景的运用可以使报道具有更加广阔的历史纵深感,使观众易于了解当前事件的特点和现状由来,对于所解释的事件有一个更形象具体的认识。

现实背景是指新闻事件发生的现实环境,包括自然环境和社会环境,它是从横向来考察新闻事件发生的原因的。现实背景的运用有利于更好地阐明事

---

① 李玉莲.解释性报道中背景材料运用的技巧[J].媒体时代,2011(2).

实本质,有利于观众更好地把握新闻事实。

数据背景是指统计数据和材料。在说明问题、解释原因、发掘意义时引用一些具有代表性的数据进行对比、分析,可以使表达变得更清晰、更便于理解,同时也更具说服力。

知识背景是指与所报道事实相关的专业性知识。现代社会是一个高度分工的社会,人与人之间存在着知识上的差异和隔阂是很正常的事情。很多新闻事件之所以"复杂",让人有"雾失楼台"之感,是因为其中蕴含着一般人不了解的专业知识背景。解释性报道需要将这些专业性的背景知识以一般观众能够接受的、最通俗易懂的方式表达出来,甚至请有关专家对这些问题进行解释以帮助观众进行理解。

四、使用背景材料进行解释的方法

1. 综合立体地使用背景材料,系统解释报道对象

有些新闻题材本身就是比较复杂的社会现象,对其进行介绍、分析、推理必须借助综合性的背景资料和典型性的事实例证,通过背景与事实的对比映衬对选题进行解释。比如《新闻调查·谁动了我的隐私》从隐私泄露的现象、隐私泄露的原因、隐私权立法的现状、互联网上隐私侵权的新问题、国人对于隐私的态度、保护隐私权的出路等多个方面对隐私问题进行分析。该选题针对的是一个整体性社会现象,因此整篇报道像论文写作一样在逻辑上环环相扣,而且每一步都需要进行充分的论述和印证,这就需要多方面地进行查找、采访以获得背景资料。

2. 运用背景材料揭示事实背后的原因,突出主体事实的新闻价值

解释性报道注重探究事件为什么发生,把表层的现象推进到深层的原因,从而提高事实主体的价值。背景材料解释事实贵在联想,将看似孤立的、没有新闻价值的事件与其他事件相对比,充分挖掘两者之间的相关点,这往往能给该事件的报道带来突破,发现其中隐含的更深的价值点。比如杭州电视台曾经报道了这样一件事:82岁离休老干部见义勇为跳水救人,事后却向被救者提出要媒体或领导对其进行表扬。经过一些媒体的报道,这件事在杭州当地乃至网络上引起广泛的争议,但杭州电视台却通过对其他背景资料的联系分析,使报道的主题得到了提升。他们联系了"南京彭宇案"等曾经引发社会争议的案件,阐述了当前社会上广泛存在着"老人跌倒该不该扶"的疑问。继而,

又通过采访让老人道出真实的心声——通过"求表扬"让大家解除这样的疑惑,当他人遇到危险不应冷漠而应像他一样挺身而出。这样,报道就从一个简单的个案中跳出来,进入一个更值得关注和关怀的社会议题之中,其社会价值、伦理价值充分体现了出来。

3. 紧扣社会现实,向时代背景进行拓展

不少新闻事件看起来是比较细微甚至琐碎的,但如果紧扣时代脉搏,将其放在一定的社会背景和时代背景下来分析,就可能发现新闻题材潜在的重大意义。在美国,发生过一起年仅9岁的小孩手持玩具手枪抢劫银行的事情。如果只是将这一新闻事件做成猎奇性的社会新闻就显示不出它的社会意义。有位记者深入了解了这个孩子作案前后的行踪,并走访了孩子的家庭,揭示出一系列社会问题。这位记者调查到,这位9岁的小罗伯特在抢劫的头天晚上看了侦探电视片。记者以此指出:"美国电视中充满了抢劫犯罪等暴力镜头,对青少年的身心健康造成严重影响。"记者又告诉我们,小罗伯特的父母已经离婚,这又反映出美国另一日益严重的社会问题——离婚率较高,单亲家庭儿童没有一个完整的家庭环境,从而很容易走上犯罪道路。同时,记者还查阅了历史记录,发现"小罗伯特是纽约市今年发生的100多起抢劫案案犯中年龄最小的一个",反映了青少年犯罪趋向低龄化。记者在社会环境中考察这起抢劫案,将孩子抢劫前后的行踪、他的家庭情况、纽约市的犯罪记录等事实与美国的社会问题相联系,揭示出这一奇闻的社会意义。[①] 在意义的提升点上进行解释,新闻题材的意义就不会局限于题材本身而是提高到了广阔的社会层面上。当然,这里的关键之处并不仅仅在于对背景材料的"使用",而在于认知和理解,新闻记者只有具备一定的知识积累,才能发现新闻事件背后的社会价值,进而才有可能对背景材料进行有效的组织。

4. 在受众不易理解的地方进行解释,起到解疑释惑的作用

在某些具有专业色彩或比较复杂的新闻中,可能会出现一些名词术语、容易引起受众疑惑的局部事实。在这些受众不容易理解或容易产生疑惑之处,要适当地穿插一些背景材料,说明意义,解惑释疑。

---

① 江卉.解释性报道的解释方式[J].军事记者,2005(2).

第二节 调查性报道

一、调查性报道的产生

说到调查性报道,人们常常追溯到20世纪初的"扒粪运动",认为这是美国调查性报道的第一次高潮。19世纪下半叶,美国进入了所谓的"镀金时代",经济快速增长,但百来个经济巨头控制了美国的经济命脉,并由此引发了贫富悬殊、忽视公共利益、道德败坏、食品危机、环境污染等社会问题。一些有志于社会改革的作家和新闻工作者,利用期刊这种当时已经大众化的杂志,深刻地报道、犀利地抨击这些现象,黑幕揭发运动也因此而兴盛起来。其中,尤以《麦克卢尔》杂志发表的三组重要报道(林肯·斯蒂芬斯的《明尼阿波利斯之羞》、埃达·塔贝尔的《美孚石油公司史:1872年石油战》和雷·贝克的《工作的权利》)为标志和高潮,从1903年到1912年间,各类杂志发表了近2 000篇揭黑性质的报道。西奥多·罗斯福总统曾带有贬义地将写揭黑性新闻的记者们同小说《天路历程》中一个不仰头望天主,而只顾拿着粪耙扒集污物的人相类比,"扒粪"之名便由此而来。

调查性报道的第二波高潮产生于20世纪70年代,有关五角大楼、中央情报局、卡车司机工会等问题的揭露是这一时期的代表。其中最著名的有《纽约时报》记者西摩·赫什率先披露了美军在越南制造的"美莱大屠杀"真相,广泛激发了美国人的反战情绪,在相当程度上起到了终结越战的作用;《华盛顿邮报》的记者鲍勃·伍德沃德和卡尔·伯恩斯坦所做的关于"水门事件"的系列报道,最终导致了美国历史上的首例总统辞职。而20世纪60年代成为主流新闻媒体的电视成为首先大量刊登调查性报道的渠道。1968年,美国哥伦比亚广告公司(CBS)开辟了新闻杂志栏目《60分钟》,之后播出了大量有关越战的调查性报道,逐渐成为电视媒体中调查性报道的典范。

美国等西方国家的理论界从20世纪70年代开始关注和讨论调查性报道。美国全国性的调查性报道组织IRE(Investigative Reporter & Editor Incorporated)在1975年成立时,对调查性报道的界定提出了三条标准:必须是记者自己通过努力而获得的成果;必须是揭露了某些个人或组织试图不让公众知晓的事实;必须是对读者、观众或听众重要的公众议题。1985年,针对这样一种特定的深度报道类型,普利策新闻奖专门设立了调查性报道奖。

二、我国电视调查性报道的发展

调查性报道在中国的发展有着深刻的社会背景。改革开放以后,尤其是进入20世纪90年代以来,我国社会开始了急剧的转型。转型期既是经济增长的黄金时期,也是社会矛盾高发期。在这种转折和变化中,社会结构与资源重新整合,不同社会群体的利益重新分配,并伴随产生了一系列新的社会矛盾,如政府权力滥用、官员腐败、贫富差距拉大、环境污染等。"一些亟待解决的重要问题需要引起政府及全社会的重视;社会上的一些丑陋现象需要抨击,激浊扬清,唤起人们的警醒和良知;一些暗流般涌动却又没有被重视的问题危害着我们的事业。"①于是,在两方面力量的作用下,新闻媒体广泛开始了以调查性报道为主要形式的舆论监督:一是具有相当行政级别的主流媒体所进行的,以批评报道为主的自上而下的监督,是一种类似"治理技术"的权力监督,也是党政"权力"在媒体中的延伸和反映;二是一些具有精英意识和专业主义情怀的媒体所进行的,独立的类似于西方"把关人"式的监督,所体现的正是媒体的"权利"。

当然,推动调查性报道兴起的根本性的内在动力还在于,存在着一批富有社会责任感和正义勇气的新闻记者。"当绝大多数从业者按照日常惯例报道着变动世界的'事实'时,一小部分人却始终怀着悲悯之情与勇敢之心挖掘着背后的'真相',他们就是深度报道的实践者。可以说,站得最高的这群人,也看得最远、付出最多、最具职业风险,最有牺牲精神。"②

20世纪80年代,调查性报道主要在报纸上一枝独秀,一些重要报道出现在《人民日报》《中国青年报》《经济日报》这些主流报纸媒体中,并且催生出了《冰点》等一批优秀的栏目。到了90年代,情况就发生了很大变化,表现为电视和报纸并驾齐驱,央视开办的《焦点访谈》《新闻调查》以及《南方周末》《财经》杂志等都成了从事调查性报道的急先锋。尤其是1996年5月开播的《新闻调查》,参照CBS的《60分钟》,并经过逐步探索,确立了"探寻事实真相"的

---

① 刘华.电视调查性报道本体研究[D].南宁:广西大学,2005:3.
② 张志安.潜入深海——深度报道30年幕后轨迹[M].广州:南方日报出版社,2010(3).

定位,并以记者中心制、出镜记者、"剥笋式"调查等节目形态确立了电视调查性报道的样本。时任中央电视台副总编的孙玉胜对《新闻调查》的评价是:"这个潜心钻研了多年的栏目已经可以毫不逊色地代表中国电视新闻节目的制作水准。"这样的评价既体现了《新闻调查》栏目本身的地位,也体现了调查性报道这一类型在电视深度报道中所占的重要位置。当然,除了央视,各地方电视台也时常可见调查性报道。他们从一人一事的细微处着眼,至国计民生、时代风貌的大处落笔,以其独有的电视调查文体,通过记者独辟蹊径的精彩调查,实现了对各类选题的真相探寻,思考、剖析了一个个具体的社会矛盾,也为中国社会的发展列出了一张客观可信的"问题清单"。

三、电视调查性报道的特点

对于调查性报道的界定,主流的观点基本认同 IRE 的三大标准。更简单一点来说即是记者独立追问、科学调查的结果;探寻了一些试图或可能被掩盖的真相;选题关系到公共利益。当然,相对西方国家调查性报道更注重其揭丑的功能,我国的调查性报道在这个方面则有所淡化,一些中性、正面的题材也可以归入我们的界定范围。"对腐败行为、不正之风、丑恶现象也应有所揭露,但决不热衷于去收集、揭发离奇曲折、耸人听闻的内幕与丑闻,而应着眼于除弊兴利,用积极的、建设性的态度,推动社会向法制化、民主化的方向发展。"[①]因此,调查性报道是记者以公共利益为指向,针对某些个人或组织故意掩盖的损害公共利益的事实或问题,通过独立的、系统的、科学的调查而完成的报道类型。

所谓"真相"是调查性报道最核心的要素。而"真相"总是相对于"假象"而言的,没有"假象"的衬托,就没有所谓的"真相",也就是说,真相就是正在或可能被假象所抑制、遮蔽的事实。调查性报道不仅仅强调新闻记者在现场调查、发现的姿态,更重要的是强调挖掘那些被有意隐蔽、欲不为人所知的内幕,其主动性、突破性更强。

具体来说,哪些事件中可能存在着被遮蔽的真相呢?结合《新闻调查》栏目的总结,我们认为一般有这样一些情况:有的真相被权力遮蔽,比如官员腐败、司法不公;有的真相被利益遮蔽,比如制售假药,社会现象如北京出租车业垄断黑幕;有的真相被知识和技术遮蔽,比如 UFO 的出现;有的真相被道德

---

① 王红,马飞.中西方调查性报道的概念比较[J].新闻世界,2010(5).

观念和偏见遮蔽,比如同性恋现象;有的真相被时间遮蔽,像古代文明;有的真相被"集体无意识"遮蔽,比如城市贫民、发生在同学身边的旷课现象;有的真相被我们狭窄的生活圈子所遮蔽,比如吸毒者的生活;有的真相被包括新闻在内的舆论所遮蔽,比如药家鑫事件;有的真相被多重因素所遮蔽,比如转基因问题;还有的真相可能被抑制(也可能没有,需要澄清),比如突发事件(敏感案件)等。

既然真相是被遮蔽的事实,那么对真相的发现和展现应是一个不断揭示、不断深化的过程,这个过程便是"调查"。曾任《新闻调查》编导的刘春曾经做过这样的概括:"《新闻调查》不是单纯的反映,不是对于现成结论的注释与演绎,而是一次出发,一次向着黑暗深处的冒险进军。"没有对调查过程的展示,观众就无法从历史、全面的视角来观察新闻事件是如何发生和发展的,也无法知晓究竟有哪些背景因素对事件的发生、发展起到了作用。对于电视新闻而言,这个调查的过程是可展示的,而且从时态上看应是过去进行时的。通过过程的展示,观众不仅可以看到矛盾冲突不断展开、事实真相逐步呈现,而且也可以看到记者的独立、勇敢、智慧和思辨。因而,从整体的叙事结构上看,解释性报道是一个空间结构,强调用背景材料解释新闻;而调查性报道则是一个时间和空间共存的结构,时间是调查的推进线,而空间则是调查中各种矛盾和冲突的展开面。

四、电视调查性报道的采制要求

1. 更严格的策划和准备

相对于其他类型的深度报道,调查性报道的采访可能面临着更多的不确定性(甚至是风险性);而且电视调查性报道要求会更高,因为它与文字报道不同的是,采访的过程和采获的证据需要有画面为证。因而,电视调查性报道要求有更为严格的前期策划和准备,甚至还需要在正式调查之前派记者奔赴事发地点实施预调查,要坚决防止记者和摄像出发后才发现调查难以展开的情况。前期策划的内容除了分析事实的背景和走向,查阅相关背景资料,咨询相关专家之外,还要确认各方主要当事人是否愿意接受采访,关键性的证据是否能够核实,是否能够拍摄得到。

2. 讲究客观和平衡

讲究客观、平衡,这是新闻报道所应遵循的基本原则,而这一点在调查性报道中有着更为重要的意义。因为,调查性报道往往涉及不同的意见、观点甚至是利益冲突,而当事的各方都可能是存在偏见或利益关联的,只有做到客观平衡,尽量淡化记者自身的立场预设而多用事实"说话",才能使观众信服、避免当事方的责难。

具体来说,首先应使用权威的素材。尽量到现场采访拍摄,至少要采访到过现场的人;尽量采用第一手资料,对其他媒体的报道一般作为背景资料而不是依据使用。其次,在信息来源方面要做到平衡,避免信源单一而出现的偏颇或不准确。比如《新闻调查》要求每篇调查性报道中,准确信源不能少于4—6个,即事件中的正方、反方、中立方均应该采访到;其他相关各方应该采访到,要让沉默者发言,让反对者讲话;事情关联的相关各级机关努力采访到。再次,要尽量多地占有事实,把思想、观念隐藏在所报道的事实中,让观众通过了解这些事实而悟出其中的道理。记者采访过程中撷取的新闻事实越多,就越能为观点提供有效的话语支持,就会向深度走得越近。

3. 学会质疑

调查的本质是质疑和追问,调查性报道中的真相其实是记者在采访的质疑中逐渐揭秘的,因而基于理性的质疑也成为调查性报道的主要风格。何谓"质疑"? 其实就是站在普通人甚至是反对者的立场上去看待问题,通过剥笋式的提问或证伪的方式层层递进、抽丝剥茧,从而达到怀疑或强调的效果。

当然,质疑只是针对表象或者一种通常的观念提出对立性的假设,要证明自己的质疑必须要找到事实的依据。杨春在《新闻调查·派出所里的坠楼事件》中对证人的行走路线、跳楼现场的分析等等,都是记者在现场的发现,记者并没有告诉观众,受害者是在被打死后扔出大楼的,只是对当时的司法结论提出自己的质疑,而且这种质疑是因为记者在现场有独家发现、独家证据,并且这种证据能证明被调查的事实和调查的判断。节目最后,记者提出自己的判断和质疑,并且这种判断和质疑是有证据支撑的。[①]

4. 具备突破性采访的能力

在调查性报道中,真相的获得之所以艰难,一方面是因为需要记者能够突破常规性思维,学会理性的思考和质疑,也就是说首先要"想明白";另一方面,"想明白"之后还需要通过采访加以证实,而有时想获得证实恰恰是最困难的,特别是报道涉及利益、权力等对真相的遮蔽因素时。

---

① 叶子,等. 激情与理性——《新闻调查》个案研究[J]. 媒介研究,2004(4).

在调查工作遭遇阻力、一筹莫展之时,是否具备突破性采访的能力是考察调查记者业务能力的一个重要标准。《财经》杂志记者为获知一个信源,拨打上百个电话,将每一个细微的收获,拼接成完整的图景,记者甚至主编在知情人家外守候,希望打动受访者,获得关键信息,即便只是一个态度的回应。《庄家吕梁》《银广夏陷阱》《基金黑幕》等一系列产生重大影响的报道都是由于记者缜密、严谨的调查采访才把被权力或利益遮蔽的事实信息转换为认知信息。记者的采访突破有时是打动和争取了一位深知内情的"深喉",有时是在层层迷雾中发现了一些关键信息。例如,《庄家吕梁》第一次系统曝光了中国股票市场的黑暗内幕,就是由于采访到了"内部人"吕梁。《银广夏陷阱》作为完整意义上的调查报道,记者凌华薇持续一年的采访,历经波折。银广夏造假的弥天骗局,最终在天津海关得到确切证实后才被揭露。① 总之,所谓"突破",靠的是记者的勇敢、坚持、执着和韧性,有时还需要一定的人脉关系和社会交往中的小技巧、小智慧。

第三节　人物专访

"我们相信,新闻是由人来构成、人来推动的,人永远是新闻的主体。所以,我们试图用'人'来解读新闻,见证历史。所以,我们渴望了解这些新闻中的人——他们知道什么、做了什么等,所以,我们需要与他们进行面对面的交流,面对面的印证。"这是中央电视台人物专访栏目《面对面》的定位语。从这段话中,我们可以发现新闻人物也是一种重要的新闻资源,电视人物专访也是一种具有特色的深度报道类型。

一、电视人物专访的特点

电视人物专访是记者或主持人在摄像机前以交流的方式对一位或几位被采访者进行的专题访问活动。面对面的接触、交流是它的形式,有声语言是它的主要信息载体。

电视人物专访有如下一些特点。

---

① 惠东坡. 调查性报道"事实建构"的机制与特征[J]. 新闻界,2012(18).

1. 明确的目的性

新闻采访是有目的的活动,其目的就是获取与新闻相关的真实信息。但与其他采访类型相比,人物专访的目的要更明确。如现场采访是对现场信息的揭示和深化,它受制于事件和现场自身的发展逻辑。而人是一个多元性的存在,采访人的角度可以有很多。但电视节目的时间是有限的,一期节目不可能像天女散花一样每一个角度都讲一点,应该找准一个点,然后就这个点深挖下去。人物专访的"专"就体现了明确的目的性,它是专题的意思。

采访的目的,记者首先自己要清楚,在这个目的的指引之下选择采访对象,设计采访的问题,同时在采访过程中牢牢把握谈话的主线。采访的目的有时也要让采访对象知道。一方面,让他有所准备,保证有话可谈;另一方面,使他认准主题,谈话时不至于离题千里。

2. 采访对象的典型性

人物专访有一种聚焦作用,它把观众的注意力焦点对准被访人物,而新闻事件、新闻现象则退居为它的背景。这里的人物应具有典型性,只有典型人物才有聚焦的必要,才有浓墨重彩、深度访问的价值。

何谓"典型人物"?他首先应是一个丰富信息的集合体。人物专访有深度性的要求,所以人物必须有可供挖掘的信息空间。他身上或是有故事,或是有观点,或是有可供人玩味的生活体验。其次,他应具有一定的代表性或独特性。代表性是指他能集中体现一类人的特征,包括身份、立场、观念、经历等。比如,就城市拆迁问题采访某拆迁办主任,他就代表了政府的立场,采访中他往往注重于向公众介绍、解释政府的拆迁政策。独特性是指人物要有与众不同的特点,如社会名流、权威人士、新闻事件的当事人等。同一事件的当事人中,越独特的人越有采访的价值。比如,在一次选举中有三个候选人:一个本没希望但冷门当选,一个众望所归但还是落选,另一个一直就不被看好。显然前两个更具独特性,他们的感受肯定比第三个人强得多,从他们身上可以挖掘出更多信息,如选举制度问题以及人物的心态的变化、性格特征等。

3. 独家性

一般情况下,现场是对所有记者开放的。因为在新闻自由的今天,每个记者都有进行现场采访的权利。但在人物专访中,采访对象每次只会接受一个记者的采访。而且,在短期内他也不会接受不同媒体关于相似问题的采访。否则,不但采访对象会感到厌烦,而且重复的信息也是没有价值的。所以,人物专访往往具有独家性,记者也常常以采访到某个人物而感到无比自豪。

此外,记者在采访过程中也常常能够获得一些意想不到的独家信息。因为人物专访一般是在一个相对封闭的两人世界内进行,当采访深入到一定程度,并且双方态度诚恳、关系融洽的时候,采访对象才可能会有超出预想的表现或言论。

4. 形象性

人物专访属于面对面的人际传播。这是一种高质量的传播方式,不但传播双方反馈及时、互动性强,而且诸多因素使传播的意义更为丰富和复杂:眼神、动作、语调、语气、音量等。用文字表达这些因素非常困难,但电视的形象性能将面对面采访的优势发挥得淋漓尽致。它所记录的不光是语义信息,更是一个语言和情感交流、互动的"场"。

二、电视人物专访的分类

电视人物专访按照采访目的的不同,可分为三种类型:事件性专访、观点性专访、人物性专访。三种类型特点各异,要求也有所不同。但三者并不总是截然分开的,常常彼此融合、互有渗透。

1. 事件性专访

事件性专访以新闻事件为核心采访内容,注重新闻事件相关客观信息的获取。它也十分注重事件的时效性,除一些过去未被揭秘的重大事件,"旧闻"将不再具有获取信息的价值。

事件性专访是"以事取人",它的采访对象应与新闻事件有较强的关联性,一般为新闻事件的当事人或目击者。他们往往处于新闻事件的漩涡之中,或是对其有较高程度的了解。可以采访正在发生的事件,使观众对其最新状况和发展态势有详细、深入的了解。也可以采访过去发生的事件,或是通过采访对象的叙述,将过去碎片式的新闻信息进行整合;或是从新的角度、新的侧面对事件进行窥探;或是对那些隐蔽的、不为人知的内情进行调查。

事件性专访能够弥补现场采访的局限性,它可以表达过去时空或无法到达时空的信息,可以揭示人物的心理活动。虽然语言符号不像画面符号那样具有实证性,但当事人或目击者的亲口述说一般也是真实可信的。所以,事件性专访也是"探寻事实真相"的重要手段。

2. 观点性专访

观点性专访以采访对象的观点为核心采访内容,重在让采访对象阐述自己的立场、态度、观点、意见。它的采访对象主要有两类：一是政府官员。他们一般代表着官方话语体系，其观点反映了政府的意见和态度。二是相关的专家和学者。他们往往是某一专业领域内具有发言权的权威人士，他们能对新闻事件进行深层解读，而且不光停留在新闻事件的内在逻辑，还能延伸到新闻背后的社会发展体系。

观点性专访通常讲求时效性。因为采访往往围绕一定新闻由头展开，观点是针对新闻事件的观点。其次，它注重理性力量的灌注，以一种科学的、思辨性的目光对新闻事件进行观照，使新闻的深层意蕴得到最大程度的发掘。观点性专访还常常能够起到引导社会舆论的作用，因为政府官员和专家、学者一般都具有意见领袖的特征，他们的观点会有较大的社会影响力。

观点性采访要求记者能够全面、深入地了解新闻事件的背景、相关知识，以及采访对象的观点立场和倾向。同时，记者还要具备较强的分析能力和研究能力。甚至，由于需要和权威人士对话，记者还应当有一定的哲学头脑和学者气质。

3. 人物性专访

人物性专访以采访对象自身为核心采访内容。它的基本落脚点不是采访对象的身份、职业以及在新闻事件中的作用，而在于作为社会存在的"人"自身所具有的丰富性和复杂性。因此，采访应不遗余力地挖掘和展现人物的争议、命运、生活、情感等个性化的特征。

它要求采访对象有一定的关注度，主要有两类：一类是社会名流，包括成功人士、娱乐明星、政府官员、文化名人等；另一类是新闻人物，借助观众对新闻事件的关注而获取对人物的关注。

人物性专访或严肃深沉或轻松活跃，可视采访目的和采访对象的特点而定，但都注重人物个性、真情实感的自然流露。首先，采访对象的选择特别重要，他身上要有值得展现的独特魅力和内在情感；其次，采访双方都要真诚以对，要力求让采访对象在无心理戒备的状态下表现出自己的真实一面；最后，采访过程讲求一气呵成，不能经常反复、中断，否则将破坏对话的氛围。

三、电视人物专访的要求

人物专访是深层次的信息采集活动，是一门需要很高交流技巧的艺术，世界上许多采访大师都成名于人物专访。电视人物专访具有过程的展示性，与文字媒体相比，记者的采访又带有一定的"表演性"。因而，相比一般性的采访和文字媒体的采访,电视人物专访有其特殊的要求。

1. 采访的约定

人物专访是一种"安排好的采访",即要经采访对象同意之后,双方才能坐下来进行深入探讨。然而有些人面对镜头会有各种各样的顾虑,不愿意接受采访,或是接受了采访但不同意播出。因此,怎样冲破对方的心理防线,让他接受采访并同意播出,将是记者面临的第一个挑战。

首先,记者应准备好充足的理由说服对方。说服的理由一般有:可以获得展示自我的舞台;可以增强自己的社会影响力;丰富自己的人生体验;给自己一个辩解或争论的机会;获得向公众倾诉的窗口。

当无法"晓之以理"的时候,可以"动之以情"。2001年《新闻调查》制作了一期节目《21号裁定书》。其中的主人公艾志梅为救服刑的丈夫,不仅出钱买通法官而且出卖肉体,之后得不到丈夫的理解,反遭丈夫拳脚相加。这样的事情艾志梅自然不愿向别人倾诉。然而在采访艾志梅之前,记者先采访了因事情败露而重新归监的艾志梅的丈夫。记者发觉这个人的良心还未完全泯灭,就特意让他给妻子写了一封信。记者捎的这封信让艾志梅感动了,于是她向记者道出了自己万般无奈中的全部经历。

2. 和谐和冲突的平衡

记者在采访时要充分考虑到镜头给受访者带来的压力,要努力营造一个和谐的环境,这样才能使对方打开心扉,从而得到自己想要的东西。所以,采访特别强调开局,往往不急于正式开始采访,而是让对方在不知不觉中进入采访状态。记者还要找准自己的位置,既不仰视也不俯视,不卑不亢、亲切平等、与人为善是记者应该持有的态度。

在强调和谐的同时,采访中也要注意对冲突的把握。四平八稳的对话往往索然无味,只有短兵相接、充满张力才能让观众兴致盎然。同时,一定的"冲突"能刺激对方,使其真情尽显、个性尽露;适当的质疑也能直接切中问题的要害,让对方无法回避,从而使真相步步呈现。当然记者也要善于把握节奏,要能够做到收放自如。

3. 控制逻辑和把握意外的平衡

在人物专访的过程中记者应始终掌握着对话的主动权,要尽量让对话在事先准备的逻辑线路上展开。有时采访对象思维跳跃、能说会道,记者若没有控制的意识,则很容易被对方"引入歧途"。但这种控制要尽量做到不显山不露水,既要让对方得到充分表达的机会,又要时刻保持清醒,适时、礼貌地将其拉回主题。

当然记者的逻辑应当具有一定的开放性和灵活性。有时在采访过程中会意外地发现一些比原先准备的问题更有价值的内容,记者要能敏锐地抓住这些点发散开去,有必要的话甚至可以放弃原来的思路。当然这样做有一定的风险,记者要充分了解选题的相关背景,并且要有很强的心理素质和应变能力。

第四节 纪实性报道

一、纪实性报道的特征

新闻本身就应当记录真实,所以这里的"纪实"并不仅仅指真实性,它特指一种类似于纪录片制作的方式。纪录片制作中的"纪实",是指"纪录行为空间的原始面貌和形声一体化行为活动的一种特殊的纪录形态",其呈现出再现与表现相结合的特征。再现指的是客观写实,即真人真事、真实时空,还有长镜头、跟踪拍摄、连续采访、同步记录;表现则相对为主观介入,以纪录形态表情达意,体现出一定的艺术特性。①

所以,纪实性报道是借鉴纪录片的拍摄手段,通过同步追踪、客观记录,以形声一体化结构的形态,反映事件发展过程和人物命运变化的报道。与前几种深度报道类型关注具体社会问题的特点相比,它更关注人文情怀和社会风情,新闻时效性也相对较弱。在拍摄过程中,纪实性报道强调自然平和的同步纪录,和记者尽量少的外来干预,以默默无闻的方式体现记者的独立思考和情感关照。这种深度报道的类型虽不是新闻报道的主流,但在电视上也普遍存在,比如央视的《百姓故事》《社会纪录》《讲述》等都属于这种类型。

新闻与纪录片都是讲究"真实"的,但它们在"真实"概念上的区分与观察者所处的位置以及由这种位置所决定的观察视野相关。吕新雨教授认为,"新闻是站在国家意识形态所规范的社会价值体系之中对客观事物的观察与描

---

① 许永,王丽娟.电视节目的策划与文案[M].南京:南京师范大学出版社,2000:157.

述,纪录片则是站在体现人文价值,以实现人文价值关怀为特征的文化体系之中"。① 我们这里认为,一方面,新闻与意识形态相关,另一方面,往往从宏观的社会视角出发,解释、探究具体的新闻事件和现象与社会结构、社会动态之间的关系;而纪录片通常则以知识分子的精英文化的人文价值体系为背景,重在探索共同的人类命运、人的生命意义,超越制度层面的人与文化与社会与自然环境的关系和意义等等。当然,这两者并非绝对的对立,社会性和人文性往往有所交叉,这在纪实性报道中得到了典型的体现。纪实性报道关心的往往是社会性(具有新闻价值)的题材,但通常是从人文的角度给予一定的关照。

从报道思路和手法上看,其他深度报道类型一般是从结果或者现状出发,解释事件、现象的成因,或者探索事实发生的由来、探寻对未来的影响;而纪实性报道(除了历史题材类)一般是与事实发展同步的,而且更重视事件的发展过程,注重展现故事的情节,挖掘人物内心的情感,刻画人物的个性,捕捉生动传神的生活细节,从而增强节目的可视性,使报道充满趣味性。

二、纪实性报道的发展

1. 宣教式的新闻专题片时期(20世纪50年代末—90年代初)

纪实性报道是在新闻纪录电影的基础上发展而来的,在很长一段时间里,就是我们今天所说的专题片。它以单一的表现手法体现着单一的功能:以官方的视角和权威的地位,自上而下地宣传、解释某一事物或者精神,以实现其宣传教育功能。这种专题片通常有明确的观点与见解,并将其集中体现于相对完整的解说中,画面则多为相应内容的形象展示。

2. 纪实性报道的栏目化时期(20世纪90年代)

《东方时空》和《新闻调查》的创办,标志着我国的纪实性报道进入了一个全新的栏目化时期。它们采用了一以贯之的精神态度,从一个全新的角度和不同的层面去记录我们共同经历过的历史。在《东方时空》的播出过程中,其子栏目《生活空间》(后来改名为《百姓故事》)为纪实性报道开辟了一块崭新的试验田,有了更多的机会去发现和探索生活。同样,《新闻调查》的出现也使得纪实性报道的创作迈向了一段新的探索旅程。这一期间,《恢复高考二十年》《大官村里选村官》等优秀纪实性报道作品的问世,在社会各阶层都产生了重

---

① 吕新雨. 中国纪录片:观念与价值[J]. 现代传播,1997(3).

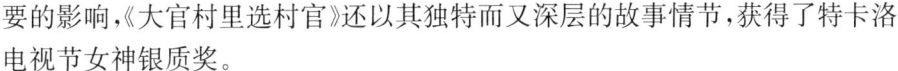

要的影响,《大官村里选村官》还以其独特而又深层的故事情节,获得了特卡洛电视节女神银质奖。

3. 多元化的探索时代(20世纪初期至今)

央视《共同关注》《法制在线》《社会纪录》等新闻栏目的相继亮相,为纪实性报道提供了一个更为广阔的展示平台。纪实性报道从单一的"讲述老百姓自己的故事"中挣脱出来,已经不仅仅关注底层社会,也不仅仅借助于最质朴的跟踪拍摄和镜头语言。不同栏目中的纪实性报道所涉及的纪录题材各异,关注的对象和制作的风格也各有差别,而且它们也从对单一的人文关怀的追求转向对可视性、收视率兼顾的追求。

三、纪实性报道的常见题材

一般来说,针对这样一些选题可以采用纪实性手法:

1. 重要时政/历史事件

社会的发展在很大程度上有赖于社会成员在共同的历史经验和历史记忆基础上形成的对社会和时代的共性意识,历史对每个社会成员都有重要的借鉴意义和参照价值。纪实性报道在这个方面可发挥其特有的文献记载作用,客观、真实、敏锐、细腻地将社会时事的形态阐述清楚。比如:央视为庆祝香港回归祖国十周年制作的大型理论文献纪录片《香港纪录片》;再如,结合"5·12"汶川地震,《凤凰大视野》连续推出《地震启示录》和《地震警示录》两部纪实性报道,为此次重大新闻事件提供具有详尽历史背景和针对性的权威解读,在大灾破坏性的震撼之后带给观众具有历史维度的深入思考。[①]

2. 新闻事件

对于某些具有一定复杂性、戏剧性或者富有思想内涵、人文价值的事件进行客观、同步的记录,让观众感受事件本身的戏剧性或看完之后有所体悟和思考。比如:央视《新闻调查·大官村里选村官》对大官村里首次通过"海选"(即直选)换届选举村主任的过程进行了记录,选举本身就具有一定的悬念性,而且整个过程充满了戏剧式的冲突,同时节目也使观众对农村基层选举的现状和问题有了一定的思考。再如,汶川地震之后凤凰卫视播出的《陈坚最后的79小时》,还原了主人公陈坚被发现、救援,然而就在被抬上担架之际而遗憾

---

① 秦瑜明. 当电视新闻与历史题材纪录片交汇[J]. 中国广播电视学刊,2012(1).

逝去的经过,让观众唏嘘不已、潸然泪下。

3. 法制类题材

当前不少法制类节目就是通过纪实性报道的方式制作的。很多案件在记者介入之时已经发生,事件本身已经结束,但公安部门破案的过程是可以跟踪记录的,而且侦查破案的过程往往一波三折、富有悬念,同时也可以展现警方的侦查智慧。

4. 社会性题材

这一类纪实性报道以社会现实和普通人为拍摄对象,记录和反映社会各阶层人群的生存状态和内心世界。这类节目往往从细微处入手,在记录过程中体现时代的脉搏、感悟人生的真谛。比如,《归途列车》历经三年,大约拍了350多个小时的素材,记录了身处异乡的农民工夫妇在春运高峰期回乡的真实故事。通过记录,节目启发观众思考,"这个家庭的未来到底在哪里？他们会回归到什么地方？农民工这个群体,未来又在哪里？"再如,央视"走转改"节目《走边关·内蒙古段》以记者亲身体验为线,走访大北疆的多个边防哨所,真实记录和感受戍边军人在大漠戈壁、金色草原、边关口岸、密林界河以及冰川雪原中的工作生活状态,着重深入挖掘鲜为人知的边防故事,传达给我们以往不曾了解到的戍边军人真挚的内心情感。

第五节 数据新闻报道

伴随着技术的发展,"大数据"一词成为一个热门话题。技术本身或许并没有创造更多的信息,但人类的活动更多地被记录下来,并成为可供统计、分析的数据,当各类数据积累到足够多时,它的价值便呈现出来。根据 2013 年 7 月《哈佛商业评论》上一篇名为《大数据的兴起》的文章中所做的统计:"2000 年,全世界全部存储信息中只有 25% 是数字化的,其余的都保存在纸张、胶片和其他模拟介质上。但是由于数字、数据、数量的增长十分迅速——几乎每 3 年就翻一番,这种情形很快发生了逆转。如今,在所有存储信息中只有不到 2% 是非数字化的。"

数据新闻就是在此影响下而产生的。数据新闻,又叫数据驱动新闻,是指基于数据的抓取、挖掘、统计、分析和可视化呈现的新型新闻报道方式。可以说,数据新闻是20世纪60年代产生的精确性新闻的进一步发展和延伸,但两者也有很大的区别:精确性新闻主要是运用社会科学的抽样技术提高新闻的精确度,数据新闻则是基于互联网逻辑的新闻报道。从数据采集量上来说,精确性新闻所采用的还是小数据或局部数据,数据新闻所采集的数据量是基于社交网络和移动互联网终端的海量信息资源;另外,数据新闻以数据和可视化图表作为新闻的主要内容和呈现形式,通过对数据的过滤和视觉化处理来讲故事。[1]

一、数据新闻对于深度报道的价值

1. 整合公开数据,挖掘潜在意义

大数据新闻报道最重要的数据来源就是那些来自政府、专业机构、社交媒体网站的公开数据。这些数据犹如沉睡的宝藏,等待有心人的挖掘。因此,如果具备敏锐的数据嗅觉,能够挖掘出公共数据、原始数据之间的关联,或者只是简单的进行历时性的梳理,就可以让这些尘封的数据焕发出新的生命力。[2]

2. 立足总体数据,反映宏观真实

传统新闻通常关注个体和个案,以个体性的报道来表达对具体事件或群体的关照;数据新闻则能够对总体现实进行报道,因为其所基于的大数据就是报道对象的全体数据,这与数据短缺时代通过抽样调查来反映整体状态不同。因此,从某种程度上讲,由大数据分析得出的新闻更有可能接近于宏观真实,这对于了解整体社会或者了解某一事件、现象的全貌具有独特价值。

3. 运用相关性,预测未来发展

通常人们预测未来的方式依靠因果关系分析,在大数据背景下,数据的海量性和计算能力、信息处理能力的提高,使人们可以根据经验法则和统计学规律进行相关性的分析和预测。而且信息来源的动态性和多样化,使得数据的实时性和客观性得以提高,得出的相关结果常常比较可靠。数据新闻常常可以利用这样的相关性研究,把数据里面的"金子"挖出来,先预测某些结果的发生,然后再对其过程和背后的缘由进行探寻。

---

[1] 喻国明.从精确新闻到大数据新闻——关于大数据新闻的前世今生[J].青年记者,2014(下).

[2] 喻国明.大数据新闻:功能与价值的初步探讨[J].南方电视学刊,2015(2).

二、国外数据新闻的实践探索

欧美国家凭借大数据以及分析技术,已领先一步开始了大数据新闻的实践并取得了显著的效果。

1. 发现成百上千官方文件中的关联性

比如,英国《每日电讯报》集团对议员花销的调查性报道就是一例:2009年6月,英国国会下议院公布了5 500个PDF文档,其中包括议会646名成员四年间的花销报账单。《卫报》为此开展了众包新闻的尝试,设立专题,将所有这些数据公布给用户,邀请用户帮忙查找账单中是否有可疑或可议之处。数万名用户参与了这一数据新闻的制作,帮《卫报》挖出大量新闻。

2. 数据相关性分析得出重要结论

2011年8月,英国全国性骚乱发生后,英国《卫报》启动了一个名为"解读骚乱"的项目,目标是通过数据收集及相关分析手段,对骚乱产生的原因及影响进行深层研究。其数据采集主要来自三个方面:一是通过对参与骚乱的人、警察、普通居民等进行深度访谈来获得第一手材料;二是对社交媒体上的内容进行数据分析;三是搜集与犯罪嫌疑人个人信息相关的法庭记录。项目组在他们搜集的法庭数据基础上完成了一个对比性的信息图表"贫富因素与骚乱"。这个图表的基础是一张显示各个地区贫富等级的英国地图,在这张地图上标识出两千多个骚乱参与者的家庭住址,从图中可以清楚地看到,骚乱参与者绝大多数居住在英国的贫困地区。地区性的贫富差距与犯罪嫌疑人的住址这两个维度的数据的叠加对比,直接揭示了贫富因素与骚乱之间的关联。这一发现,在一定程度上反驳了英国首相卡梅伦所持的贫困并非导致骚乱的主要原因的观点。

在"解读骚乱"的另一张信息图表中,研究者将骚乱参与者的家庭住址与他们参与骚乱的地点这两个不同维度的数据进行了对比,并用动态的方式显示了他们的活动路线图。统计分析发现,这些人参与骚乱的地点与他们家庭住址之间的平均距离为2.6英里(4.18千米)左右,属于步行范围。虽然各个城市的情况有差异,但这个平均数据说明,多数人并非是通过长途旅行去参与骚乱的"通勤骚乱者"(riot commuters),他们更有可能是偶然卷入到骚乱中的[①]。

---

① 彭兰."信息是美的":大数据时代信息图表的价值及运用[J].新闻记者,2013(6).

3. 可以解释新闻与每个人存在何种联系

如 BBC 和《金融时报》所做的交互式预算报道可以帮助你找出预算如何对你个人产生影响。

4. 根据报道框架,加入数据自动生成报道

Narrative 是一家拥有大约 30 名员工的美国公司,它运用 Narrative Science 算法,大约每 30 秒就能够撰写出一篇新闻报道。其新闻撰写的基本模式为:首先通过系统的搜索引擎收集大量高质量的数据;其次根据报道题材决定文章的风格模式;再按照元作者提供的词汇来组成句子。所谓元作者是由资深记者组成的团队,他们负责创建一系列报道题材的模板,他们同工程师密切合作,使计算机能够从不同"角度"来识别相应数据。

三、我国电视媒体数据新闻的实践

我国电视媒体正式制作数据新闻是从央视发端的。自 2012 年 8 月 21 日起,央视综合频道和新闻频道同步推出了近 60 期《数字十年》系列成就报道。以《数字十年》为标志,央视开始在新闻节目中大量引用可视化的动态图表来报道数据新闻。

2014 年春运系列报道中推出了"据说春运"特别节目,首次采用百度地图 LBS 定位的可视化大数据,播报国内春节人口迁徙状况。其中,节目分析得出的"逆向迁徙"是大数据分析的一个亮点。分析发现,成都火车站多了许多老年人的身影,这在往年春运中并不多见。老人前往子女工作的城市过年,使得春运呈现出"逆向迁徙"的趋势。这一现象在以往通过派驻分散到全国各地火车站记者的现场观察是难以被发现的,而大数据分析却做到了这一点。另外,节目中"短距离迁徙打工不必远离家乡或成为一种趋势",同样是利用大数据分析得出的预测结论。

接着,在 2014 年央视两会报道中推出了《两会大数据》这一新的板块。央视选择百度、亿赞普、腾讯三家合作方为其提供数据源,节目主要通过统计民众在网络上留下的海量信息,以图标或其他视觉互动形式呈现给观众有关热点议题的新闻报道样式。《两会大数据》运用静态与动态图标和大量数据展示了百姓眼中的政府工作报告、百姓所关心的立法政策、对热点议题的改革措施及不同年龄、地域、身份所关心内容的人数比例等,每一话题的讨论结果都以数据的形式呈现在观众面前。例如,30—39 岁人群对政府工作报告的关注度

达51%,新一届政府2013年三公经费大幅下降35%,大学生群体对两会工作报告的关注度由2010年的42%上升到现在的55%等等,这些一目了然的数字不仅体现了新闻报道自身的客观性,而且能帮助受众从数据分析结果中寻求自我定位。[1]

总体而言,数据新闻与传统深度报道的制作存在诸多不同,有着自己的特定要求,具体要求如下:

首先,从新闻线索的获取来看,传统新闻的线索有很多来源,诸如观众爆料、相关部门的通报、记者的亲身体验等等,总之主要还是依赖于现实的经验生活;而数据新闻的信息则来自于网络中存在的海量数据。

其次,从制作环节上来看,传统深度报道主要是经过采访、拍摄、写作、编辑等几个环节;数据新闻则主要通过收集数据、分析数据以及通过图像化手段呈现数据。

再次,从叙事的角度来看,电视数据新闻的生产仍然应当坚守新闻本位,它是数据驱动的,更应当被视为一种"叙述驱动的数据分析"。孤立的数据是没有意义的,记者在海量数据中探寻具有新闻价值的信息,发掘数据之间隐含的关联性,进而叙述与数据相关的新闻当事人的故事,这正是数据挖掘的目的。归根结底,数据应该为新闻叙事服务。[2] 与诉诸情感的故事相比,抽象数据的表达力量要逊色许多。对于数据新闻创作团队来说,如果想在受众那里获得一些反响的话,就不能自恃拥有权威数据忽略电视在叙事方面的优势。

最后,从人才需求角度来看,数据新闻的制作涉及数据分析、统计、编程、设计等诸多领域,真正体现了新闻、技术和艺术的多元结合。所以,数据新闻对制作者的知识结构有着较高的要求,尤其是随着计算机技术、网络技术的不断发展,制作者要保持学习的姿态,不断更新自己的知识,同时还要学会团队合作。

第六节　组合文体的深度报道

深度报道自出现以来,以其报道角度多样,揭示问题深刻而深受受众欢迎,深度报道家族成员从解释性报道开始日益壮大,形成了多种体裁。而以上

---

[1] 高丽娜. 我国电视数据新闻实践现状[J]. 新闻传播,2014(7).
[2] 王强. "数据驱动"与"叙述驱动":数据新闻生产的双重动力[J]. 编辑之友,2015(3).

几种都是单一文体,一次节目即完成了报道,除此之外,组合文体也继承了深度报道多角度、深挖掘的报道特点。

一、连续报道

连续报道是对正在发生并持续发展的某一重要的、社会普遍关注的新闻事件在一段时间内进行多次、连续、及时的报道。连续报道以新闻事件自身的发展和时间顺序纵向展开,要求记者在事件演变过程中紧密追踪,不断以新的变动为依据进行后续报道,分段、分层次地将事件发展中有新闻价值的信息及时传递给观众,力争使报道完整地反映新闻事件的发生、演变、结局及影响的全过程,从而达到集中、突出的强劲效果。连续报道多是事件性新闻,特别是重大灾难性事件。

连续报道要求所选的题材必须重大。从结构形式上讲,任何一个新闻事件都可以做连续报道,但并非运用了这一结构形式就可获得深度,只有那些对目标受众有深刻影响的、为社会广泛关注的重大新闻事件才适合做连续报道。报道题材与内容的选择是保证连续报道具有深度、广度及社会影响力的关键。

连续报道能满足受众追踪了解重大事态发展的心理和需求,并像电视连续剧那样,运用悬念吸引众多观众紧追不舍地收看我们的电视新闻节目,具有较好的传播效果。在新闻作品中,如果牵涉的某种暧昧不明的事物正得到逐渐的展示,或者某一新闻人物处在结局不明的状态之中,或者某一事件正处在结局逐渐到来之际,那么该新闻文本就会具有较大的吸引力,同时也会使阅读与传播的双方形成情感上的联系。①

二、系列报道

系列报道是围绕某一新闻题材、新闻主题,从不同侧面、不同角度,进行连续、多次的报道。系列报道对于深化主题,加深观众对所报道的事物或问题的理解有重要的作用。它通过对事物的多次报道,从各方面挖掘事物的共性,突出体现新闻主题,反映具有普遍意义的状况或趋势,具有较强的指导性,是电视新闻深度报道的有力手段之一。

系列报道所反应的对象,大都是非事件性新闻。整个报道以新闻主题为

---

① 杜骏飞.弥漫的传播[M].北京:中国社会科学出版社,2002:134.

依据,从不同侧面、不同角度横向展开,有目的、有计划、有选择地对彼此独立存在却反映相同本质的事物或某个典型事物进行逐一的或分解式的报道,从而全面、系统、深入地反映事物的内在本质和发展趋势。

通常,系列报道是有很强计划性的报道,其中不乏为配合党和政府的中心工作、重大活动而进行的主题性报道。这样的报道题材重大而且往往有足够的时间酝酿策划,所以系列报道比较强调事先的策划。策划阶段要定性、定向、定点。定性即符合报道的基本思想,确定报道的基本要素。如报道范围、力度等。定向即确定报道的多个具体角度,但要注意各角度之间的联系与层次关系。定点即依据确定好的报道角度选择合适的采访对象,要有明确的指向性和针对性。策划是做好组合报道最基本的前提,因此组合报道的策划应该做深、做细,而且策划内容一经确定不能随意变动,否则将会影响整个组合报道的传播效果。①

系列报道和连续报道的共同点在于整个报道都是由多个独立的报道单元集合而成,并且都是集中在一段时间内连续播出,因而也具有信息传播的密集性和传播效果的显著性。两者的不同之处在于:连续报道属于事实中心型组合文体,主要是对一个事件发展过程进行纵向展示;而系列报道属于主题中心型文体,侧重于事物之间的横向联系,反映事物的空间特点,透过事物的现象,反映事物的本质,说明某种主题思想。因而,系列报道各单元之间一般没有事态内容的连续性,没有时间上先后次序的连续性,只是围绕同一新闻主题进行报道。

思考题

1. 电视深度报道的类型有哪些?
2. 请举例说明在电视深度报道中如何使用背景材料。
3. 试述哪些事件中可能存在着被遮蔽的真相。
4. 人物专访中的"典型人物"有哪些特点?
5. 举例说明纪实性报道有哪些常见题材。
6. 什么是数据新闻?怎样理解数据新闻与精确性新闻之间的关系?

---

① 于泳.组合报道——现代平面媒体深度报道的另一种尝试[J].新闻战线,2005(9).

第三章　电视深度报道的策划

随着新闻媒体竞争的日益激烈，受众要求的不断提高，新闻策划已经越来越受到各级新闻媒体的重视。尤其在一些具有较高新闻价值的、影响重大的或具有较典型社会意义的题材报道上，深度报道越来越成为媒体在竞争中立足的"看家本领"和"杀手锏"，而事先周密而独到的策划则是深度报道脱颖而出的前提条件。《解放日报》原总编辑秦绍德就曾经说："在新闻竞争日益激烈的今天，哪个媒体要不在策划上下点功夫，没有自己的一手，就势必在竞争中失败。"这句话足可见策划对于现代媒体、对于新闻报道（尤其是深度报道）的重要性。

第一节　策划对于深度报道的意义

"策划"一词最早用于企业经营、广告宣传、公关活动等领域，它是20世纪90年代初才被运用到新闻学当中的，随后出现了"新闻策划"的新鲜说法。然而，这个词的使用并不令人省心，它一出现就引起了学术界和实践界的广泛争论，有欢呼喝彩的肯定意见，也有旗帜鲜明的反对意见。时至今日，这样的争论仍然时有出现。但是，不管人们如何激烈地争论，策划依然在新闻实践活动中探索前进，在深度报道中更是有基础性的意义。

一、策划的正确含义

首先，我们来分析"策划"的含义。策划，就是筹划、谋划的意思。我国古代很多故事中就闪烁着策划思想的光芒，最有名的便是田忌赛马。孙膑告诉田忌"以君之下驷与彼之上驷，取君上驷与彼中驷，取君中驷与彼下驷"，这番策划就是田忌获胜的关键。其实所谓"策划"，是人所特有的一种行为，是人运用自己的理性思维针对未来要发生的事情所作的决策,也就是说,在事情发生之前,预先决定做什么,何时做,如何做,谁来做。

将"策划"的概念引入新闻学是一个创新,我们现有的新闻学词典中尚未正式出现"新闻策划"这一词条。但从实践的角度理解,它是指,新闻采编人员在事先运用自己的理性思维进行谋划和决策。更具体地讲,新闻策划就是新闻采编人员在进行报道之前,遵循新闻的基本规律,以事实为基础,以创意为核心,对已占有的信息进行充分的分析研究,制定相关报道策略,设计报道的方法和技巧,以求更好地配置和运用报道资源,取得更好的报道效果。

这里,有几点需要我们注意。

1. 策划的基础是事实

一般的策划完全可以凭借策划者的智慧"无中生有",如广告策划、公关策划、剧情策划等。新闻策划则有所不同,它必须以事实为基础。根据陆定一的定义——"新闻是指新近发生的事实的报道",新闻策划就应当是对"事实的报道"的策划。这是我们对策划客体的清晰界定,但有人偏偏将这一点混淆,误认为新闻策划是对新闻事实本身的策划。

对于后一种情况,有人将其称作"策划新闻"。两者虽然只是主谓颠倒一下,但实际含义却大不相同。"新闻策划"强调的是事实第一性,策划第二性,它在"以事实为基础"的前提下,肯定人在新闻报道中的主观能动性;而"策划新闻"恰恰相反,它主张的是策划第一性,事实第二性,不以事实为基础,夸大人的主观能动性。"策划新闻"是不符合新闻规律的,这也正是被那些反对"新闻策划"的人所牢牢抓住的一个理由。

可见,"新闻策划"本身并没有什么错,只是有人把它赖以存在的基础——事实,当成了可随意操作的客体。

2. 策划的核心是创意

策划,其实就是一种智力投入,就是往固定化、程式化、老套化的事物里注入灵感和智慧,使其焕发出更新、更美的光彩。这个过程最重要的就是创意。同样,新闻报道的策划也需要创意,这既是策划者主观能动性的重要体现,也是报道策划与传统采编方式的根本不同。可以说,新闻策划的过程就是创意的过程,没有了创意也就失去了策划的意义。

创意可以体现在新闻报道的内容上,即从全新的新闻视角透视新闻事实,或对新闻事实有新的理解和认识,能够选择新颖角度,提炼出富有新意的主题;创意也可以体现在报道的形式上,即能够独到的构思整个报道的结构和层次,或选择合适的采访方式,或设计出新颖的拍摄角度、编辑方式。

3. 策划的主旨是优化资源配置

策划需要好的创意,但光有好的创意还不能确保策划的成功。因为很多报道其实是一个复杂的系统工程,进行一次报道就像打一场战役,方方面面要考虑的因素很多,这就需要策划者能够拿出一套完整、可行的行动方案,对各种报道资源(人力、设备、资金等资源)进行合适的配置和调度。具体来讲,就是要求策划者能够充分占有与报道相关的一切信息,包括受众的信息、报道对象的信息、现场环境信息、竞争对手信息等;并在认真研究这些信息的基础上,选择报道的角度,确定报道的形式,设计报道的总体思路;接着,还要将总体思路分解成各个具有可行性的小步骤,调度相关的人员和设备去实施,既使大家各司其职,又能相互呼应,以产生"1+1>2"的效果。

二、深度报道策划的度

要在实践中操作好深度报道的策划,避免使它走进误区,就要把握好策划的度。具体来看,主要体现在以下几个方面。

1. 把握事件策划的度

新闻策划应该以事实为基础,而不应该随意编造事实,制造"假事件"。但有时新闻媒体的确会策划一些事件,特别是一些公益活动,以扩大自己的社会影响力,塑造自己良好的公众形象。也就是说,在事件尚未发生或正在发生之时,媒体就已亲身参与其中,以自己的主观努力促使事件发生或往某个特定的方向发展,然后再予以报道。这样,媒体既进行了新闻策划,也进行了事件策划。请看下面的例子:

> 1999年11月,《北京晨报》得到一条重要的新闻线索:一位身患癌症的29岁的山区女音乐教师艾建萍在病床上一直离不开音乐,她非常想见一见朝思暮想的学生和最喜爱的刘欢、韦唯、殷秀梅、孙悦等几名歌星。晨报记者们当即萌发了为艾老师圆梦的想法。他们和医院商量,想在医院举行一场音乐会,得到了医院的支持;他们又约请了那几名歌星,歌星们也慨然应允。11月19日,这场只有一个听众的音乐会如期举行。韦唯、殷秀梅、孙悦带着鲜花和歌声如约而来,北京电视台、北京人民广播电台、北京文艺台的记者也闻讯而来。从第一篇报道见报到成功地举办音

乐会,前后仅四天时间,但是这组报道却产生了强烈的震撼力。①

《北京晨报》的这次策划应该说是成功的,也是有益的。它不但迅速吸引了受众的目光,扩大了自己的影响力,还做了件善事,体现了报纸对民众的人文关怀。这样的策划既符合事件本身的发展规律,也符合新闻报道的规律。所以,虽然事件策划者是新闻媒体,但是,没有人会怀疑它的真实性,也不会有人说它是"假新闻"。下面的例子则是一个反面典型:

1898年2月15日,美国战舰"缅因号"在哈瓦那被炸沉,《纽约时报》不管法院的调查有无结果,就做出通栏标题"炸毁缅因号是一个敌人所为",断言是西班牙人制造了这起事件,煽动美国与西班牙发动战争。而在此之前,赫斯特就派一位速写画家芮明顿到哈瓦那做战争速写。据说,芮明顿到哈瓦那后致电赫斯特:"这里很平静,不会有战争,想回去。"而赫斯特则复电:"请留下,你提供速写图画,我将提供战争。"赫斯特这种无中生有的"策划"是当时美国媒体恶性竞争的产物,我们应当引以为戒。

从这两个例子可以看出,媒体参与事件策划在某种条件下是允许的,也是有益的,但一定要把握好度。一方面要尊重事物自身的发展规律,为事物往好的方向发展创造条件;另一方面,也要尊重新闻规律,以事实为基础,不能人为地去捏造或扭曲,或夸大,或缩小某个事实,制造出失实新闻或虚假报道。同时,在总体数量上,媒体对此类性质的策划还应当把握好一个度,不能一窝蜂地上,而应当慎之又慎地选择那些可以做、能够做的事件予以策划,毕竟,媒体的主要任务是客观地反映事物存在的事实。

2. 避免"新闻炒作"

深度报道策划的目的是通过合理配置和调度报道资源,更全面、真实地反映事实。而新闻炒作则不同,它的目的是为了迎合读者的猎奇心理,人为地制造"卖点"。前者追求的是长期的社会效益,而后者追求的则是短期的经济效益。因此,在操作原则上,新闻策划讲求新闻的真实性、准确性、公正性,遵守职业道德规范;而新闻炒作则是刻意渲染、小题大做、哗众取宠。

具体来看,新闻炒作的主要表现是:在题材选择上,不注重意义重大、影响

---

① 赵振宇.论"参与式报道"[J].新闻大学,2002(1).

深远的新闻题材,而注重一些琐碎、细微、反常、刺激的社会新闻题材,即使是重大题材,偏重的也多是一些细枝末节;在资源配置上,往往不惜人力、物力、财力,极尽渲染、夸张之能事,以取得轰动效应;在报道风格上,强调故事性、煽情性和冲突性,不求全面、深刻,只求能吸引受众眼球。

随着新闻竞争的日趋激烈,新闻炒作的问题显得越来越严重了,有时,甚至不光是个别媒体对一个事件进行炒作,而是数家媒体合力而为之。比如,2003年6月湖北枣阳公开审理的原湖北枣阳市市长尹冬桂受贿案——尹冬桂在担任枣阳市委副书记、市长期间,先后收受他人及单位贿赂6.6万元人民币、2 000美元。这个案子案情比较简单,算不上什么震惊全国的大案要案,但却出现了全国众多媒体热炒的局面,而热炒的焦点是一些所谓的"案外因素",诸如"曾与多名男性有染""曾给领导当保姆""霸占司机6年之久"等。[1]这种炒作极不严肃,但更重要的是它避重就轻,忽略了本不该忽略的腐败问题,没有发挥起媒体舆论监督的作用。

可见,新闻炒作不但不符合新闻传播的基本规律,还经常会带来一些负面的社会效应。因此,在实践中媒体要倍加注意,把握好度,不要使"策划"滑向"炒作"。这也就意味着,媒体新闻策划要选择合适的题材,要保证报道规模和新闻价值相称,要保证报道形式和报道内容相匹配。

3. 不能"一锤定音"

深度报道的策划要讲求周密,但决不能"一锤定音"。因为策划和报道的客体——事实是充满偶然性并富于变化的,如果策划方案"一锤定音",不能随之灵活应变,就不能发挥其应有的指导性作用,反而会成为采编人员行动的束缚。

首先,策划时应努力营造一种民主的气氛,让每个策划人员都有提出质疑的机会,这样有利于充分预见报道过程中可能会遇到的问题。在此基础上,认真研究策划方案的每一个步骤,必要时可以设置"多项选择",即针对不同的可能性设计不同的解决办法。情况复杂时,甚至可以制定出几套方案,以便现场采访人员在一套主方案行不通时选择其他备用方案实施。这样,就不会出现现场人员"停工待料"的现象,避免了因此造成的经济损失和报道时机的丧失。

其次,策划要随着报道同步跟进,及时做出调整。策划是"事先的谋划",但不能指望一劳永逸,谋划完了就撒手不管了。因为事实是复杂、流动和变化

---

[1] 赵金,闻学峰. 舆论监督还是"娱乐"监督?[EB]. 中国新闻研究中心网站.

的,从实践来看,很少会有最初的策划与后来的报道完全吻合的情况。这就需要建立良好的信息反馈机制,使策划者能在报道过程中及时准确地掌握对象及其环境变化的信息,然后,再依据这些信息迅速调整报道力量的部署和各个步骤的安排。这一点对于那些时间跨度较长的报道显得尤其重要。

最后,策划方案不宜过细,既要能够框定重点,也要能够激发记者拓宽采访思路。策划只是"纸上谈兵",其作用在于确定主旨、规定范围、规划采访行动,属于宏观调控。所以,"不能过细,不能越位,不能把记者手脚捆得太死,使记者像学生考试填空一样去完成策划者圈定的题目,这样便扼杀了记者的主观能动性,只是机械地完成规定的计划,而忽视实践中的新情况、新问题,不注意去发掘采访过程中新的触发点,而这些往往是报道成功的关键所在"。[①]

第二节 电视深度报道为何需要策划

一、实现报道主旨的需要

新闻媒体都具有上层建筑的性质。在我国,新闻媒体更是党和人民的喉舌,是党的事业的一部分。因此,它必须服从党的领导,自觉宣传党和政府的各项方针政策,宣传党和政府的中心工作,宣传党和人民的各项经验成就,努力在维护国家稳定、弘扬时代主旋律、为公众释疑解惑、促进社会文明进步等方面发挥作用。

在计划经济时代,社会结构比较简单,人们的观念也比较单纯,所以,媒体宣传工作的难度并不是很大。但是,随着市场经济的发展、社会开放程度的提高、社会阶层的分化,人们的价值观念、思想意识都日趋复杂和多样;再加上网络等新媒体的兴起,人们接触各种新鲜事物和新鲜思想的机会也大大增加了。在这种情况下,原来那种形式高调、内容空泛、严肃有余、活泼不足的宣传报道已经不能继续发挥其应有的作用了。因此,新闻媒体必须改进新闻报道的方式,尊重受众的接受习惯,不断增强新闻报道的吸引力和感染力。

但是,在当前多元化、竞争性的喧嚣舆论环境中,要让公众听到媒体的声

---

① 蔡雯.新闻报道策划与新闻资源开发[M].北京:中国人民大学出版社,2004:211.

音,相信媒体的说法,往往并不是非常容易的,尤其是媒体想要实现某些"正面"的报道主旨的时候。要实现新闻报道的主旨,应当兼顾新闻规律和宣传规律,在客观报道的基础上挖掘出新闻事件的传播价值,并选择最佳的报道角度、报道时机、报道方式、报道规模,使受众易于接受、乐于接受。而这一过程需要高度的智慧投入,必然就离不开采编人员的精心策划。

2002年度中国广播电视新闻奖获奖作品《追求"第一"》是一组成功的宣传报道,它是浙江电视台为配合党的十六大召开而精心策划的。十六大召开之际,该台的宣传指向十分鲜明,就是要报道浙江改革开放以来,特别是党的十三届四中全会以来在各条战线取得的巨大成就。

策划人员立足本地,放眼全国,寻找报道典型。他们想到浙江人在改革开放中勇立潮头,敢为人先,于是,决定以本省创造的一个个全国"第一"为报道突破口,把他们的过去、现状和发展,通过"回顾"(历史上的"第一个")、"现场"(今天的变化)和"发展"(全省发展状况)三部分内容的有机结合,以小见大,由点到面地展现出来。"以《追求'第一'》第一集《民营经济星火燎原》为例,记者查阅了大量文献资料,寻访到22年前全国第一份个体工商户执照,第一家股份合作制企业,第一份股份合作企业和私营企业地方法规。现在,领到第一份个体工商户执照的章华妹,已经在温州经营一家纽扣专卖店。就是这一份执照,使她改变了命运,由一个家庭妇女变成小有名气的女老板,她成了经济体制改革的见证人。台州农民陈华根,敢于'第一个吃螃蟹',创办了全国第一家股份合作制企业,从一个农民变成拥有数千万资产的企业家。如今,浙江的民营企业蓬勃发展,成为全国民营企业最发达的省份。"[1]在报道形式上,策划人员也花费了心思,他们将新闻性、故事性、知识性、可视性融为一体,既有新闻事件,又有新闻人物;既有新闻的时效性,又有历史的纵深感。

二、提高传播效果的需要

受众是新闻传播活动的终端。他们既是新闻信息的接受者、使用者和消费者,也是新闻传播质量的最终检验者。新闻媒体的一切努力,最终都是为了实现信息在媒体和受众之间的有效流动,使媒体发出的信息能够方便地被受众接受。

---

[1] 章壮沂.时代风貌的真实展现——2002年度获奖电视连续与系列报道综述[J].电视研究,2004(1).

在新闻信息的流动过程中,受众并不是一股脑儿地全盘接受所有信息,而是有选择地进行接触,并加以理解、接受和记忆。在这个选择过程中,受众的价值观、需求、兴趣、情绪等个人的心理因素都发挥着重要的作用。所以,媒体的报道不是简单地确保真实性和时效性就行,而是要根据受众的这些心理因素进行认真、细致的新闻策划,使报道的时机、报道的节奏、报道的方法和报道的形式恰到好处,契合受众所好,满足受众所需,唯有如此,媒体的各种功能,如宣传教育功能、信息服务功能、环境监督功能、文化娱乐功能等才能真正得以发挥。

每年三四月份的"两会"都是《新闻联播》的报道重点,但以往的"两会"报道时间过长,节奏过于拖沓,不但影响了宣传的质量,也影响了其他节目的播出,观众对此意见较大。

2004年"两会"期间,《新闻联播》对节目进行了认真策划,推出了重大的改革举措:压缩开幕式、闭幕式等程序性报道的量,使每天的节目严格控制在30分钟(过去的"两会"报道一般都达到45分钟),并且要改进报道方法,实现"压时不减信息量"。他们从多方面着手推行这项改革,"在内容上,力戒空话套话,新事实、新思想、新举措被精练提纯;在拍摄上,镜头总体运动速度加快,增加大面摇的镜头以缩短时长;在编辑上,加快节奏,增加单位时间内信息的密集度"。① 在压缩程序性报道的同时,节目还把握住了报道的重点,更多地把报道时间留给了会议重要议程报道、代表委员人物报道和动态成就报道等内容。

最终的收视数据表明,2004年《新闻联播》"两会"报道的改进不但有效地增强了传播效果,保证了"两会"报道的全面性和权威性,而且尊重了观众的收视习惯,得到了观众的普遍好评,而这正是新闻策划所发挥的巨大作用。

三、参与市场竞争的需要

在市场经济的背景下,我国的新闻媒体处境发生了深刻的变化,从过去靠行政拨款、行政指令生存转变为靠市场求生存谋发展。电视媒体也不例外,同样面临着极其激烈的市场竞争。而观众收看电视正以"了解党和国家的各项方针政策""了解国内国际时事政治"为主要目的,所以,新闻节目将成为电视

---

① 张宁.新做法带来新亮点——议2004年《新闻联播》"两会"报道[J].电视研究,2004(4).

市场竞争的主体。

电视新闻节目面临的竞争来自于多方面,有来自于电视媒体内部的,如电视频道的增加(有些电视台甚至开辟了专门的新闻频道),电视新闻栏目的丰富化和多元化;也有来自于电视媒体之外的,如晚报和都市报的崛起,新锐新闻杂志的出现,互联网的兴起等。在这样一个群雄逐鹿的时代里,传统的那种散珠碎玉的电视新闻报道显然已经无法吸引众多观众。同时,在这种资讯信息高度发达的情况下,所有媒体获得"独家题材"的机会和可能性已经很小了,各家媒体面对的是相同题材的"命题作文",因此,它们努力追求的已不再是"你无我有",而是"你有我特,你特我优"。

电视新闻节目的策划正是围绕一定的新闻题材,激发采编人员的智慧和创意,产生新颖、独特、有价值而又合乎规范的周密计划,从而使采编人员能够灵活机动而又深入独到地去开发现有的新闻资源和挖掘新闻事实的潜在价值。"策划上质量,策划出精品",这是新闻工作者在实践中得出的深刻体会,而"质量""精品"正是新闻媒体在市场竞争中胜出的必要条件。

2004年1月,中央电视台《直击中国铁路春运》大型直播节目就是一个典型的例子。

春运是一个老话题,也是每年春节前后各家媒体共同关注的话题。但是,多年来,电视报道在关注春运时,基本上没有摆脱对交通部门工作总结式的、多年一贯制的报道模式,这种传统的报道模式,贴近性和服务性都不强,所以很少有观众会关注。而中央电视台新闻频道经过精心的组织策划,从2004年1月18日20:30到19日22:30,分四个阶段推出了近10个小时的《直击中国铁路春运》大型直播节目,第一次引领电视观众对世界上短时间内最大规模的人员流动——中国铁路春运,进行一次全景的、客观的、近距离的报道。

此次共设8个固定直播点,中央电视台除了派记者进驻铁道部春运办公室、北京西客站、武汉火车站3个直播点外,还专门组织两个报道组,分别搭乘T15次列车(北京至广州)、K376次列车(北京至郑州,然后排队买票去西宁),跟随列车进行全程体验报道。这场直播报道策划巧妙到位、组织严密有序、结构严谨流畅、手法新颖多样,充分显示了中央电视台的大台风范,也在2004年春运报道中一枝独秀,吸引了观众的广泛关注。①

---

① 刘斌,陈万利,张天宇,等.一次成功合作的大型直播[J].电视研究,2004(3).

第三节　电视深度报道的策划要求和步骤

新闻策划主要用于深度报道之中（当然在一些重要的消息类新闻中也有运用），它既包括对报道对象的研究，也包括对报道主体的调度和配置，是一个科学、严密的系统工程，所以，在实施过程中要按照一定的步骤来操作。

一、背景的掌握

在发现了新闻线索、确定了报道选题之后，采编人员首先要做的事情就是搜集与选题相关的背景信息。背景信息有两类，"一类是横向的，即事物涉及的政治、经济、文化、道德、科技、环境、习俗等各方面背景情况，也就是报道客体所在的社会大系统的客观存在；另一类是纵向的，即有关事件本身过去的存在状态的信息"。[①] 充分占有并认真研究这些信息，是新闻策划人员认识事实，发现事实价值和内涵的前提。在此基础上，新闻策划人员才能进一步明确报道的目标和主攻方向，进而合理地部署报道力量。

策划阶段所要求掌握的背景信息，主要还是指一些宏观的背景，也就是新闻事件发生时所处的时代背景、社会政治背景和人类文明背景等。它们离新闻事实本身较远，但往往能摆脱"不识庐山真面目，只缘身在此山中"的思维困境，使人更客观、更准确、更深刻地认识事实。宏观背景的主要作用是框定新闻策划人员的构思范围，明确报道的主题，选择报道的角度。至于那些更具体、更微观，与事件有直接联系的背景信息，主要起一种证明和丰富主题的作用。微观信息不一定需要新闻策划人员亲自去获取，可以由具体负责采访的记者去搜寻，并且还可以在后续采访过程中不断丰富。

二、主题的确定

主题是新闻采编人员对所报道事实的认识或评价，也就是他们想要通过这个人、这件事或这种现象说明什么。同一个新闻选题往往可以提炼出多个

---

① 蔡雯.新闻报道策划与新闻资源开发[M].北京：中国人民大学出版社，2004：109.

主题,但这些主题不能同时出现在一则报道中,一则报道必须集中于一个主题。这个主题是十分重要的,它是报道思想性的集中体现。可以说,提炼并选择出见解深刻、观点新颖的主题是报道成功的基础。

好的主题从哪里来?只能从对选题自身及其背景信息的深入研究中来。有的新闻选题本身就具有一定的特殊性,这时,主题就相对容易发掘。而有时,新闻事件并没有什么新鲜、特别之处,这就需要策划者联系宏观背景,并凭借自己多年锻炼培养起来的理性思辨能力进行剖析。主题的提炼往往是一个集体讨论、争辩的过程,只有经过思想的碰撞,才能产生灵感的火花。很多时候,好的主题往往还不是通过一两次讨论、争辩就可以发掘出来的,而是经过"提出—否定—再提出—再否定",最终才达到认识的深化。

比如,荣获2002年中国电视奖一等奖、中国新闻奖一等奖的长消息《长沙袁隆平等十多位院士成为科技知本家》就是这样的例子。

2001年5月9日,我国第一家以科学家名字冠名的上市公司——袁隆平农业高科技股份有限公司向社会公开招股。这一重大事件立即引起了全国媒体的关注。长沙电视台记者当日以"我国第一家以科学家名字冠名的股份公司上市发行新股"为题对这一热点进行了报道。为了进一步深化报道,接下来,记者们又对报道进行了策划。可是,当第一份策划题目摆上策划会时,被当场否决。首次策划的新闻标题有"隆平高科上市,一鸣惊人""湖南股票与隆平高科共同挺进""袁隆平成为股票亿元富翁"等等。记者们分析了否决的原因,关键是没有做深入的调查,主题不够深刻。于是,记者们用了一整天时间走访隆平高科、长沙高新技术开发区、岳麓山大学科技园,获取了院士们以个人品牌、专利发明和技术参股创办了十多家高新技术企业,并形成近百亿产值规模的素材。此后,一个抓住隆平高科上市为契机,以长沙院士涌动第二次创业潮为主题的预案又送到了领导手头。

然而,领导认为这个主题仍不够到位,似乎没有抓住长沙乃至全国院士们希望表达的实质性内容。确实,中国已经有一部分人先富起来,人民群众还是用"搞导弹的科学家比不上卖鸡蛋的小贩"的老眼光来看待科学的价值,"尊重科学、尊重人才"没有得到最彻底的体现。党和人民希望科学家富裕,反过来促进科学发展,促进国家富强,写这样的主题才是真正表达了科学家的心声,反映了党的希望和人民的呼声。于是,一则以"长沙袁隆平等十多位院士成为科技知本家"为题的新闻报道一气呵成,一炮打响。[1]

---

[1] 汪湘陵,陈德志.策划能够深化[J].中国广播电视学刊,2002(9).

一般来讲,电视深度报道的主题提炼主要可以分为两个层次:一是"就事论事";二是"联系实际"。所谓"就事论事","并不是指报道内容仅仅停留在对事件过程的简单描述,而是指报道主题提炼侧重于具体新闻事实的真相或意义"。① 如《焦点访谈·民政厅大楼里的秘密》调查了山西省民政厅挪用来自社会各界的救灾捐赠款建造办公楼和宿舍楼的问题,这种现象并不普遍,所以报道着眼的是解决具体问题。

"联系实际",指的是"报道主题提炼带有由点及面的特点。当新闻事实本身颇具典型意义、在社会上普遍存在,而且是当前新闻报道中少有触及的问题时,通常从这个层面提炼主题"。② 如《时空连线·信任来自透明》报道了希望工程"假信事件"(某县教育局干部截留希望工程捐款,却以受助儿童名义写假信感谢捐款者),但报道没有拘泥于此,而是把目光投向了整个公益事业管理问题。通过采访和讨论,节目最后得出结论:想让好人一直成为好人,就必须把公益事业放在透明口袋里。这就要求,一方面,政府要有更加明确的法律法规;另一方面,应该有社会评估机构参与。可见,所谓"联系实际",是着眼于在具体事实基础上,抽象出问题的共性。

这两种主题提炼的方法各有各的"用武之地",并不是说,"联系实际"就一定比"就事论事"深刻。因此,实践中,究竟采用哪种方式,还要根据新闻选题的自身特点。

三、角度的选择

角度是新闻事实的一个侧面,是从事物的某一侧面揭示主题的突破口,也是记者透视新闻事实的一个立足点和表现新闻事实的着眼点。每个新闻事实都好像一个五光十色的多面体,报道时,既可以从这个角度去表现,也可以从那个角度去揭示。但角度的不同,产生的报道效果是不一样的,所以角度的选择很重要,这就像摄影前必须选择一个好的角度才可能拍摄一张好的照片一样。

策划时,可以先有主题,再选择角度。这种情况下,报道的目的性一般比较强。比如,要对某一地区近几年的建设成就进行宣传报道,可以对统计部门的数据进行解读;可以拿现在的统计数据与几年前的数据进行对比;可

---

① 罗哲宇.广播电视深度报道[M].北京:中国广播电视出版社,2004:85.
② 罗哲宇.广播电视深度报道[M].北京:中国广播电视出版社,2004:85.

以报道近几年商家、企业的发展状况；可以从更微观的角度切入，反映某一户百姓家庭生活的变迁。也有些策划是先确定报道角度，再根据角度提炼主题的。比如，2002年《时空连线》的报道《为什么关注伤熊事件？》。清华大学某学生在北京动物园用浓硫酸泼洒五只黑熊，致使黑熊严重受伤。此事引起了媒体的广泛关注，这位大学生的名字几天之内传遍全国。全国各地的媒体对这一事件的报道可谓用心良苦，他们施展看家本领，做连续报道、真相调查、专家访谈。当这些媒体趋之若鹜地炒作"伤熊事件"时，《时空连线》没有随波逐流，将义愤宣泄在该大学生一个人身上，而是跳出事件本身，将视角锁定于新闻媒体，关注其炒作心理。继而，在《为什么关注伤熊事件？》节目中提出"营造整个社会大的人文环境，公共媒体要担负社会大教育的责任"的主题。

要想找到好的报道角度，就要善于研究。

首先，要研究新闻事实本身，努力运用自己的新闻敏感性从一般中找特殊，从正常中找异常，从偶然中找必然。有时一个小的细节就可以成为很好的报道角度。比如范敬宜的《两家子公社干部睡上安稳觉：夜无电话声，早无堵门人》，就是从一个崭新的角度反映了实行生产责任制以后农村的变化。

其次，要研究观众，以他们的目光审视选题，常常能够得到较好的角度。比如会议报道，有人面对一大堆讲话和报告，就容易陷入程式化的误区，千篇一律，令人感到乏味。但如果从观众的角度考虑问题，把镜头转移到会议关注的社会现实上，就能使会议的价值体现出来。

最后，要研究其他媒体的报道情况，思他人所未思、想他人所未想，学会运用逆向思维，这样才能保证报道角度的新颖。前面列举的《时空连线·为什么关注伤熊事件？》就是这样的例子。

四、思路的设计

所谓思路的设计，就是设置采访程序，安排采访人员，部署采访设备。这一点对于电视深度报道而言显得更为重要。因为电视新闻深度报道是一个多工种协同作战、分工合作的过程，没有事先对各项资源的周密安排、部署，各工种之间很难配合默契。同时，它要求记者能深入到新闻事件发生的第一现场或关键场所，与当事者进行零距离的接触，并把现场的真实气氛和情况记录下来，它可能遇到的困难是报纸等其他媒体和电视消息报道所无法比拟的。

　　设计报道思路时,应该对报道的全局进行通盘考虑,将可能遇到的具体问题考虑周全,并制定出相应的对策。如果报道涉及一些负面选题时,这一点则更应该注意。因为,当事人很可能会有意回避记者的采访,甚至还会串通说辞、编造谎言、销毁证据。所以,先采访谁后采访谁、以什么方式进入现场、分几路记者进行采访、采访记者和摄影记者如何配合、需要哪些证据?通过什么渠道拿到这些证据、拿到证据后又怎么离开现场……都要事先设计好,做到有备无患,要保证既能拍到要拍的素材,又能保证采访人员的安全。另外,策划人员设计的思路和方案要让摄制组的每个人理解,以统一采访人员的认识,同时保证最后由不同记者采集回来的素材的风格和质量的统一。

　　下面以《焦点访谈·私售国储粮,亏空挂国账》为例,看看记者孙杰和姜枚的思路设计。

　　1998年4月,记者接到举报:安徽省肥东县粮食局局长叶宗炯利用职权,违法将国家储备粮库的180多万公斤粮食以陈次粮的名义,按低价卖给肥东县金谷粮油贸易有限公司,这家公司再以高价倒卖到贵州。为了弥补国家储备库的缺损,粮食局从市场上高价收购粮食充库,而粮库高价进低价出造成的近50万元亏损,由国家挂账解决。而粮食局之所以要做这种亏本买卖,是因为叶宗炯与这家公司的负责人是亲戚。

　　两位记者商量认为,这则报道成功的关键是找到肥东县粮食局与金谷公司相互勾结的证据以及弄清两个单位负责人的关系,如果证实不了这两点,节目就无法成立。他们决定先采访粮食局、粮库的人,在此之前切不可与金谷公司接触。因为金谷公司虽然是一家私人企业,对付媒体的经验不多,但是记者一旦到这家公司,所有意图就会完全暴露。他们只要拖上10分钟,就会彻底完成通风报信的工作,相关单位和人员一旦建立攻守同盟,再有本事的记者也无可奈何。而粮食局的官员们虽然精于对付记者的门道,但他们却不清楚记者的采访内容和意图,用出其不意的手段容易取得突破,拿到证据。所以无论如何不能先惊动金谷公司。如果这两家单位距离很近,要想办法不让别人见到记者进了粮食局。

　　此外,以往采访的经验证明,在采访第一家单位时,一定要表明自己什么都清楚了,对方只有"坦白交代"的份儿,不要再心存侥幸;而一旦寻得证据,不要向以后的采访对象"透底",也就是要在金谷公司面前装作自己什么都不清楚。这样,会给采访增加冲突、情节和戏剧性,节目会更加好看。

结果证明,记者们的这番策划果真是富有实效的,按照这样的方案,他们成功完成了采访,打响了全国粮改报道的第一枪。①

五、外围的沟通

一些大型的新闻报道不光涉及新闻报道部门本身的人员,还会涉及其他很多相关的部门和人员,比如技术部门、后勤保障部门、被访单位等等。与它们的沟通与协作,甚至个别细节的考虑和安排,对于整个报道的成功都是至关重要的。比如,2008年5月中国国民党主席吴伯雄来南京拜谒中山陵,江苏广播电视总台新闻中心组织人员进行现场直播。在其直播手册中,就有几点需要策划者格外注意。

1. 与技术系统的沟通

确认技术保障无虞,尤其是特殊技术的要求。当前很多电视台里的现状是技术与节目分家,懂技术的人不做节目,做节目的人不懂技术,而与此同时,电视技术革新又是日新月异,很多特殊的节目效果需要节目部门和技术部门进行协商,努力在技术支撑和节目效果之间寻求契合点和平衡点。比如如何确保祭堂内无线机的信号质量。记者先与技术部门探讨和专门攻关,然后"通过50米短线把信号接出祭堂之后,再通过微波装置打到山顶,从山顶再打到陵门卫星车,从而确保了祭堂内的信号清晰流畅"。②

2. 与后勤系统的沟通

除衣食住行的常规后勤保障之外,设备及人员的防雨准备,摄像用的小梯、高台、备用灯光和全体人员之间的通信对讲等等,也对直播的成功起着至关重要的作用。

---

① 梁建增,关海鹰.见证《焦点访谈》[M].北京:文津出版社,2004.
② 高山.呼唤新型"直播人"——以吴伯雄拜谒中山陵直播为例试拟"直播人手册"[J].视听界,2008(4).

3. 与外部系统的沟通

办理证件,安保,安检。人员密集区需要通信应急基站,需要架设有线直播电话。大型直播往往需要发电车、通信车备份保障。

思考题

1. 新闻策划的正确含义是什么?
2. 如何在实践操作中把握好电视深度报道策划的度?
3. 电视深度报道的策划分为哪些步骤?

第四章　电视深度报道采访的类型

电视新闻采访是多种多样的,按照不同的方法可以划分出不同的类型。本章将具体列举四种类型:电视现场采访、电视电话专访、电视连线采访、电视隐性采访。它们是实际采访中应用最为广泛,电视屏幕上最为常见的几种形式。通过对它们的特点、适用范围、要求等方面的整体分析,以期让读者对电视新闻采访的各种类型有总体上的了解。

第一节　电视现场采访

现场采访一直是新闻采访活动中的重要类型。在传统媒介中,它就发挥着其他采访类型无法替代的作用。电视声画俱全的媒介特性,又使它有了独特的内涵、特点和作用,成为最具电视特色的采访类型。

一、新闻的现场

现场是电视新闻采访的客体。它指新闻事件发生的真实时间和真实空间。现场是客观存在的,其由于记者的介入才成为采访活动的客体。所以新闻中的现场既是事件的现场,也是记者的现场。

从字面上看,它应是时间概念和空间概念的组合。

首先,"现"是一个时间概念,可以从两个方面去理解。其一,现在进行时态。电视新闻所展现出来的现场是记者亲历其中,对新闻事件的发展过程所进行的实时记录。采访所获得的素材呈线性的时间形态,与事件的发展是同步对应的,完整或片段地再现了现场变迁的流程。这样的现在进行时态以记者为时间坐标,是记者所处的现时环境。有时候由于客观因素的制约,记者未能在新闻事件发生的第一时间赶到,无法取得最原始的素材,但摄像机还是记录下了现场。这个"现场"是事发后的现场,但仍是记者当时所处的时空,如突发性交通事故的"残局"。其二,富于变化,稍纵即逝的时间特质。"洗手的时候,日子从水盆里过去;吃饭的时候,日子从饭碗里过去;默默时,便从凝然的双眼前过去……"朱自清的散文《匆匆》形象地描绘了时间的流变性和易逝性。现场作为时间性的存在当然也具有这样的性质。这对记者是一个考验,不但要求他有超前性思维,要善于事前策划;还要求他有灵活性思维,要善于应变、抓拍。否则,一旦错过了精彩的瞬间或片段,将永远无法挽回,甚至使记者遗憾终身。

其次,"场"是一个空间概念。现场是人物、事件、环境、氛围、细节、声音等诸多信息元素的空间组织形式。这些元素相互联系、相互制约,共同建构了一个全方位的"信息场"。这一方面给采访提供了丰富的素材,另一方面也对记者的能力提出了要求。因为在现场设置再多的摄像机机位,有再多的拍摄角度,也不能原原本本地把现场复制下来。记者的拍摄总是在自己目力所及的范围内,并且是带有某种主观选择性的。因此,怎样挖掘到一般人看不到的信息是现场记者一直需要研究的课题。

与其他媒介相比,现场在电视中有独特的存在方式。电视是声画同步的,能够最大限度地记录生活的原生态,因此是纪实性最强的媒体。纪实的内容来自于哪里?来自记者身处的现时时空,也就是现场。所以,现场是电视纪实性基础。驾驭现场局面、把握现场机遇对做好电视新闻具有重要的意义。

二、电视现场采访的特点

电视现场采访是电视记者在新闻事件发生的现场,面对摄像机所进行的新闻采访活动。它分为两种形态:一是现场录像采访,即先借助"电子新闻采集"(ENG)设备现场采集素材,再进行一定的编辑处理后播出;二是现场直播采访,即将"电子新闻采集"设备与"卫星新闻采集"(SNG)设备相连,直接将现场采集到的信息发送出去。

电视现场采访是电视媒介优势的体现,是电视新闻独特审美方式的体现。下面就介绍一下电视现场采访的特点。

1. 采访过程的公开展示

文字记者的现场采访完全脱离了受众的目光,他可以获取现场的相关素材,但他的采访过程却是看不到的(除非记者自己在报道中透露)。因此,他的现场采访仅仅是一种调查手段,其目的是在事后写作阶段将现场作为一种"过去完成时态"进行追述。广播是以声音为唯一信息通道,声音中包括了现场同期声,所以广播的现场采访具有半公开性质。但声音的局限性并不能使受众完全感受到记者的行踪和活动。

电视现场采访是在摄像机的镜头下进行的,最终将完全暴露在观众眼前,这一点使其与传统媒体的现场采访产生了很大的区别。它所展现的不光是客观现场的动态和环境,还有记者自身的采访行为。也就是说观众不光看到记者"采访到什么"(what),还看到记者"怎样去采访"(how)。因此电视现场采访不仅是一种获取信息的手段,它本身也是一种内容。现场采访是一种带有个性因素的活动,是记者主观能动性的发挥。它的公开展示给新闻带来了新的旨趣:记者的交际能力、沟通能力、应变能力、口头表达能力以及采访对象的反应等等都成为看点。

2. 现场感和可视性强

加拿大著名的传播学家麦克卢汉说"媒介是人的延伸"。他认为:文字是人视觉的延伸;广播是人听觉的延伸;而电视则是人视觉、听觉和触觉的综合延伸,因此人对世界的感知能力增强了。报纸和广播是单通道传播,在传播的过程中会有大量的信息丢失,甚至会发生变形。人们对现场的感知是不直接或者是半直接的,需要自己的想象参与进来。而电视是通过画面和声音双通道记录信息,而且记录下来的信息与现场本身的信息几乎是同构的。因此,电视传播显示了强大的"高保真"效果。它以丰富的视觉元素和听觉元素作用于观众的感觉器官,使观众能够最直接感知到现场的环境,并且达到如经其事、如临其境、如见其人、如闻其声的程度。

2003 年 3 月 20 日伊拉克战争爆发,中央电视台打破常规,进行了现场直播。战地记者的大量现场采访使人们在起居室中就感受到来自遥远的美索不达米亚平原上紧张与恐怖的气息:天空中呼啸的导弹、不远处爆炸的火光、孩子们惊恐的眼神、伊拉克人的愤怒、作战双方将领的各执一词……战争通过电视现场般地展现在观众眼前,这就是电视现场采访带来的现场感和可视性效果。

但是,也有人会质疑,经常看到一些画面配解说的新闻,或是麦浪滚滚、机器隆隆,或是鳞次栉比的高层建筑,或是会议场上的正襟危坐……这些也是现场采访得到的镜头,为什么没有现场感和可视性呢?其实,这是典型的"声画两张皮"。记者没有深入现场进行采访、调查,只是浮光掠影地拍了一些不典型、不能反映事件本质、不带同期声的画面,回来再配上一段没有多少信息关联的解说词,这是一种伪现场采访,当然会让观众生厌。电视记者要避免这种现象,就要明白自己的任务。

3. 信息量大

由于现场是一个全方位的信息场,电视记者采集到的现场素材也将是一个"场信息"。尽管后面这个场可能小于前者,但其丰富性却仍然是其他媒介所无法比拟的。报纸、广播的传播要经过编码和解码,大量的信息会在这两个过程中遗失或损耗。而电视则来得较直接,摄像机的所见即是观众的所得。观众可以用自己的视觉和听觉去感知事实,自己做出判断,而不必完全由记者决定。甚至记者也可能在事后,通过素材发现采访过程中没有发现的信息。2004年3月在美国奥兰多市举行的一次群众集会上,布什总统发表了激情演说。演说现场被电视记者记录了下来。但在编辑时,记者发现站在总统身后的一小男孩哈欠连天、不停地看表,并且时不时地跺脚,好像再也不能忍受了一样,到最后甚至睡着了。这个意外的发现使记者兴奋不已,他专门把这个小男孩用红圈标识出来,并别出心裁地将这期节目命名为"乔治·布什振奋美国年轻人"。一则原本严肃的时政新闻却取得了意外的幽默效果。这个例子有些讽刺,但它确实说明电视现场采访是能够获得大量信息素材的。

此外,记者的口头访问可以获得画面无法直接传达的内容,可以使现场信息得以增加和深化。采访对象的语气、神态、动作也蕴含着丰富的信息,这又使口头访问的信息量增大了。

4. 真实可信

"用事实说话"是一种现代新闻理念。它要求新闻报道尽量客观公正,记者要"藏起舌头",不直接表明自己的态度和观点,而是通过"摆事实"的方法间接、含蓄地表达出来。该理念在国内最先是由《焦点访谈》提出的。现在看来,也许只能由电视新闻工作者提出,因为报纸、广播就是以"记者说话"为基础的。文字、语言都是人的主观表达,符号的自由演绎性较强。而电视的符号系统却不一样,画面具有本体真实性,它是现场原始信息的复制,不可造假;同期声直接来源于现场,它由画面所限定,是"此时、此地、此人"的声音。两者在记者的选择下,将新闻事实原汁原味地奉献给观众。在观众眼里,电视记者像一个导游,他有目的地引领着人们,并让人们自己领略现场,而不是一个信息发布者,提炼出"五个W"和"一个H"以及其他一些抽象信息,一股脑地告诉人们。

电视新闻采访的真实可信还表现在:它是让采访对象直接面对观众说话。这样便避免了文字报道的引语方式(包括直接引语和间接引语)和广播报道中采访对象的匿名方式。

5. 主客观交融

电视记者的现场采访是主观见之于客观的活动。新闻事件的起因、发展、趋势,现场的环境、氛围、细节,人物的语言、行为、心态等都属于客观性的外部存在。而拍摄镜头、角度的选择,景别、光线的处理,采访对象的确定,提问内容、方式的把握都受着记者主观的支配。一方面,客观因素制约着记者的主观活动,记者要尊重客观,决不摆拍、补拍、随意介入;另一方面,记者要充分发挥自己的主观能动性,冲破阻力、克服困难。

另外,在电视现场采访中,记者面对的不仅是新闻当事人、目击者、相关人士等采访对象,也同时面对着无数的电视观众。主客双方不但同处于现场之中,还同处于一个社会性的收视环境之中。因此,电视现场采访是人际传播和大众传播的融合。记者不但代表自己,还代表广大观众;采访过程不但体现了主观性的特色,还反映了客观性的社会要求。

三、电视现场采访的任务

在整个电视新闻制作过程中,采访是核心。现场采访又是最重要的采访类型,因而是核心之核心。采访的任务完成的好坏将直接决定着节目的质量。电视现场采访的任务主要有四个方面。

1. 交代事件,展示环境

清楚交代新闻事件,全面展示现场环境是现场采访的首要任务。与传统媒介相比,电视交代事件、展示环境的主要手段不是语言(文字或口头播报),而是画面和同期声、口头访问以及记者的即兴解说。画面和同期声直观、形象、具有冲击力。记者的镜头选择很重要,要选择最有信息量、最有价值的镜头。口头访问可以突破画面的局限性,直接取得抽象信息。即兴解说可以将具有关联性的画面信息明确化或者直接将记者的所见、所闻、所想告诉观众。总之,这三种手段应适时而用、相互配合、相互补充,以达到最简洁明了、最直观可视的效果。

2. 调查取证,发掘内涵

有些信息并不是浮于新闻事件的表面,只有通过记者的深度调查才能显现出来。对相关人物的专门访问固然能把事件的来龙去脉以及蕴藏的内涵说深说透,但总不如电视现场采访那样来得生动、有说服力。中央电视台副总编辑孙玉胜在他的《十年》一书中说:"所谓深度,就是对事实的占有,作为记者,你获得事实越多,你离深度越近。"这里,占有事实的最直接、最可靠的方法就是现场采访。

现场采访不光是展示的过程,还是体验的过程、发现的过程、调查的过程、质疑的过程。在这个过程中,新闻的深度和内涵会用不同的方式呈现出来。

其一,记者首先对新闻事件进行了成熟的思考,获得了一个确信的结论。然后通过现场采访不断获得感性材料和相关言论作为证据。这是一种"证明"的方式。

其二,记者面对眼前的事实和结论并不确信,甚至有所怀疑。现场采访是从相反的方向考虑,一步一步地进行质疑,并一步一步通过努力获得相反的证据,最终完成对既有信息的反驳。这是一种"证伪"的方式。

其三,记者通过对新闻线索的分析,有了一个大体的采访计划;或者由于时间紧迫还未来得及进行具体的设想。在实际采访中,发现事实远比原先所预料的复杂。因此,放弃原计划,边采访边思索,不断向事实本源挺进。这是一种"向未知探寻"的方式。

3. 揭示冲突,展示个性

说到冲突和个性,人们往往会和文学挂起钩来,认为新闻的生命在于真实,追求冲突和个性是一种原则性的错误。其实,根据马克思主义的唯物辩证法,任何事件的发展都是矛盾运动的结果,任何人的活动都暗示着他的个体性特征。新闻往往是某类情形、某些人物的典型表现,因此其矛盾和个体性特征就具有集中化、突出化的特点,就可能会上升为冲突和个性。美国CBS名牌栏目《60分钟》的创办人唐·修伊特认为:《60分钟》之所以三十多年长盛不衰,就在于它善于"讲给观众一个不知道的故事"。所谓"不知道",是指内容的时效性,而"故事"则是指趣味性和审美性,也就意味着现场采访要抓住事件的冲突和人物的个性。

当然,并不是每个新闻中都包含冲突和个性的成分。记者要在保证客观真实性的基础上,努力发现和揭示它们。

4. 引发情感,深化主题

新闻事件一般是关于人的。即使不关于人,也是通过记者这样一个人的眼光去发现的。因此,好的现场采访得到的不应仅仅是客观信息,而且应该充满着一种人的因素——情感。情感不但可以唤起观众的共鸣,进一步引发收视的兴趣,还可以深化报道的主题,起到一种"润物细无声"的效果。

2000年8月,游泳健将张健成功横渡渤海海峡,多家媒体进行了现场采访。当张健从水里走上来的时候,所有记者都毫不犹豫地把镜头对准了他或欢呼的人群。只有中央电视台《体育世界》栏目的记者想到了另外一个人——张健的妈妈。当儿子还在水中时,张妈妈双手合十为儿子祈祷。儿子成功登岸了,她终于喜极而泣,拍起手来。这段画面要比那些千篇一律的欢呼、喝彩更具有情感的力度。因而,这样的现场采访是成功的。

四、电视现场采访的要求

现场采访是电视采访最常见的类型,也是电视记者需要掌握的最基本的业务本领。现场采访是观察、口头采访、拍摄等环节的统一,有它们的共性要求,这在前几章都已讲过,不作赘述。这里具体介绍其个性要求。

1. 能随时启动,迅速出击

古代士兵打仗时需要枕着兵器睡觉,在现代社会,记者则需要保持24小时手机开机,因为记者睡觉,新闻却不会睡觉。电视记者更要时刻保持这种枕戈待旦的精神状态,因为电视现场采访有获取第一时间现场画面的要求。

新闻事件有可预见的,也有不可预见的。对于可预见性新闻,记者可以事先预测事件的发展趋势,确定报道角度,查阅相关资料,制订详细的采访计划。但更多的新闻是不可预见的。这不但要求记者行动迅速,能在接到新闻线索后立即赶到现场,而且要求他临场不乱,能迅速组织起采访。也就是说,要在观察的基础上,尽快对现场做出分析、判断,理清时空关系、人物关系,抓住事件的本质,迅速确定采访角度和对象,形成大致的采访思路,进而进入采访者的角色。

2. 善于抓住机会进入现场,接近新闻人物

有时候,由于一些特殊原因,新闻现场并不是完全向记者开放的。如爆炸事故现场,警方可能出于安全考虑会把记者限定在一定范围之外;一些重大的政治活动场合,记者也只能远远地观望。即使现场是开放的,当遇到一大批记者一拥而上的时候,电视记者也常常处于毫无优势的地位。因为与报纸、广播记者相比,电视记者始终要和扛着笨重机器的摄像师在一起。但往往越是这样的情形,记者越有"闯入"现场的冲动。在保证自身安全并且不妨碍事件正常发展的前提下,记者既要有勇气和体力,又要有足够的智慧,才能最大限度地接近现场的核心,记录到珍贵的镜头。

新闻人物也并不会总能接受记者的采访:有时候采访的记者很多,有时候他很忙,或者他根本不想接受采访。美国前总统布什每次走下直升机踏上白宫草坪的时候,都会有很多记者等在那儿。但他总是给很个别的记者以机会,因此记者们总是埋怨"总统只听得见自己喜欢的问题"。看来采访这样的人物,记者得想方设法提他喜欢的问题,或者用他喜欢的方式提出他不喜欢的问题。

3. 从容镇定,随机应变

现场的美就在于它是现在进行时的,是富于变化、稍纵即逝的。即使事先可以估测其发展趋势,往往也是"大体则有,定体则无"。现场采访就是在这样一个充满偶然因素的开放性环境之中,记者不能完全预知事件的走向,他只是在了解相关线索和背景的情况下,和观众一起去发现未知。所以,记者的思维应时刻处于"激发与起跑"的状态,使现场采访随着事态的发展而发展,而不应就着采访计划按图索骥。有时候,新情况的出现甚至超出了记者设想的可能性范围。此时,记者应表现出良好的心理素质,从容镇定地调整采访思路,有条不紊地组织新的采访。

4. 有良好的口头表达能力

现场采访不仅是镜头的记录,它还需要通过记者的口头访问和即兴解说来采集信息、介绍情况、表达观点。现场的氛围往往很紧张,所以容不得记者仔细地构思、斟酌每一句话。这就需要记者有良好的口头表达能力,能够准确、生动地传递自己想要表达的内容。

表达首先是由思维决定的。记者的思维要快,要能紧跟甚至超前于现场情况的发展和采访对象的思路;记者的思维要清,要明确自己的任务和目的,不能被纷繁复杂的现象干扰;记者的思维要准,要能抓住事件的本质,直击其核心。

表达还要有合适的方式。要简洁、凝练,不能与画面信息重复;要具体、有针对性,不能大而无当、泛泛而谈;要清晰、流畅,不能逻辑混乱、语焉不详;要生动、有个性,符合现场氛围,不能格式化地背诵。

5. 有较强的分析和调查能力

现场采访有调查取证、发掘内涵的任务。在有条件的情况下,记者应事先进行认真的策划,但现场随机应变的调查、追踪才是取得事实材料的直接途径。因此,记者现场的分析和调查能力非常重要。

信息往往会像原子一样散乱地分布在现场空间中,表面看上去它们之间毫无逻辑关联,但一句话、一个细节、一个偶发因素都可能隐藏着更深刻的内容。记者要能够保持高度警觉,敏锐地发现这样的信息,并能即时进行系统性分析,判断出事件的深度空间有多大、采访的突破口在哪里。此外,还要有足够的采访技巧,能够克服重重困难,一步一步地推进调查,从而发掘出真相,引出结论。这个过程最引人入胜,同时也能折射出记者缜密的理性思维,以及丰富的知识积累和人生阅历。

6. 善于发掘潜信息,捕捉现场兴奋点

现场采访应该像采撷带着露珠的鲜花,它的色、香、形必定胜过花瓶里的花束。而这点点露珠就是隐藏在现场的丰富的潜信息。它或是一处细节,或是一个动作,或是一道目光,或是一种表情……它可以使画面生动有趣、充满韵味;可以透视人的内心世界;可以增强采访的现场感;可以起到画龙点睛、深化主题的作用。所以现场潜信息的出现,应该让记者无比兴奋。记者也应该有足够敏感的神经,并且处处留意、时时有心,努力地去捕捉这样的镜头。

7. 各环节密切配合

电视现场采访不是单兵作战,而是多工种的协作过程。一般情况下,记者和摄像师是不可或缺的,有时还需要录音师、灯光师和编导。记者是采访活动的核心,他要观察现场的动向,形成采访的思路,从而决定采访的进程并调节采访的气氛。同时,他还要及时地与摄像师沟通,让其准确地理解自己的意图,有效地配合自己的思路。摄像师也不是被动的记录者,一方面他要尽力地实现记者的想法,另一方面也要积极观察,努力发现,使拍摄能够与记者的采访相得益彰。

五、现场直播采访:电视现场采访的最高境界

一般形式的现场采访是现场录像采访,即采、摄同步,播出在后;而现场直播采访是采、摄、播同步进行。从这个意义上来说,它既是一种采访方式,也是一种传播方式。

现场直播采访贯穿于现场直播的全过程,是现场直播的主要手段和形式,起着统领报道、主导进程的作用。如果将现场直播比作一次战役,那么主持人或导播就是指挥员,前方记者(现场直播时记者的习惯称谓)就是冲锋陷阵的士兵。战役能否胜利、是否精彩,最终是由士兵的战斗力决定的。可见,现场直播采访的成功与否直接决定了现场直播效果的优劣。近年来,电视现场直

播得到了飞速的发展。尤其是2003年中央电视台新闻频道的开播,它不只是重要事件的应对手段,而已经成为一种日常化的传播形式。现场直播采访也因此得到了越来越广泛的运用。

现场直播采访有诸多特点:首先,它的传播与事件的发展过程同步,最大限度地实现了新闻的时效性;其次,现场直播采访拒绝事后的编辑,一气呵成,更突出了报道的真实性;再次,记者和观众一起感受未知,因而整个采访过程充满了悬念;最后,现场直播采访的现场感极强,拉近了观众与现场的距离,满足了观众的互动心理。总之,现场直播采访能在第一时间、第一现场满足观众的第一需求,将电视传播的优势发挥得淋漓尽致。

现场直播采访也有自己的特殊要求。

1. 注重题材的选择

现场直播采访是一种先进的形式,但并不是所有的新闻都适合使用这种形式。要弄清楚题材的限定性,才能充分发掘出现场直播采访的价值。

首先,题材要有一定的显著性特征,一些重大而备受瞩目的题材尤其适合。如香港回归、"神五"发射、伊拉克战争等。现在有些地方台现场直播采访用得过于随意,连交通事故、邻里纠纷都用上了,这种做法值得商榷。其次,题材要有一定的动态性,一些时间跨度较长的新闻事件更要注意这一点。《东方时空》曾经有一个子栏目叫《直播中国》,其内容是有关人文地理、风俗景观的采访、介绍。这样的题材缺乏动态性,所以该栏目最终还是"下岗"了。最后,题材最好有一定的悬念性,才能不使观众产生收视疲劳。中央电视台曾做过大型直播报道《见证135——三峡工程蓄水及永久船闸通航》,这样的题材显著性特征的确较强,但其历时9天,又缺乏悬念,所以直播效果不佳。

2. 占领第一现场

对于现场直播采访,观众往往会有更高的心理期待,他们总是希望前方记者能在第一时间把现场最前沿的信息传递出来。这个"现场最前沿"便是所谓的"第一现场",它为记者的采访划定了最理想的地理范围。不在这个范围之内的记者就不叫"前方记者";在这个范围之内没有记者的现场采访活动就不符合现场直播的要求,甚至将失去现场直播的价值。所以在现场直播采访中,记者的首要任务便是占领第一现场,并告诉观众自己所处的位置。只有在那里才能采集到清晰、丰富、充满现场感的画面和同期声;观众也往往因为知道记者在那里,才会对节目产生足够的兴趣。这也是2003年,在伊拉克乌云压境、战火即燃的情况下,水均益、康锐等几位记者冒着生命危险深入战争腹地的原因。

3. 要有更强的现场驾驭能力

现场直播采访是没有经过后期剪辑的,观众看到的记者活动是一个连贯的、原始的过程,这更要求记者有高超的现场驾驭能力。1997年的"香港回归"大型直播,白岩松在落马州口岸报道驻港部队入港,部队办入关手续的时间比原先预计的超出二十多分钟,而白岩松准备的报道词早已说完,并且这时演播室与白岩松之间又出现了联系故障,演播室能听到白岩松的声音,而他却听不见演播室的呼叫。但是白岩松丝毫没有乱了阵脚,他把现场观察到的以及自己当时的一些感想都说了出来,避免了一次尴尬的冷场。

记者的现场驾驭能力来自以下几个方面。

首先,直播前要有周密的准备。一方面,要考虑到现场可能发生的变化,要有灵活的应对方案;另一方面,直播是一个需要多方协调的系统性的工程,记者身处前方的作战中心,既要明确自己的任务,又要对同事的职责有所了解。另外,在直播过程中常常会出现缓慢、冗长的信息低潮,记者事先掌握的背景资料可以起到"救场"的作用。

其次,要有敏锐的现场观察能力和取材能力。现场快速变化的时候,要能够及时发现,随机应变;现场没有变化的时候,也要努力地去发现一些细节、特点,甚至自己的感受,不能在需要自己说话的时候缄默无言。

最后,还要有较强的即兴语言组织能力。这不但要求思维敏捷、表达流畅,还要求表达准确。因为现场直播是直接传送,万一发生口误,将无法弥补。

第二节 电视电话采访

电视电话采访是电视主持人或记者通过电话这一技术手段,跨越空间距离进行的采访活动。

本章第一节所讲的是直接面对客体的采访类型,而电视电话采访则是借助一定的手段和中介间接地面对采访对象。

电话是1876年由美国人亚历山大·格雷厄姆·贝尔发明的。它的发明是继电报之后,人类征服时间和空间之路上的又一座里程碑。今天,随着科学技术的发展,电话的便捷性也大大提高了:由有线到无线,由定点到移动,甚至由听觉的到视听兼备的。与此同时,我国的移动电话普及率也达到了相当的规模,这为电视记者进行电话采访提供了便利的条件和更大的可能。

电视电话采访属于现代化的采访方式,它将记者的耳朵和嘴巴"延伸"至万里之遥,并且真正地做到了"全球通",使记者获得了一个没有界限的采访空间。在时间上,它也常常能使记者抢占先机,最快速地获取相关信息。与文字媒体的电话采访相比,电视电话采访的功能已不仅限于获取新闻线索、联系采访对象、传递和接收信息、核实和补充采访内容等幕后工作,而且已经走上屏幕,成为一种重要的直接"面向"观众的采访方式。但电话毕竟不是专业的采访工具,电视电话采访也存在着诸多的局限性。因此,有必要对它进行专门的探讨。

一、电视电话采访的优势

电话采访并不是电视所固有的特长,但有时也不失为一种有效的采访方式,甚至还会成为记者获取信息的唯一渠道。所以,电视电话采访不具备通常情况下的绝对优势,但在非常时期或特殊情况下,它往往能够表现出其他采访手段所不具备的相对优势。

1. 突发事件的快速报道

在媒介竞争趋向白热化的今天,新闻的"新"已经远非所谓的 TNT (today's news today),NNN(now's news now)作为记者们所倾力追求的目标,对突发新闻的报道尤其如此。然而,电视新闻的报道是有较强的物质技术要求的,记者本人和摄像机的到场是必不可少的条件。即使这两者都到位了,也不能保证电视信号能够即时传送出来(除非当地可以使用视频连线技术)。这时候,随处可见、人人会用的电话往往能成为第一个向电视台提供信息,并进行现场报道的有力工具。2001 年印度发生大地震,一贯以反应迅速著称的美国有线电视新闻网(CNN)就用电视电话采访的方式进行了报道。据 CNN 自己说这次报道要比用传统方式(ENG 采集后回来编辑)早 6 天时间。

有时候新闻事件只发生在一瞬间,而记者又不在现场。如果等记者和摄像师扛着摄像机赶过去,很可能最重要的环节就错过了。此时电视电话采访就是补救的办法,不但可以捕捉到第一时间的重要信息,而且还可以获得一些现场声。

2. 远距离采访

Telephone(电话)的原意就是"远处的(tele)声音(phone)",因此跨越空间的远距离采访是电话采访最显著的优势。

虽然电视记者应该是一个善于到处走动的职业,但经常会有一些新闻事件或采访对象出现在离电视机构很远的地方(特别是一些国际新闻),出于人力、物力、财力、时间等多方面的考虑,记者一般不会亲自前往,此时电话采访就成了非常方便和实用的选择。2003年4月,7位中国公民在伊拉克被扣押,此事引起我国政府和国内舆论的高度关注。但当时并没有驻伊拉克的电视记者,所以记者只能电话采访外交部和中国驻伊拉克大使馆复馆小组,了解到这7位公民的身份和复馆小组的相关举措,并且外交部的一位官员还通过这次电话采访向广大公民提出忠告,希望大家暂时不要去伊拉克。可见,在一般采访手段鞭长莫及的情况下,电话采访却能够发挥出非常重要的作用。

此外,电话不只是一个获取信息的工具,它也常常成为人们联络感情的纽带。尤其,中国人有"每逢佳节倍思亲"的习俗,在特殊的节日里对身在异乡的游子进行电话采访会让观众有特别温馨的感觉。我们在电视里经常可以看到这样的电话采访。2003年元旦前夜,中央电视台特别节目《中国日记·我们的2002》邀请了远在美国参加比赛的姚明进行越洋电视电话采访,身在休斯敦的姚明通过该节目幽默地回答了球迷们关心的几个问题,并向国内的球迷致以节日的问候。

3. 替代面对面采访

面对面采访有诸多优点,但有时在镜头之下,采访对象可能会有所顾虑,或者会感到某种压力。特别是涉及一些敏感话题时,采访对象往往会拒绝面对面的采访,而可能会接受电话采访,如在《焦点访谈·惜哉文化》中对某市消防支队队长的电话采访就属于该情形。

有时候,采访对象连电话采访都可能会拒绝,而这种拒绝本身就表达了一种态度,传递了一种信息。比如,在《新闻调查·直面性骚扰》中记者对我国首例性骚扰案的被告进行了以下一段电话采访:

记者:你听清楚了吗?
此案被告:能听见。
记者:我们希望能对这个案子有关的人员做一个采访,能听见吗?
此案被告:我能听见。
记者:我不知道你愿不愿意接受我们的采访。
此案被告:不好跟你说。
记者:不好跟我说。——是愿意还是不愿意?

此案被告：找律师吧！找律师吧！

记者：找律师最后还是要问你本人能不能接受我们的采访。

此案被告：就这样吧，我还有事呢。

记者：你是不想接受采访吗？

此案被告：……（挂断电话）

有时候，采访对象行踪不定，在短时间内根本找不着，或者他故意躲避记者，在这种情况下他家里的电话或手机就成了唯一的联系渠道。2003年末，崔永元痛批冯小刚的电影《手机》，引起了媒体的广泛关注。然而几位当事人都很忙，要找到他们的确比较困难，于是便有记者拨通冯小刚夫人徐帆的手机进行了电话采访。

还有的时候，记者不方便进入采访对象所在的地点与其进行面对面的接触，电话采访便成为最终选择。如"非典"时期，有的媒体就是通过电话对患者、被隔离者以及医生、护士进行了采访。

4. 间接的现场见证性

电视电话采访的现场感无疑不如电视现场采访强，但是它要比口播新闻强得多。同时，"在电视采访中，电话的使用与其他媒介有所不同：一是电视采访中，记者在电话前的访谈构成采访现场，具有人文信息，是摄像机拍摄的直接对象；二是电视采访中，电话中被采访者的声音是采访的主要信息来源，构成节目内容。电话中的同期声保持了声音的'人'的个性特征，具有现场见证性"。[①] 这种现场见证性虽然不如画面来得直接，也不如专业设备采集的同期声来得清晰，但同样具有一定程度的感染力和穿透力。

2002年3月27日晚，阿富汗突然发生了6.4级地震。当时中央电视台《东方时空》记者张泉灵正在喀布尔报道"我国援助物资运抵阿富汗"的情况。得到消息后，她和摄像师急行两百多千米，于第二天到达了地震现场。由于当地条件限制，张泉灵接受了主持人的电话采访。在电话中，观众们能清楚地听到嘈杂的环境声以及救护车急促的鸣叫声，并能真切地感受到现场混乱、凄凉的气氛，不禁让人对这个饱受战争和天灾之苦的国家产生同情。

在一些电话采访中，为了增强现场感，还常常在电视画面上配以新闻事件发生地的地图和采访对象的照片。

---

① 朱羽君,雷蔚真.电视采访学[M].北京:中国人民大学出版社,1999:173.

5. 方便的互动工具

随着理念的不断更新,电视节目越来越强调与观众的互动性,希望和鼓励观众更多地参与到节目中来。电话作为一种极为方便、普及的通信工具,理应成为电视与观众之间的桥梁。于是,很多新闻节目将热线电话接入直播室,观众可以直接在节目播出过程中打入电话,接受主持人的电话采访。如江苏电视台城市频道栏目《南京零距离》就设立了热线电话。采访中,观众可以反映问题、提供新闻线索,可以发表观点、交流想法,还可以对突发事件进行现场报道。这样的电话采访一方面增加了节目的人气,使观众获得一种亲切感,另一方面也扩大了节目的信息量,增强了报道的时效性。

6. 进行隐性采访

电话采访是通过电话间接地接触采访对象,不需要亮出设备,所以在某些情况下,如果记者不通报自己的真实身份和意图,对方便很难发觉。我们可以利用这一点进行隐性采访。虽说"不入虎穴,焉得虎子",电话隐性采访一般不能取得十分周详的事实材料,但对方在接受采访时往往毫无防备,真实状况便能暴露出来。因此,电话采访常被用作简单的隐性采访或作为隐性采访整体策划的一部分。1996年,中央电视台的《同是114》就是一个典型的例子:记者隐去身份,拨打全国各大城市的114电话咨询台,并对它们的服务进行了记录和评比,结果是北京最差,上海最好。

二、电视电话采访的局限

1. 信息的有限性

首先,现场是一个全方位的"信息场",而电话只能传递十分有限的声音信息,两端的信息量是极不对称的。所以记者不到现场亲自观察往往如同隔岸观火,难以实现采获信息的丰富性。其次,电话中的交谈互动性不够,很难往深里推进。而且,如果能登门造访而不去,有时会让采访对象感到不够被尊重,记者想与其深入交流当然也就不可能了。最后,时间是获取丰富信息的重要保证,人物专访可以进行很长时间,甚至动辄几个小时,而电话采访却很少有这样的可能。这是因为一方面,要为采访对象考虑,长时间对着话筒讲话会感到很吃力;另一方面,也要为观众考虑,长时间只有声音而没有画面会让人无法忍受。

2. 缺乏形象性

形象性是电视最显著的一大特性,它的基础是声画的二元结合,而电话却是声音的单通道传播。声音虽然有时能产生一定的现场感,但画面的缺失却使人们无法切实地感受到新闻本源的实有状态。同时,电话中的声音由于缺少画面的印证,人们便失去了分析判断的直接依据,声音的真实感也将大打折扣。

3. 容易造成听觉上的误差

电视电话采访中,声音其实经过了两次处理:一次是电话对声音本源的处理,另一次是摄像机话筒对电话里的声音的处理。这两次处理都会造成声音的失真,尤其在第一次处理时如果电话线路或网络出现问题,会使声音模糊不清,从而双方都可能产生听觉上的误差。此外,一些发音相似的字眼在电话中也常常难以辨析。

总之,电视电话采访既有相对优势的一面,也有很大的局限性。在记者头脑中,亲历现场、面对面访问应是首要的原则;电话采访应视具体情况需要,合理使用,以充分发挥其独有的长处。

三、电视电话采访的要求

1. 精心选择采访对象

除了对特定对象的专门采访,电话采访的对象范围往往是非常宽泛的,新闻事件的当事人、目击者、现场的记者(包括报纸、广播、电视、网络、通讯社记者)等皆有可能。关键的一点是:采访者要通过相关渠道弄清楚当时谁在现场,谁最能详尽地介绍电话那头的状况。

有时,对采访对象的选择还需要融入创新意识。在伊拉克战争中,一般媒体都把采访范围锁定在政府官员、国际专家身上,但中国国际广播电台的记者就别出心裁地采访了一位6岁的伊拉克小女孩。

> 记者:你叫什么名字?
> 小女孩:我叫塔伊芭·马赞。
> 记者:你几岁了?
> 小女孩:今年6岁了。
> 记者:你们现在好吗?

小女孩：我现在很好，我的姐妹们也很好，伊拉克的人都很好，我们不怕战争，可是，可是……我们有点害怕爆炸。

记者：如果你害怕的时候，你会做点什么？

小女孩：我就唱歌。

记者：那你现在能给我们唱个歌吗？

小女孩：好！……（歌没唱完，就响起了爆炸声，小女孩的歌声被淹没了）

这段电话采访后来在中央电视台《新闻联播》中播出了，反响特别强烈，很多人都为之感动。可见，对采访对象的精心选择在电话采访效果的实现方面也发挥了十分重要的作用。

2. 掌握查询电话号码的本领

知晓采访对象的电话号码是电话采访的前提。记者平时要做有心人，遇到那些有采访可能的人，便要当即记下他的联系方式。如果手头没有对方的电话号码，则需要查询。对于公用电话，电话手册或114电话咨询台可以帮忙。私人电话则需要通过相关的人际关系去打听。所以，记者还要广交朋友，努力建立一个方便联系的人际网络。

3. 做好采访准备

电话采访有较强的时间限制，要求能在短时间内采集到最有价值的信息，所以准备工作也显得比较重要。电话采访的准备虽不必像人物专访那样深入、透彻，但要求简洁、凝练、具体、直切主题，以加强单位时间内的信息含量和信息的有用性。

4. 交代身份，讲明意图

除了隐性采访之外，记者一般应首先向采访对象交代清楚自己的姓名、身份和工作单位，同时讲明自己的采访意图，以消除对方的顾虑，取得对方的信任。

5. 把握提问的原则

首先，提问应根据事先准备的采访提纲，做到思路清晰、简明扼要。尤其要注意提问的紧凑性，不能像人物专访那样用停顿等待对方主动继续。因为打电话如果出现停顿，即使是几秒钟，也会长得可怕。而且如果对方事务繁忙，则很可能会挂掉电话。

其次，要注意营造和谐的对话氛围，不要故意制造冲突和紧张。否则，如果对方本来就不是很情愿接受采访,可能会在记者的一激之下挂机,这将使采访中断。

最后,要明白电话采访内容不光是给记者自己听的,更是给观众听的,因此要尽量使通话质量清晰、不混杂。在采访之前不妨先问对方能不能听清楚,或者跟对方问个好,测试一下通话的质量。在采访过程中,要尽量让对方把话说完,一般不要中途打断,否则观众将不容易听清楚,而且有时还会给音频的后期编辑带来麻烦。另外,要努力核准重要信息,当声音不够清晰的时候,可以让对方再重复一遍。

6. 尽力了解现场情况

电话采访能在一定程度上弥补无法进行现场采访的遗憾,因此要充分利用这一点,通话要以了解电话那端的现场情况为核心。第一,要让采访对象选择一个具有声音标志的空间接受采访,使观众能对现场气氛有切身的感受。如在战场上要能听到爆炸声,在海边要能听到海浪声。第二,要善于引导采访对象对现场进行描述,特别是采访对象不是一个专业记者,可以问"你身边有哪些人?""现在火势怎样?""消防队员们正在做什么?"等问题。

7. 礼貌结束采访

采访结束时千万不能只说一个"好了,再见",就直接挂断电话,应向对方表示感谢和问候,比如"谢谢您接受采访!""请注意安全!""祝您身体健康!"等。因为一方面,要知道对方接受采访其实是对记者工作的支持;另一方面,简短的电话采访往往是全程展现给观众,礼貌的结束也能让观众感受到记者的亲和力。

第三节 电视连线采访

电视连线采访利用了先进的电视技术,不光形式新颖,而且能够最集中地体现当代电视新闻的三大特点——现场感提高、时效性提高、信息整合传播。它正越来越广泛地被运用到新闻节目中,成为一种常见的采访类型。

一、电视连线采访的定义

电视连线采访是指新闻节目主持人通过卫星、网络、微波等技术手段,对异地的主持人、记者或相关人士进行的屏幕上的面对面的采访。

电视连线采访形态多样,有单线的、复线的,也有放射状的,但大体可将其分为如下几种模式:① 演播室主持人→前方记者;② 演播室主持人→专访人物;③ 主演播室主持人→分演播室主持人→前方记者或专访人物;④ 两地演播室主持人对接→前方记者或专访人物。演播室主持人是电视连线采访的主体,也是整个连线网络的轴心。他可以同时连线几个采访对象,也可以同时进行几种模式的连线采访。

按照采访内容和目的的不同,又可以将电视连线采访分为两类。一类是事态性连线采访。它主要是对前方记者或知情人士进行访问,并通过他们的现场采访报道或介绍,达到了解新闻事件最新发展动态的目的。事态性连线采访一般以"单视窗"的形式出现,即主持人对采访对象进行一对一的采访。比如,2002年8月,北京大学山鹰社学生在西藏登山遇难。获悉此消息后,《时空连线》立即派出两位记者,一位前往西藏搜救现场,一位前往北大。主持人分别对两位记者进行了事态性连线采访,了解到搜救工作的进展情况和北大校园的反应。另一类是观点性连线采访。它主要是针对政府官员、专家学者的专题访问,用他们的观点对新闻事件进行分析和解读。观点性连线采访可以采用"单视窗"的形式,即跨越空间的一对一的人物专访;也可以采用"多视窗"的形式,在进行人物专访的同时,也可以让采访对象之间有所互动,以形成一种谈话的氛围。比如,2002年内蒙古呼和浩特市多名学生因救落水儿童牺牲,但因为当地《见义勇为奖励条例》中不包括自然灾害中的抢险行为,这些学生无法被评为"见义勇为烈士"。见义勇为的含义是什么?如此规定是否合理?对社会道德风尚有何影响?围绕这些话题,《时空连线》请政法部门领导、法律学家、社会学家来表述自己的观点,展开讨论,最后"必须用全国立法来规范地方法规"成为探讨共识。

二、我国电视连线采访的发展历程及现状

麦克卢汉说:"媒介即讯息。"电视这个现代文明的产物不但依赖技术,而且技术的发展更影响了电视传播的形态和质量。20世纪70年代末80年代初,SNG(卫星新闻采集)系统在发达国家兴起,用它把演播室和新闻现场连接起来,主持人就可以对世界任何一个角落进行"电视连线采访",如CNN对海湾战争的报道。

20世纪90年代中期开始,我国也引进了电视连线采访。这时候的连线

采访基本上只用于一些大型的直播活动,如重大体育赛事、香港回归、三峡截流等。而且,还只被作为一种串场方式,限定时间和程序,其灵活性和机动性未能得到体现。这一点在之后的澳门回归和迎接新千年直播中得到一定改善。

进入 21 世纪后,电视连线采访得到了长足的发展。"CCTV-1 的《晚间新闻》,经常将一些新闻事件做连线报道,在一些没有视频传输条件的新闻发生地,则使用电话连线报道。在 CCTV-2 的《经济半小时》和《证券之夜》中也经常采用连线报道的方法。2001 年中央电视台《东方时空》改版后强力推出的《时空连线》,更是把连线作为整个栏目的主要采访和表现方法,而且发展到了多点同时连线,在电视屏幕上表现为多视窗的同时存在。2002 年 9 月 2 日,CCTV-4 进行了有史以来力度最大的改版,推出了 24 小时滚动新闻之后,也在午间的《中国新闻》中大量采用和地方电视台连线报道的方式,其特点是不仅与新闻现场连线,而且与地方电视台的演播室主持人连线。"[①] 2003 年,连线采访在经历了抗"非典"和伊拉克战争等重大直播活动后,显得越来越娴熟、灵活、科学。随着技术的发展,所谓"连线"变得更加廉价和普及,尤其是近年来社交媒体上网络直播的广泛兴起。

三、电视连线采访的特点

现在的新闻采访追求同步、现场、真实、过程、深度,电视连线采访的特点就体现了这样的要求和发展方向。

1. 时效性

毋庸置疑,高时效性应是电视连线采访备受青睐的首要原因。它是一种"以空间换取时间"的采访类型,通过连线技术直接将主持人"送"至新闻现场或采访对象面前,并将采获的信息即时传输回播控系统,省去了主持人或记者的往返时间。连线采访特别适合于在新闻事件的发展过程中介入,以满足观众第一时间获取信息的心理期待。因此,它常常和前方记者的现场采访报道相结合,成为现场直播节目的重要组成部分。在直播过程中,主持人或前方记者还常常会强调新闻发生的时间和连线的时间,使得采访显得更具魅力。

目前,也有一些连线采访并不属于现场直播,而是采用录播或准直播的方

---

① 杨刚毅. 关于电视新闻连线报道的理性思考[J]. 电视研究,2003(3).

式,但连线采访毕竟大大地简化了节目的制作流程、缩短了节目的制作周期,为其率先吸引观众眼球创造了条件。

2. 更接近新闻的本源

以采访者的第一视角全方位记录、展示新闻是电视擅长的本领。只有零距离地接触新闻的本源,才能投之以真切的目光,才能有身临其境的感觉,也才能有发表言论的权利。从演播室到新闻现场,连线采访实现了主持人目光的延伸,使他成为一个权威的见证者和评论者。与此同时,连线采访也拉近了观众与新闻的距离,使他们能够亲自体察、见证新闻事件的发展过程,获得与现场参与者、目击者同样的心理感受。

某些新闻事件的发生时间紧、距离远,主持人或记者常常无法及时赶到现场,这时连线采访接近新闻本源的优势将更加明显。连线技术为新闻记者搭建了一个全球互动、资源共享的平台,也就是说当自己的记者无法到达第一现场时,可以对其他栏目,其他电视台,其他报纸、广播、通讯社,甚至其他国家的记者进行连线采访。2002年台湾海峡发生了一起重大的船难事故,许多大陆打工者被困在船上。危急时刻,台湾军方和救援机构实施了紧急救护。在事发过程中,《时空连线》通过卫星接通了台湾东森电视台的演播室,进行主持人之间的对接,然后又通过东森电视台的直播系统,继续对事发现场的多名台湾记者进行了连线采访。这一期抢救船难的报道可谓直击现场,既让人感受到拯救危难的震撼力,又使人体会到两岸同胞血浓于水的民族亲情。

3. 深度性

连线采访是一种多功能的采访方式,它不但善于捕捉动态的事件信息,而且善于挖掘静态的思想观念。前者主要表现在事态性连线采访中,反映了它的时效性;后者则主要表现在观点性连线采访中,反映了它的深度性。一般情况下,观点性连线采访紧随事态性连线采访之后,有时甚至能与其同步进行。如2003年5月,在嘉禾违规拆迁案的第一期调查节目中,《时空连线》主持人就同时连线采访了两个人:一个是在嘉禾现场采访的记者屠志娟,一个是北京大学政府管理学院教授张国庆。主持人一边向记者了解情况,一边针对这些最新情况向张教授提问。由此可见,连线采访的深度性往往同时彰显着时效性,它能够抢在其他媒体前面最先获得对新闻事件的解析和评论,从而起到一种舆论的"领跑作用"。

连线采访的深度性主要来自两个方面:一是主持人对某一特定视窗内采访对象的访问,这其实就是一种跨越空间的人物专访(其深度性已在第二节中阐述过);二是主持人对多个视窗间采访的整合。在追求多元化的现代社会里,新闻事件或新闻现象不应是铁板一块,而应是一个有结构、有层次、有认识差异的系统性存在。连线采访时,不同的视窗代表着不同的利益需求、价值观念和知识背景。主持人对视窗内不同对象的访问,体现了一种多侧面、多角度、多变量认知事物的方法,同时也将采访推向了更加开阔、更加深入的境界。

4. 灵活性

连线采访的灵活性首先表现在它对其他采访类型的兼容性。它可以与现场采访相结合,可以发挥人物专访的功能,也可以直接利用电话进行连线。其次表现在它对四种采访模式的灵活选择与组合。这两点要根据新闻的需求以及新闻发生地的信号传输条件来决定。

连线采访的灵活性更表现在主持人对采访对象、采访时机、采访进度、采访节奏的灵活把握。连线现场往往会充满不确定性,特别是直播活动的现场。前面讲到20世纪90年代中期我国的连线采访还不够成熟,就是因为对这一点认识得不够。主持人的提问往往只是当作串场,重点则在连线的另一端——记者的现场采访报道。并且由于时间规定过于严格,遇到特殊情况不能及时切回,造成记者在现场不知所措、无话可说的尴尬场面。如今,我们对连线采访的认识要丰富得多,它不单单是串场手段和获取信息的手段,而且还能起到起承转合、控制节奏的作用。因此,现在的连线采访一般能根据现场因素的变化而变化,适时出击、适时收回。

5. 传播过程的展示

"新闻的生命力就在于真实,而真实的含义对于观众来讲,可能不只是新闻事实的真实,它也包含在感受信息流动的真实过程中。"[①]以往的新闻一般是用ENG或EFP(电子现场制作)方式录制并且编辑好了之后播出,呈现给观众的是一道做好的菜,而连线采访呈现的是做菜的过程。不管是不是现场直播,连线两端的交流、互动总是与事件的发展同步前进的。在此过程中,主持人以不同的采访方式完成不同的任务:一方面用事态性连线采访进行事件的动态报道。当现场空间宏大或者有多个现场时,则通过不同场景间的切换、接力共同完成报道。这样不但现场信息得以全方位地展示,而且信息集纳的过程也得到了原汁原味的呈现。另一方面则用观点性连线采访不断地进行释疑、解惑、评论、预测。这两者功能各异、分工明确,同时又彼此交错、相互推

---

① 杨刚毅.关于电视新闻连线报道的理性思考[J].电视研究,2003(3).

进,使观众在不知不觉中实现了从了解到理解、从认知到认可的转变。

6. 半透明的"谈话场"

传统意义上的新闻采访一般是一对一进行的,这样采访对象之间就没有沟通和交流,各自处在一个相互隔绝的不透明的环境中,他们之间的联系不是主动建立的,而是记者通过逻辑演绎安排在一起的。还有一种信息交流的方式——谈话则是透明的,如《实话实说》。谈话的过程充满了智慧和情感的交流,并且形成了一个相互影响、相互制约的"谈话场",每个人都被裹挟于这个场中。

连线采访实现了主持人和采访对象在不同空间的"聚首"。在某种程度上,它也具有"谈话场"的性质:第一,它是一种线性的交流过程,自然、流畅,无法进行随意的剪辑;第二,视窗的组合打破了立场和学科的界限,采访对象之间可以形成观点的互补和撞击。连线采访的"谈话场"又具有半透明的特点:与采访对象之间的交流相比,它更注重主持人与采访对象的对话,更强调主持人在谈话过程中的主导作用。"在这种全新语境空间的作用下,表达方式和内容就会发生变化。让被采访者充分阐述不同的观点,既能在平等、和谐的气氛中争论,又能直抒胸臆地表达,这正是连线提供的最大可能。"①

四、电视连线采访的要求

在实践中,我们不能光被连线采访时髦的形式所吸引,更要深刻理解它的内涵和要求,做到对形式的科学运用,从而既能发挥出连线的技术优势,又能发挥出采访者的专业优势。

1. 选题及策划

连线采访对选题有较高的要求:第一,应当是发展变化中的事件。一方面,这样的事件不确定性强,更能引起观众的兴趣;另一方面,连线其实是一种对共时性(采访过程与事件发展过程的共时性)的强调,对正在发生的事件进行连线采访能显示出这样的优势,而对时过境迁的事件则无法显示。第二,最好是有一定评论空间的事件。动态可视是事态性连线采访的追求,它重在感性的把握。观点性连线采访则重在理性层面的拓展,这对新闻事件的内在丰富性和复杂性是有要求的。在一些长时段的直播节目中,这一点将显得更为

---

① 王冰. 从《时空连线》察电视叙事方式的转变[J]. 南方电视学刊,2003(4).

重要。因为纯粹的感性展示往往显得单薄而冗长,理性的注入不但能够增加新闻的厚度,而且能够调节采访的节奏。

连线采访的策划难度相对较高。一是因为变化中的新闻事件不确定因素较多,策划要讲求周密、充分,需要有配套的应急方案;二是因为连线采访的选题时效性强,可供思考的时间短,要求策划者有快速反应的能力。

2. 事态性连线采访的要求

(1) 关注现场。主持人不亲临现场,他是通过前方记者的采访报道来获取信息的。但这并不是说主持人相对于记者是被动的,是一个完全"等待告知"的角色。他的采访对象是记者,但他关注的焦点应该是现场,他的任务应该是积极获取现场信息。

关注现场首先要有观众的眼光,因为主持人应当是观众的代言人,观众的期待、疑惑是他提问的首要依据。关注现场还要有主持人自己的眼光。他不但要超越观众的思维,还要超越记者的思维,成为记者行动的指挥者。他要善于发现事件发展过程中一切值得追踪的蛛丝马迹,准确判断什么信息值得放大,什么信息应该放弃。只有主持人的连线采访和记者的现场采访达到相辅相成,才能算是一则成功的报道。因此,主持人必须有长期从事现场采访的经历,必须是一个资深记者。

(2) 把握主权。连线采访的重点应是连线两端的对话,而不是前方记者单方面的现场采访。记者应该像放出去的风筝,根据节目的总体需要,可收可放,而控制收放的便是主持人的连线采访。在采访时,主持人是有主动权的:提什么问题,从什么角度提问题,什么问题需要追问。这样的控制权和主动权,被孙玉胜称为"主持人主权"。它体现了主持人(anchorman)的本义,使节目能够有条不紊、张弛有度地进行,而不至于出现冷场,或者信息蜂拥而至,来不及播送的窘迫局面。

3. 观点性连线采访的要求

(1) 采访对象的选择。第一,从采访对象个人来看,应具有典型性。他应当能够充分代表某种身份、某种立场,或在一定领域内具有足够的发言权。第二,从采访对象的组合来看,应照顾到他们之间观点的平衡,以体现出主持人态度的客观性和视角的多元性。《时空连线》就很注重这方面的考虑。如2004年2月1日,重庆市云阳县居民沈腾洲在家突发心脏病,家人拨打了120。沈家距县人民医院的直线距离只有100米,然而他却被舍近求远地送进了其他医院,结果耽误了治疗。事后,县卫生局从其他医院收回急救权限,将其统一归在县人民医院。可是,这一举措又引起了其他医院的不满。对于120急救,医院究竟应该是充分地竞争还是应该被有序地管理?《时空连线·诊断120》组织三位采访对象进行了讨论:北京市急救中心主任、重庆云阳县卫生局局长、清华大学公共管理学院博士。他们三个人分别代表了三种身份:120急救的利益主体、管理者、专家学者。讨论虽然没有得出明确的结论,却带给观众非常全面、客观的思考。

(2) 对话与谈话的平衡。因为连线采访是一个半透明的"谈话场",所以既要注重主持人和采访对象之间一对一的对话,也要注重采访对象之间谈话氛围的营造。首先,主持人应当有一个详细、具体的采访提纲,以保证对话能够沿着事先的目标和预设的逻辑开展,而不受谈话的干扰。其次,主持人对采访对象的指称要明确,以避免大家争着回答的混乱场面。同时,还要尊重采访对象的话语权,使其能充分发表自己的意见。最后,主持人要善于在适当的地方让采访对象展开讨论和争辩,使采访既有可看性,又容易迸发出新的思想火花。

事态性连线采访和观点性连线采访并不总是截然分开的,它们常常共存于一个节目之中,尤其是一些大型的现场直播中。主持人既要擅长动态性思维,也要擅长静观性思维,使现场信息和观点信息相互促进、相互生发,并且达到有效的整合。

第四节 电视隐性采访

近年来,电视隐性采访在各类新闻节目中广泛兴起,并有愈演愈烈的趋势。一方面,它在理论界受到了不少质疑;另一方面,在实践中它却赢得了不少鲜花与掌声。怎样使电视隐性采访合理、规范、安全、有效地开展,这是一个值得我们探讨的问题。

一、电视隐性采访的定义

电视隐性采访是指电视记者隐去自己的身份,在被采访者没有感知的情况下搜集信息的采访行为。有时,它又被称为"暗访"。

所谓"隐性"是相对于"公开"而言的,它主要体现在以下三个方面。

1. 隐藏身份

一般情况下,记者为取得采访对象的信任,都要事先亮出自己的身份。比如口头告知或出示记者证,电视记者还可以通过摄像机和话筒上的标志展示自己的身份。但在隐性采访中,暴露身份不但会引起对方的警觉,采集不到相关的信息,还有可能给记者带来危险。所以,隐藏身份是记者顺利实施隐性采访的先决条件。隐藏身份主要有两种方法:一是不动声色,以旁观者的身份进行记录;二是假扮某种身份,边亲身体验边记录。这里,假扮的身份是指无责无权的普通公民,如顾客、乘客、病人、应聘者等。

2. 隐藏目的

采访时,记者总是希望采访对象能够按照正常的状态、自然的流程进行活动。一旦告知其采访目的,采访对象可能会拒绝采访,或者千方百计地在镜头前弄虚作假。因此,"在具体的采访实践中,记者会针对不同的人物和事件,以不同的身份去进行实际的采访,但不管身份如何千差万别,隐藏目的的做法是始终如一不会改变的"。[①] 在隐性采访中,隐藏目的是实现目的的前提。

3. 隐藏手段

摄像机、话筒是电视记者采访的重要技术手段,但它们也是记者身份的外在标志。所以,隐性采访时都要想方设法对其进行隐藏。以前的摄像器材笨重又庞大,给隐性采访带来了极大的限制。如今,随着科技的发展,摄像器材已经做得非常小巧,隐藏起来也比较方便,它把记者的隐性采访引入了一个空前自由的境界。

从实践来看,隐性采访主要使用在如下三种情况中:① 对先进单位或先进人物进行典型报道,为了掌握真实情况,或为了消除采访对象的紧张心理;② 进行批评性报道,为了防止对方隐瞒真相;③ 调查犯罪分子的违法活动,为了揭示其犯罪的内幕并降低记者的危险性。

二、电视隐性采访的意义

新闻媒体是"社会的瞭望者",肩负着激浊扬清、匡正祛邪的社会责任,发挥着舆论监督的社会功能。然而,一方面媒体监督的力度越来越大,触角越伸

---

① 顾理平.隐性采访论[M].北京:新华出版社,2004:14.

越广;另一方面仇视监督的反面势力也越来越有"防范意识"和"抵抗能力"。在"正面突破"确有难度的情况下,隐性采访往往能出奇制胜,从而起到良好的舆论监督效果。这主要是隐性采访的社会意义,下面重点阐释它的专业意义。

1. 获得公开采访难以获取的新闻事实

在镜头之下,有些被采访人往往表现得谨小慎微、不合常态,有时会主动迎合记者的采访意图,刻意进行"表演"。如果公开进行批评报道则更是困难重重,轻则"无可奉告"或百般狡辩,重则以暴力相抵制。总之,公开采访也有一定的局限性。隐性采访能够彻底解除采访对象的戒备心理,突破封闭的采访环境,直击新闻事件的本质问题,抓到隐藏至深的事实材料。电视强烈的纪实特性使其在隐性采访方面更具优势。它能让观众最大限度地接近现实真相,窥见新闻背后的新闻;并能取得"铁证如山"的效果,让采访对象没有丝毫狡辩、反驳的余地。

1996年4月,《焦点访谈·咸宁工商,取财有"道"》是展现隐性采访与公开采访的差别的典型。栏目组最初接到群众举报:咸宁地区工商局和咸宁市工商局非法扣押车辆,并课以重罚。于是,记者便跟随一位手续齐全的车主来到咸宁市工商局,对该局局长徐碧琼进行了隐性采访。在此次采访中,这位女局长态度恶劣、气焰嚣张。几天后,记者又公开身份对其进行了采访,徐碧琼却换上了工商制服,说话彬彬有礼,俨然一副人民公仆的形象。最后,记者通过特技,将两次采访中徐碧琼的形象放在同一画面中,形成了强烈的对比。

2. 采获独家新闻

在当今新闻竞争烽烟四起的情势下,独家新闻往往是媒体在竞争中取胜的一大法宝。隐性采访就是获得独家新闻的重要途径之一。首先,隐性采访的选题并不是媒体所共有的。在没有被曝光之前,它往往具有一定的隐蔽性,需要记者敏锐地去发现或有"爆料者"提供线索。其次,隐性采访的采访环境具有一定的封闭性,并且对记者具有一定的排斥性。它不像一般新闻事件那样可以广泛地接纳各路记者的采访报道,相反,通常却只有一家媒体的记者在其中"单兵作战"。最后,隐性采访对记者的要求较高。它常常要求记者有一种"明知山有虎,偏向虎山行"的勇气,深入核心现场进行"偷拍、偷录"。同时,它还要求记者有较强的应变能力、较高的采访技巧和较丰富的采访经验,而这些并不是每一家媒体、每一个记者都可以做到的。

3. 极具可视性

新闻要具有可视性,首先形式上要能吸引观众。隐性采访拍摄时很难顾及画面效果,所以常常是画面倾斜、剧烈摇晃、光线黯淡、角度怪异、声音嘈杂。但这正是一种残缺之美,它能带给观众身临其境的现场感和真实感,同时还带来了一种集体偷窥的心理愉悦。

隐性采访的内容常常是一种"真实的反常",也就是社会中确确实实发生但又不符合常规的事件。按照"人咬狗才是新闻"的说法,反常性正是新闻价值的重要构成元素。

隐性采访还满足了普通观众的另一种心理需求——惩治邪恶势力,扶助弱势群体。"见光就死"是一切躲在黑暗中的邪恶势力的共同特征和致命弱点。人们在观看隐性采访的同时,就正在预见它的覆灭。所以,用"大快人心""痛快淋漓"这些词形容观众的心情一般不会为过。

三、电视隐性采访的适用范围

隐性采访既是舆论监督的利器,也是提高收视率的重要手段。因此它极受媒体的青睐,使用频率在不断增加,使用范围在不断扩张。但同时,隐性采访又是一把双刃剑,它的泛滥常常会导致法律的侵权和道德的责难。因此,我们要把握准它的适用范围,有理、有利、有节地开展隐性采访。

1. 捍卫公共利益

公共利益是衡量隐性采访合法性的一个重要标尺。公共利益越重要,隐性采访越有理由。即使出现了法律纠纷,公共利益也可以成为隐性采访的抗辩事由而得以免责。2001年9月3日,中央电视台《新闻30分》播出了有关南京"冠生园"利用陈陷制作月饼的隐性采访报道。该报道反响强烈,不但导致了南京"冠生园"的破产,还引发了全国月饼行业的动荡。在此过程中,记者受到了南京"冠生园"针锋相对的指责。但是正如记者所说:"我们是本着真实客观和极其慎重的态度报道的,我们与'南冠'公司绝无私仇。"隐性采访击垮的是一个损害公共利益的企业,却迎来了全国食品行业的反思,并且唤起了广大消费者维权意识的觉醒。因此,这样的隐性采访在法律面前也是无懈可击的。

2. 有限度地针对公众人物

隐性采访最容易伤害的是人的隐私权。普通公民合法的隐私权(违法行为不在其中)是丝毫不容侵犯的,而公众人物则有所不同。所谓公众人物,主要指与公共利益和公共兴趣密切相关的人物,包括重要的政府官员和文化名人。对于前者,他们比一般公民享受了更多的特权,并且拥有较强的社会影响力和道德示范力;对于后者,他们正是通过媒体的宣传报道而得以成名。从法律所追求的权利和义务相平衡的角度来看,对公众人物的隐私权应当有所限制。当其隐私权与公共利益或公共兴趣发生冲突时,应"两利相权取其重,两害相权取其轻"——放弃对其隐私权的保护。因此,适当对公众人物进行隐性采访是合理的。

当然,公众人物隐私中与公共生活无关的部分,如身体肌肤形态、家庭生活、私人信件等,应当受到严格保护,隐性采访时不能涉及这些领域。

3. 在公开场合

"公开场合的行为,是一种主动昭示于人的行为,即使不是主动昭示,在法律上也应该认为是可以通过新闻进行报道而不必事先征得被采访者的许可。"①因此,隐性采访在公开场合是可以适用的。但在未得到主人允许的情况下,记者是不能随便出入私人场合的。尤其,随着社会的进步,人们越来越重视自己私人生活的隐蔽性。所以,隐性采访不适用于私人场合。

4. 不违反相关法律的规定

(1) 保守国家秘密和企业商业秘密。《中华人民共和国保守国家秘密法》和1992年国家保密局、中央对外宣传小组、新闻出版总署和广播电影电视部制定的《新闻出版保密规定》,对新闻保密问题进行了明确规定,隐性采访应严格遵守。

(2) 保护未成年人权益。根据《中华人民共和国未成年人保护法》的有关规定,隐性采访不适用于未成年人。如果实在难以回避,应在画面中对其面部进行马赛克相应隐蔽处理。

(3) 忠实记录,不进行引诱。记者不应当主动扮演新闻事件中的角色,干涉事件的发展进程。更不能引诱采访对象违法犯罪或从事不道德行为,否则记者也可能成为违法者。因为记者在进行隐性采访时丝毫没有法外特权,他只能作为一个客观记录者。

(4) 不能假扮有特种权利的社会角色。隐性采访时,记者不能假扮政府工作人员或司法人员。因为这些角色享有国家授予的特权,而这些特权只能在从事专职工作时使用。记者如果擅用这些特权,那就属于违法行为。

---

① 顾理平.隐性采访论[M].北京:新华出版社,2004:184.

四、电视隐性采访的要求

电视隐性采访在范围上要适当控制,在具体操作时也应当灵活地根据一定的规则和要求进行,才能规避各种各样的风险,抓住各种各样的机遇,成功地完成任务。

1. 遵守栏目的程序规定

隐性采访应该是一种"不得已而为之"的手段。然而随着媒介竞争的加剧,隐性采访越发有被滥用的趋势。有无程序是"滥用"与否的重要标志。在我国,已经有一些新闻栏目设置了隐性采访的程序规定。如《新闻调查》规定只有同时具备以下四个条件,才能进行隐性采访:① 有明显的证据表明,我们正在调查的是严重侵犯公众利益的行为;② 没有其他途径收集材料;③ 暴露我们的身份就难以了解到真实的情况;④ 经制片人同意。

如果记者在进行隐性采访前拿不准是否符合法律规范,而栏目又没有这样的硬性程序规定,则可以向有关法律专家咨询。专家的帮助可以让记者紧紧贴着法律的边界行走而不越界,从而最大限度地使用隐性采访。

2. 进行充分的物质准备

使用摄像机既是电视隐性采访的优势,又是它的劣势。说是优势,主要是因为它不容怀疑的真实性;说是劣势,则因为它容易被发现。"工欲善其事,必先利其器",在单位条件许可的情况下,要尽量给记者小型的摄像机,如所谓的"针眼机"。同时,还要考虑到采访对象的"反侦察能力",对记者和摄像机进行适当的伪装和隐藏。

此外,通信工具一般也是必备的器材。记者应事先将其设置在外部联系人的号码上,或直接设置在 110 上,确保能够以最快的速度与外界取得联系。

3. 加强策划

隐性采访属于高风险、高难度的采访类型。社会关系盘根错节,采访环境复杂多变,并且还常常涉及记者的人身安全,所以策划工作丝毫马虎不得。采访时机、采访对象、采访角度、采访范围、采访重点、应变措施、接应方法、撤出时机等都需要进行统筹安排、周密部署。

4. 力争拍到重要事实,又要善于自我保护

电视隐性采访一般需要 2—3 人,一人负责拍摄,其他人则负责采访与掩护。几个人要能相互配合,随机应变。有时需要迂回前进,逐渐深入;有时只

要拍到关键镜头,就立马撤出。

首先要占领好的视点,要既不会"打草惊蛇",又能有一个开阔的视野。在有的情况下,记者需混迹于采访环境之中,而有时则要独立于其外。2000年湖南经济电视台的《嘉禾高考舞弊案》正是将机位选在考场对面的四楼阳台上,用床单、毛巾做遮挡,并在床单上挖了一个洞伸出镜头。这样的机位既无人发现,同时又将考场上作弊的丑态尽收眼底。

隐性采访有时还需一定的冒险精神。由于采访常常使不法分子的利益受损,因此围攻记者的情况时有发生,加反复盘问、强行检查,甚至抢摄像机、捂镜头、推搡打骂等。一方面,记者要事先想好应对办法;另一方面,有时还需要能"急中生智"。1998年4月,河北电视台《新闻广角》三位记者夜访公开赌博场所。记者神情紧张,又左问右看,一下子引起了赌场保安的注意。情急之中,他们说自己是初次涉足赌场,急于学习赌经的新手,才骗过对方。

遇到紧急情况时,记者应能开机则开机。一方面,此时的镜头往往最能反映采访对象的气焰,如山东某县法院院长在镜头前的那句著名的台词:"我上管天,下管地,中间管空气";另一方面,这些镜头也是采访对象阻挠采访、妨碍新闻自由的重要证据。

总之,正义、勇敢、镇定、机敏是隐性采访记者应有的素质。

5. 与执法部门相配合

记者不能代替政府部门去执法,但隐性采访可以与其执法活动相配合。记者可以首先与执法部门取得联系,在他们的同意和授权之下与犯罪分子接触。在取得相应的事实材料之后及时撤出,把进一步的执法工作交给执法部门。也可以在隐性采访已取得大量素材之后,再及时向执法部门公开身份并汇报情况。还可以将隐性采访转变为公开采访,进一步收集一些隐性采访无法获得的信息,起到事半功倍的效果。

思考题

1. 如何理解"新闻的现场"?
2. 电视现场采访的任务和要求分别是什么?
3. 现场直播采访有哪些特殊要求?
4. 电视电话采访的优势和局限分别是什么?
5. 尝试以最近的新闻热点为例,策划一次电视连线采访。
6. 从意义和适用范围两方面谈一谈如何看待电视隐性采访。

第五章　电视深度报道中的提问和对话

提问和对话是采访中获取信息的最重要手段,新闻报道中几乎 75% 的信息来自于此。从形式上看,采访中的对话和日常生活中的谈话并没有太大的区别,都是一对一、面对面的交流和沟通,都属于富有亲切感的人际传播范畴。但其实,采访中的对话是一个有特殊规律和要求的专业性活动。

第一节　采访提纲的设计

采访提纲的设计不仅仅是一个"写作"的过程,更是一个信息了解、准备与思维组织的过程。电视深度报道对于采访深度、采访时长、对话方式都有更高的要求,所以更应认真设计采访提纲。

一、相关信息的事先了解

1. 了解访问对象

有人把采访比作"面对面短兵相接的战斗",意思是指采访使记者与采访对象在思想上进行交锋,因此,要想取胜,必须知己知彼。在确定了访问对象之后,记者需要对主要访问对象进行较为全面的了解。采访对象的性格特征怎样?他做了哪些具体事情?他究竟是一个什么样的人?他为什么要这么做?他的潜在动因是什么?他行为的背后又有哪些深层的历史原因、社会原因和个人原因?这些都要在采访前做好充分准备,还要尽可能通过各种渠道多获取一些资料,从各个方面进行思考,从而明确采访主题。

首先,采访前要对采访对象的外在情况进行充分的了解,如年龄、籍贯、职业及主要成就和贡献等。如果不是为了核实,见了面最好不要提"您今年多大岁数""老家是什么地方"之类的问题,因为这些都是应该事先了解的,如果你这样提问,显得对采访对象太不了解。

其次,了解访谈对象时除了要熟悉他的外在情况,还要了解他的性格、爱好、接受访问的心理等内在特点。一般来说,每个访问对象在接受访问时都有自己的心理意图。了解被访者的心理状况有利于记者知道他和你合作的程度,从而做到有的放矢。

总的来说,对访问对象外在和心理状态的了解与判断,应当是记者采访之前必做的"功课"。记者对采访对象的情况了解得越充分、研究得越仔细,对其受访心理的判断越准确,在访问时就越容易因人而异、因时而异、因地制宜,从而调用适当的访问形式和技能,迅速有效地找到突破口,顺利完成采访。2008年北京奥运会前,北京电视台记者在海口的帆船基地采访一位年轻的女子帆板运动员。这个女孩子十分内向,不太喜欢与人交谈,但她却是女子帆板这个项目奥运参赛选手的有力竞争者。为了做好对这个运动员的采访,记者细心地观察了她好几天,发现她虽然性格内向,操起帆来却是一副巾帼不让须眉的样子。当这个女孩子坐在摄像机前的时候,记者就像拉家常似的问她:你留过长头发吗?这个看似和采访没什么关系的问题让这个小姑娘一下子放松了下来,她开始跟记者讲述小时候是如何淘气,如何几度想留长发而最终放弃的,而摄像师也适时地记录下了这段对话,采访在聊天中就这样开始了。①

2. 了解背景知识、专业知识

知识的准备是在为访问搭建一个交流的平台,以便于你能和访问对象站在同一个高度上顺利地对话和交流。对相关知识的准备包括背景知识的了解和专业知识的了解。

新近发生的事实(个别突发性的事件除外),都是由量变到质变的结果。所以,记者了解新闻事实,首先应该追溯它发生的背景。一般来说,背景知识包括纵向背景和横向背景,即我们通常所说的历史背景和社会背景两个方面。了解新闻事件的历史发展和社会联系,对于记者解释和分析问题,对于观众理解新闻事件的本质,有着非常重要的意义。同时,记者对背景知识的了解会让访问对象感受到记者对此次访问的重视程度,因而从内心尊重记者并重视此次访问。

专业知识的了解也非常重要。采访对象分布在各个领域,而记者的精力总是有限的,不可能无所不知。尤其是对一些专家学者的访问,更需要做充分

---

① 张丽.如何让采访对象打开话匣子[J].新闻与写作,2014(1).

的准备。如果你开口净说些外行话，人家讲的你不理解，还得费好大工夫去给你解释，那就会直接影响到交谈的情绪和采访的深入。目前，我们已进入信息化时代，网络的普及和运用为背景知识、专业知识的搜集和积累提供了更方便、更快捷的现代化手段，从事深度报道的记者要学会正确地运用它。

二、采访提纲的写作

作为准备工作的一部分，记者应该事先把一些问题写下来，尤其是那些对采访较为重要的问题。一方面，使得对所提问题的思考可以在一个较为宽裕的时间里进行，以便使提问达到最佳效果；另一方面，当原先准备好的问题在采访时想不起来时，记下来的问题提纲能帮上大忙，不至于漏掉关键的问题。

采访提纲中的问题越多越好。CBS《60分钟》的主持人麦克·华莱士在采访邓小平之前，足足设计了一百个问题，而其实采访中真能用到的不过十来个，但这一百个问题，却是整个采访成功的保证。

采访提纲是记者逻辑思维和思考问题层次的体现，采访提纲的写作要全面、深入、思路清晰，这样才能帮助记者坚定信心，临阵不乱，有力掌握采访的主动权。同时采访提纲的写作还和记者本人的采访习惯交流方式有很大的关系，能确保问题的准确、连贯、独特、引人入胜是非常重要的因素。

值得注意的是，在设计问题时要始终把观众记在心上。采访愈复杂，记者愈应把观众的问题记在心上。正如一位西方新闻学大师说的那样："丢开你的笔记本，列出5个读者想问的问题。这些不应是你希望读者问的问题，而应该是不管你是否喜欢，读者都想问的问题。"CBS《60分钟》栏目制片人斯蒂夫·谢帕德也曾说过："在采访现场，提问者不是记者，而是观众。"

要注意的是，在采访过程中记者严格按照问题清单来提问是没有好处的，这样会让采访对象怀疑你的能力，同时也使记者自己失去采访的灵活性和即兴提问的机会。所以，应当记住：① 第一个问题不要看清单。显然，如果第一个问题就"照单朗诵"，会造成一个基调，即记者对此次采访不重视，问题也并不是发自内心的，这就造成了对采访对象的不尊重。② 复杂的、涉及数字、措辞严谨的可以看清单，但是上一个问题不能是重要的问题，否则你多少会错过对重要回答的倾听和思考。③ 清单上的问题提纲不是用来读或朗诵的，而只是提醒你问题的方向。因此，提问时哪怕是看问题清单，也应该在提问快结束时看着对方的眼睛。④ 看清单时要坦然大方，不要让对方觉得你不好意思看。其实，适当的时候大方地看看清单，不但不会造成不好的印象，反而会让对方感觉你很重视这次采访。

第二节 问题的"开合"与推进

美国哥伦比亚大学教授麦而文·曼切尔曾提出将记者的提问分为两种方式:开放式提问和闭合式提问。

一、开放式提问

开放式提问是一种概括、抽象的提问方式,对它的回答往往不是一个具体的答复。这种问题给采访对象极大的回答空间和充分的发挥余地,可以用长篇的谈话予以回答。

开放式提问具有以下优势。

(1)采访气氛轻松。由于开放式提问的针对性不强,回答的方向更多地掌握在采访对象手中,因而对于谈话欲较强的访问对象而言,采访的氛围容易融洽。

(2)给对方更多的自由和空间,有可能涉及记者之前没有关注的事件和方面,因而一些有价值的线索有可能会出现。

(3)在准备不充分的情况下可以快速地了解采访对象的特点。我们说任何采访都需要周密的准备,但实践中有时仓促上阵的情形不可避免。如果对采访对象不太了解,一个开放式的问题可能很快让你对他(她)的性格、逻辑能力和表达能力有一个初步的了解。

(4)可以为记者赢得思考和即兴提问的宝贵时间。在调查性报道中,一些采访对象为了隐瞒事实的真相而与记者"斗智斗勇"。记者要在这场战斗中获胜,有时候需要思考的时间。很明显,与开放式问题的回答相比,提问要省力得多。因而在对方回答问题的时候,记者可以快速地想出对策。注意:此种情形中,记者处于"心不在焉""假听实想"的状态,因而对方对此问题的回答内容不被关注,一般不会出现在成片当中。

在开放式提问的具体运用过程中应当注意以下几个问题。

(1)要时刻注意记者对谈话控制权的掌控。缺乏经验的记者经常会遭遇的情形是:提出一个开放式问题之后,采访对象便成了谈话的控制者,致使谈话偏离主题。敢于打断、善于打断采访对象的话是一个优秀记者的能力体现，特别是在开放式提问中。

(2) 对特定的采访对象而言，问题的开放程度不能过大。如果你问一个基层医院的医生"你对你们医院的管理制度改革有何看法"，他也许会侃侃而谈；若你问他"你对中国医疗体制改革有何看法"时，他也许就无所适从，不知从何讲起了。

(3) 开放式提问的适用对象多为语言组织能力、表达能力强的采访对象。由于对此类问题的回答范围较大，需要采访对象具有一定的语言组织和表达能力，对于那些面对记者采访时比较紧张的采访对象而言，一个范围较大的开放式提问反而会让对方更加局促不安、张口结舌。

(4) 开放式提问不能成为记者准备不足和能力不足的借口。开放式提问是两种提问方式中的一种，运用得当时会发挥巨大威力。但如果一个记者大部分时间只能问开放式问题，那说明要么他的惰性已经很重了，要么他缺乏做一个记者的基本能力，而前者发展到一定的程度也会直接导致后者的出现。

二、闭合式提问

闭合式提问是有特定指向的提问方式。一般来说，对它的回答往往明确、具体。与开放式提问相比，闭合式提问具有以下优势：一是目的明确，容易获得具体的、有价值的材料；二是谈话控制权始终在记者手中，不易偏离主题。

但是，需要注意的是：

首先，闭合式提问需要记者在采访之前进行精心准备，对事件的前因后果有一个大致的了解和判断。只有这样，才能挖掘出被掩盖的事实的真相。

其次，尽量避免孤立地提出答案为"是"或"不是"的问题。只能回答"是"或"不是"的问题由于其范围过窄，只有在"问题组"里才会有意义。如果孤立地提出此种问题，会使其因信息量过小而失去意义。不仅如此，回答"是"与"不是"问题的采访对象在情绪上不会激动，不会有丰富的表情，这也是提此类问题的重要弊端。例如，曾经有一位美籍华裔花样滑冰运动员随队来中国访问，其心情格外好，我国的一位记者手持长话筒采访了他：

记者：这是你第一次来中国吧？
运动员：是的。
记者：心情一定很高兴、很激动吧？

运动员：是的。
记者：听说你母亲在中国居住是吗？
运动员：是的。
记者：这次回来一定要看看她咯？
运动员：是的。

显然，这样的谈话提问形式是单调的，也无多少信息量可言。一般来说，此种问题之后往往跟着"为什么""怎么说""比方说""体现在哪些方面"等，而后者才是问题的关键。

再次，尖锐的闭合式问题要注意提问的技巧。以下几种方法可以缓和因问题太尖锐而带来的采访对象的不快：其一，假借他人之口，"有人说你……，你怎么看？"这一策略的使用一方面可以表明质疑的依据或来源，使提问更具客观性；另一方面，在维护采访对象面子的同时又可以暗示自己并非"敌对方"，避免因质疑不当或问题过于尖刻惹恼采访对象而导致采访夭折。其二，在尖锐的问题出现之前，先恭维一番。"几年来你的成绩得到了很多人的肯定，但是你怎么解释你没有按照会议的决议去执行？"其三，提尖锐的问题之前先警示，即提醒对方问题可能比较尖锐或"坦率"。比如，鲁豫有一次在节目中需要采访当时正处于风口浪尖的毛阿敏，后者的很多心理、想法是电视机前的观众迫切想要了解的。她们的对话是这样开始的：

鲁豫：其实到昨天晚上我还挺担心的，因为我不知道你做了多大的心理准备，不知道你准备对我讲多少。但我想，如果你来做我的节目，你心里面应该会想到我可能会问得很坦率。

毛阿敏：我知道你应该问一些比较尖锐或者比较坦率的问题。

一般来说，调查性问题以闭合式提问为主，而观点性问题和情感性问题则以开放式问题为主。因此，在事件报道中，应以闭合式问题为主，将总的问题或大的问题剖开，化成若干个小问题，由这些小问题的回答反映出大问题。而在人物报道中，开放式问题则可能显出更大的魅力。

这两种提问很常见，在实际运用中应掌握二者各自的长处，将它们灵活运用。比如某位名人在某地接受采访，首先被问：你对某地感觉如何？这就是开放式提问。可以拉近与被访者的距离，让对方容易回答。接着可以使用封闭式提问，围绕主题进行采访。总之，一句话百样说，问话时要随时揣摩对方当时的情绪、感情、顾虑、喜好,以灵活多样的形式提问。

三、问题的推进

采访中的问题是不断推进的,不断地从一个目标转向下一个目标,从一个话题转向下一个话题。这种内容的推进其实是由一组组的"问"和"答"完成的。借用应用语言学的概念,这一组问答的往返回合叫做"话轮",它是构成整个访问循环推进的基本单元。显而易见,一个层次内部话轮的衔接转换以及各层次之间的话轮转换,是记者驾驭访问进程的关键,而话轮的衔接和转换还是由记者策略性的提问来完成的。所以,在设计采访提纲和采访的临场操作过程中,记者除了要认真考虑提问的范围、方向和逻辑层次外,还应当考虑如何设计关键问题的提问,如何实现话轮的自然衔接和转换,使采访能够按照预先目标顺利推进。

话轮的衔接和转换可以依靠开放式提问、闭合式提问的合理设置和组合。美国传媒学者约翰·布雷迪就曾提出:"采访可以采取两种基本形式:一种像个漏斗,另一种像个倒过来的漏斗。"所谓"正漏斗形式",就是以开放式提问开始,以闭合式提问结束;而"倒漏斗形式"则相反,以闭合式提问开始,以开放式提问结束。

1. 正漏斗形式

开放式提问易于调动采访对象的思维,十分投合那些善于思考、富于创造的人物的心意。但如果采访对象并不愿意主动配合,或者记者的提问目的不是非常明确、焦点不够集中,那么访问对象的回答就容易流于空泛,甚至偏离主题。所以,对于这类采访对象不妨以开放式提问开始,如果其回答不令人满意,则在之后的提问过程中逐渐增强问题的指向性,把"网"逐渐收拢,"迫"其回答。这样的形式符合前面所介绍的"由浅入深,由易到难"的原则,避免了一开始就让采访对象回答艰难问题的尴尬,而采用"诱敌深入""引蛇出洞"的策略。

例如,在《面对面·吴仁宝:解读"天下第一村"》中有这么一段:

王志:工资您可以说不低,奖金您没有用,但是住房怎么不住好一点,大家都已经住上好房子了。

吴仁宝:我这个住房已经很好了,跟华西比我是不好,但跟全社会比,我比他们好,全国87万书记,可能有70万没有我好,我超过他们了,还不满足吗?

王志:你住在好房子里,会影响你做这些事吗?会影响别人对你的看法吗?

吴仁宝:不是,我是考虑我的房子,一是比原来的好,第二是比全国的支部书记住得好,房子已经很好了,有什么不好啊?卫生设备是现代的,就是墙上装潢家具房子破一点,但是破一点,装潢你看见了吗?都是一些领导和我吴仁宝合影的照片,这是无价之宝,看不要花钱,我比起他们花几十万块钱装修的价值还要高了。

王志:话是这么说,但是华西村的实力,大家觉得您还住在这样的房子里,您就是做给别人看?

吴仁宝:就是做给别人看,别人还不肯这样做,最好还有更多的人和我一样去做给人家看,最怕有些人他老百姓那边不服,他房子住得最好,他这个不是做给老百姓看的,老百姓看的有意见的,他是做给自己看的。

王志:你住在这样的房子里,你内心真的感到快乐吗,感到满足吗?

吴仁宝:感到满足,感到快乐,我跟你说件小事情。我有一个重孙,有一个小孩,大家要捐款,大家捐五块钱、捐十块钱,这个小孩出100块,妈妈问为什么出100块钱,他说100块钱,学校里表扬我了,他要面子,他不是要票子他要面子。

王志:您住上大别墅,不是更有面子吗?

吴仁宝:大家做不到的我去做,这就叫面子,大家都去做的,我还比他们做得好的,看看,是面子,这(住大别墅)是没面子。

开头是一个开放式提问,吴仁宝对于这个问题的回答显然不能令"质疑专家"王志满意。所以,接下来他换成了几个闭合式提问,问出了吴仁宝不住好房子的真实目的,进而还了解到吴仁宝内心里那种朴素的"面子观"和幸福观,展现了一个农村基层党支书特有的品质和智慧。

2. 倒漏斗形式

倒漏斗形式以闭合式提问开始。闭合式提问善于掌控采访的线路,但又容易限制采访对象的思维。对于那些在采访开始阶段就有较强表达欲望的采访对象,可以先用几个闭合式提问,使其在心理上明确应该如何配合记者的采访,消除其无尽发挥的冲动。同时,通过这样的提问将其慢慢引至"核心问题",再突然放松限制,"开闸放水",让其尽情表达,而记者则只需坐在一旁,洗耳恭听。

我们来看《艺术人生》节目中主持人朱军对到访嘉宾——歌唱家郭兰英的一段采访：

> 朱军：您嗓音那么好，爱吃辣椒吗？
> 郭兰英：吃辣椒。大家都知道我的家乡山西最有名的是醋，是不是？
> 朱军：对，山西醋。
> 郭兰英：当然了，这个是世界闻名的，但是在我的家乡是"少盐缺醋辣椒管够"。所以从小是吃辣椒长大的。吃完了辣椒嗓子挺好的。
> 朱军：除了您刚才说的"缺盐少醋辣椒管够"以外，好像还有一样特别出名的。
> 郭兰英：戏是吧？
> 朱军：晋剧在那个地方是不是家喻户晓？
> 郭兰英：那是全山西来讲的话，都是家喻户晓，都非常喜爱晋剧。
> 朱军：您小的时候经常看戏吗？
> 郭兰英：看。
> 朱军：对。听说当时是因为有一个算命先生给你算了一卦，说你要吃百家饭、穿百家衣，所以把您送到了戏班里，是这么回事么？
> 郭兰英：有点相似。也不是算命先生，那时候农村里头就叫"神婆"吧，就是跳大神的。我妈妈生了十二个孩子，一打，我是第六个。前面五个全是男的，我是老六，下边又有一个妹妹，但没有活下来。所以我命大，幸运，活了下来。接着又是男孩，全是男的。就因为是一个女的，家里太穷，生下来就没有奶吃。怎么办呢？我父亲给地主扛长活，妈妈是家庭妇女……

在这段采访中，朱军用了好几个连续的封闭式问题，但采访对象的回答并没有局限于简单的"是"或"不是"，总是有一些提问范围之外的东西试图表达出来。可以看出，这是一个爱说故事的采访对象。当然对于家乡的看法以及各种民俗的情况不是节目应该探讨的话题，所以从辣椒到戏到戏班，最后一路到达了主持人真正想问的——郭兰英艺术人生的开端。在采访过程中，闭合式提问易于把谈话的主导权控制在记者的手中，但是一直使用会让节目枯燥乏味，很难有让人感兴趣的亮点。所以在倒漏斗形式中，紧接着闭合式提问的,往往是更为宽泛的提问和提问范围。①

从上可以看出,正漏斗形式使谈话得以深入,倒漏斗形式使思路得以拓宽。但是,在现实的采访中并不都是这样标准的正漏斗和倒漏斗形式,往往有很多变体,比如开—合—开的沙漏形漏斗、合—开—合的纺锤形漏斗,还有一些问题介于开放式与闭合式之间,属于中间性问题。真实采访中问题的组合形式是多种多样的,但是这种"漏斗"式的思路却值得我们重视和借鉴。采访之前,要针对采访对象的特点和采访的目标,制订更加缜密和富有策略的计划;采访时,要随时根据采访对象的心理变化,在连续的对话过程中寻找类似的推进、拓展思路的方式。

第三节 采访中的倾听

倾听并不是放弃记者的发言权,而是一种更加积极主动的策略,以达到"此时无声胜有声"的效果。倾听是要讲求一定的方法的。

一、听要点、理思路

采访中要边听边积极主动地进行思考。思考的第一步就是要了解对方及对方所说的内容。当对方的回答言简意赅、主旨突出时,很容易把握他所说的要点和思路;但是,当对方长篇大论、侃侃而谈时,记者如果不注意条分缕析、提纲挈领,就很容易被采访对象带跑,从而迷失了自己的采访方向,找不到继续提问的合适"接口"。如果这时候还是生硬地根据采访提纲准备的问题提问,就显得非常不自然,甚至采访对象会认为你没有认真倾听。所以,记者在倾听过程中,要学会听要点、理思路。所谓听要点,就是从采访对象的字面意思出发,去芜存菁,听出他所说的核心内容;所谓理思路,就是联系采访对象前面所讲的内容和记者自身提问的要旨,梳理出采访对象的思维脉络。在此基础上,记者就能从采访对象看似游离无序的言语中,掌握其核心意思,并及时捕捉到与提问要求的内在联系,由此找到谈话合适的"接口",并在其自然对接

---

① 陈贝贝.从心理学角度谈人物专访类节目主持人的准备[D].上海:上海戏剧学院,2005.

的基础上,顺势引出新的提问思路。此时,倾听顺势转变为有效的提问,记者也就随即由被动变为了主动。

二、听弦外之音

记者的倾听不能光听表面意思,要能深入话语的背后了解其真实的内容。很多时候,采访对象在谈到某个敏感话题时会有所顾虑,他想说却又担心潜在的风险,于是会换一种方式将其曲折含蓄地表达出来。这种"弦外之音""言外之意"隐藏在话语的深层空间,而且稍纵即逝,记者如果不能及时捕捉,将成为重大遗憾。所以,对于一些相对较敏感的话题和"城府较深"的采访对象,记者在倾听过程中要提高警觉,注意察言观色,时刻留意其语音、语调、措辞、神情的微妙变化,一旦发现信号便穷追不舍,以取得意想不到的收获。

三、捕捉提问切入点

让采访对象愿意说话,这只是倾听的浅层目标,让他们主动说出富有个性的话,则是倾听追求的高层目标。为了达到这一目标,记者要特别注意倾听那些富有特征的细节,尤其是当谈话陷入泛泛而谈、蹒跚不前的困境时,通过特征性细节的发现唤起记者探究的动力,并及时转化为提问。例如,北京电视台记者在采访中国载人航天工程的总设计师、国家最高科技奖获得者王永志时,"因其严谨谦虚,只要谈到航天事业,谈到工作,都会将话题和成绩很快引到别人身上,很少谈自己。同时,采访中涉及太多观众不感兴趣的相关专业,致使采访不易以大众化的视角和普通的方式展开。主持人正是在这关键时刻,以王永志讲述中的一段留学苏联的经历,为他日后的航天事业奠定了基础为采访的突破口,推进访谈展开深入的关键一环。主持人就是通过'倾听'另辟蹊径,发掘了这个既为观众所关注又能引起王永志兴趣的切入点及话题"。[①]

高明的记者甚至能通过细致的倾听发现一些采访对象自己都没有意识到的问题。例如,在《面对面·朱力亚:感染艾滋病》中,主人公朱力亚发表了自己的观点:健康人和输血感染者歧视其他途径感染者是不对的。但是,王志在倾听中发现了一个朱力亚自己都还没有清楚意识到的问题:

---

① 台岚.电视节目主持人采访中的"倾听"艺术[J].当代电视,2007(7).

王志:你是通过性的途径感染,但是我感觉你有意无意,你在强调让我们相信你是正常人,你是无辜的,你是因为正常的恋爱。

朱力亚:可以这么说吧,其实我觉得恋爱没有错。

……

这里,记者通过对这种无意识情感的揭示,更加真实地反映了性途径感染者的社会处境和内心世界。

四、"沉默四秒钟定律"

电视采访中有一个奇妙的"沉默四秒钟定律",迈克·华莱士曾经予以解释:"在电视采访中,最有趣的做法就是提出一个巧妙的问题,在对方答复之后,停止它三四秒,好像你还在等待他再说些什么。你说怪不怪,对方觉得有点窘迫,于是谈出更多的东西。"其实,这个定律也不怪,它是有心理学基础的:沉默几秒钟这种非语言行为常常能给采访对象传递出一些信息——你的回答似乎不够充分;你解释得似乎不够清楚;我感觉关键问题你还没讲到;我对你的话还有一定的怀疑……对方一旦领悟了记者沉默的含义,便不得不继续说下去。

当然,沉默并不一定是刺激采访对象继续说话,它也可能达到催化情感的效果。比如在《新闻调查·羊泉村记忆》中,几名50多年前遭受侵华日军性暴力侵害的山西妇女,勇敢地站出来揭露日军的野蛮行径。当老人抑制不住悲愤,老泪纵横之时,记者董倩没有打断老人的情绪,而是伸出手轻轻抚摸老人布满老茧的手,任老人的情绪蔓延开来。这一段长达数十秒的镜头胜过了所有语言的控诉。当两双反差强烈的手相互紧握时,电视机前的观众无不为之动容。①

五、保持良好的倾听姿态

倾听姿态是倾听行为的外化特征,它给采访对象最直接的印象。良好的倾听姿态包括以下几个方面:① 保持开放式坐姿,不将双手交叉抱于胸前,或者两脚交叉重叠。身体向前微倾,拉近和对方的距离,不要僵直不动,更不要

---

① 徐国源.对于深度报道的新闻话语分析[EB/OL].人民网,http://media.people.com.cn/GB/40628/5711846.html.

身体后仰,紧贴椅背,或者表现出令人反感的冷漠与傲气。② 与采访对象保持适当的目光接触和交流,使对方感觉到被重视和被支持,不可将目光移开过久或四处游晃。但在采访对象感到非常紧张时,也不能过度凝视对方,给其带来压迫感,可适时地将眼神从对方的眼睛移开。③ 辅以"嗯""哦"等语气助词或点头的动作,表示对对方的专注和鼓励,并注意表情的真挚、诚恳与亲切,不可过于严肃,也不可过于轻浮。

对于特殊的采访对象,记者也可以有特殊的倾听姿势,总之一条——要表达出真诚和倾听的渴望。比如在《新闻调查·双城的创伤》中,记者柴静与服毒自杀未遂的孩子——小杨对话过程中,小杨背对镜头趴在课桌上,柴静就侧对镜头,同样趴在课桌上,用手托着腮,关切地看着小杨。这一动作体现出了记者倾听时的小心谨慎以及善意和真诚。

第四节 采访中的回应

所谓回应,是指记者在倾听的基础上对采访对象回答、沉默的回馈和接应。采访中,记者的回应起着非常重要的作用,它往往决定着谈话内容和方向的继续或转换,影响着谈话氛围的营造和保持。同时,回应也对记者有较高的要求,记者要有较高的应急本领,要能够根据采访现场发生的情况,灵活地把事先准备的目标和提纲转变成符合现场语境的问题。

大致来看,采访中的回应有以下一些方式。

一、追问

追问是采访中最常用的回应方式,它紧跟于采访对象的回答而存在,在逻辑上有递进关系,后一个问题与前一个问题的逻辑环环相扣、步步深入,呈现出"追"的态势。采访中,采访对象可能会有多方面的原因导致所提供的信息不充分,比如对记者提问的意图理解得不准确或不全面,或者采访对象自身不善于表达,或者他是故意回避不愿回答等。那么,这时候,记者出于对信息全面掌握和对细节深入了解的渴望,就需要进行追问。追问的问题并不一定出现在事先准备的采访提纲上,但一定是对前一个问题的完善和补充,其思路过渡应当非常自然流畅。

下面的采访是《面对面·于尚清:第十一颗炸弹》中的片段:

记者:炸弹在哪儿呢?什么样的?

于尚清:第二个在消火栓里,那个没绑煤气管道上,小的,不大,能有四个烟盒那么大,底下有一个大的,这么粗。

记者:两个放一块了?

于尚清:一上一下。

记者:还是你一个人?

于尚清:还是我自己,我心里就害怕了,心里就哆嗦了,身上就哆嗦,浑身哆嗦,就剩两根线,拽不好,拽任何一根都会响的,我就想怎么这样呢,再说这是个传呼机(引爆)啊,我看传呼机还蹦字呢。

记者:还在动?

于尚清:还在动,传呼机号还嘣嘣的,灯还亮着。然后我又挂上一根线,我害怕一拽再响了,我干脆两线一起绑吧,拽一把得了,绑完以后我躲在柱子后边,狠狠一拽,嘭一下子,响了。

记者:炸了?

于尚清:炸了,但是我挺侥幸,我认为我还特别聪明我那阵,还是挺高兴的,一冒烟,跟前全是烟,一看传呼机,药炸了,传呼机还是好的。

记者:传呼机还是好的?

于尚清:药量小,不大,我认为是通过这个药把底下那把包药(引)炸了以后,是这么炸。

……

拆弹专家于尚清并不是一个善于言辞的人,可以看到他的回答都很简短,仅仅围绕记者的提问而不会主动将信息拓展开来,对故事进行详细的介绍。于是,王志通过若干个步步紧逼式的追问,将事件分解成若干个具体的细节,使采访对象对事情的回忆有情、有景、有细节。

追问应与采访的主干话题紧密联系,不要在无关紧要的小问题上纠缠不放,否则将造成双方关系的紧张。当采访对象出现尴尬而实在不愿意回答时,也应该根据情况适当"收住",对方此时的表现已足以说明他的态度。例如,下面一则采访是《新闻会客厅·陈永正斗"熊"记》中的一段,我们认为其中的追问并不合适:

沈冰：……我突然想到一个挺古老的题，可能有点像。我不知道你听过没有，说是有一个人和他的太太，还有母亲，有一天风和日丽，泛舟河上，突然狂风大作，这个人很不幸，他的太太从这边，他的母亲从这边掉到水里去了，然后距离相等，两个人都不会游泳，同时向他求救，儿子，这边老公，要是你救谁？

陈永正：我看我自己跳下去淹死算了。

沈冰：好，这是个高招，不过我相信你不会这样，这是逃避责任。现在只能让你救一位，你救谁？

陈永正：你不是让我闹家庭革命吗？

沈冰：放心，我确保另外一方不会看到我们的节目。

陈永正：我觉得看事情还是要看长远的，全面的影响。

沈冰：现在就是你妈和你媳妇。

陈永正：不管救谁，要希望最后的结果损失是小的，长远的效果是最好的，我不能回答这个题目了。

沈冰：你就给我一个简单的回答就好了，其他的我不明白。

陈永正：我不能回答，我自己跳下去淹死算了。

沈冰：我明白了，其实陈先生在家里挺惨的，又怕媳妇，又怕妈。

陈永正：我这是开玩笑，我是很怕老婆的，另外我对母亲当然也很尊敬，所以两个人不能得罪。

沈冰：所以是两难境地。到最后两个人都没了，这是你最大的损失。

陈永正：对，只能救一个，长远来讲——

沈冰：你现在的结论是谁也不救，而且把你自己的命也搭进去了，本来损失一个，现在损失三条命，我明白你的答案了。现在换一个场景，因为我们刚才讲的"非典"，作为老总，肯定一方面要考虑到员工的安全，另外一方面考虑公司的业绩，假如说现在这个太太就是天天和你相处的你的员工，母亲就是你非常看重，你的老板也很看重，并且你的公司也非常非常在意的业绩、利润，你能给一个明确的答案吗？

陈永正：员工。

这里，沈冰本想通过比喻增加节目的趣味性，但采访对象拒绝合作，沈冰没有及时停止反而一直追问，在这个无关紧要的小问题上纠缠，不但跑题了，也使采访对象感到无比尴尬。①

二、质疑

质疑是记者针对采访对象的回答提出的否定性或怀疑性问题,旨在传达记者的否定、怀疑态度,要求对方做进一步的回答以消除疑义。质疑有这样几个特点:一是立场性。它应该是站在和采访对象位置相对的观众的立场上进行提问,从常理或普通人的思维方式出发考虑问题。二是针对性。质疑一定是针对采访对象所说的某个内容,比如针对违背常理的地方、针对采访对象解释不清的地方、针对回答前后矛盾的地方、针对广泛传言而对方又予以否认的地方等。三是冲突性。质疑性问题往往比较尖锐,通过差异性或相反的观点去刺激对方,迫使他做出回答,有时可能还会有损对方的"面子"。

在实际采访中,质疑并不一定都是有疑而问,有时记者就是明知故问,有意制造一些冲突,跟对方"拧着干",使其不得不做出一些辩解、澄清。这样,记者就能获得一些不同于以往的回答,挖掘到不为人知的新闻背后的新闻,从而达到对新闻事件的深层探析,对新闻人物的深层解读。同时,由于存在观点的冲突和碰撞,采访过程会更加具有"可看性",对观众也具有更大的启发性。

以《面对面·吴仁宝:解读"天下第一村"》为例,2003年7月,当了40多年华西村"当家人"的吴仁宝宣布退休,由他的儿子吴协恩接任。于是社会上有很多疑问:吴仁宝是否在搞"世袭制",是否在把集体资产变成家族企业?华西村靠什么称富天下,其辉煌是真实还是幻影?王志在采访时,把观众最欲知晓的这两方面确定为质疑点。围绕质疑点,层层发问、步步紧逼——"前一段时间我还记得你在说,要干到80岁,什么原因怎么就突然决定要退下来呢?""大家有可能怕你,都投你的票?""吴协恩接任你的支书,那他有什么特点,他有什么能力接你的班?""您儿子有这个能力,那您怎么说明别人没这个能力呢?""这个问题我们可以帮华西的老百姓来提一提啊,您是不是把它当作家族企业了?""那你怎么要求你的子女,怎么能保证他不把公家的利益或者大家的利益放到自己家族来呢?"果然,在王志的密集火力之下,吴仁宝解释原因的愿望被调动起来。他理直气壮地回答:吴协恩即使不是我的儿子也照样当选,他的位子是花两亿元"买"来的,五年给集体赚了两亿,上税八千多万,大家服

---

① 邬心云.电视谈话节目主持人语用问题研究[D].广州:暨南大学,2005.

气,所以大家投票选他。①

值得注意的是:质疑并不等于挑衅!记者是代表观众进行发问,其质疑点应当是客观和善意的,它不是从记者的主观感受出发,丝毫不容忍采访对象与自己不同的观点和感受。正如 CBS 著名记者丹·拉瑟所说,"提问强硬的名声正是我愿意具有的,与人作对的名声却是我要避免的"。此外,对于质疑问题的把握,也要注意话题的难度和采访对象的行事风格,有时过度的质疑会让对方紧闭门户,从而导致适得其反的效果。质疑的同时,更要注意自己的倾听姿势,包括目光、表情等,在语言犀利的同时,利用非语言因素给对方"扶一扶"的感觉。

三、打断

一般来讲,打断对方谈话并不符合倾听的要求,显得对采访对象有些不尊重。所以,除非万不得已,不要轻易打断对方的谈话。一般来看,打断对方的情况有两种:一种是发现对方所讲内容中有一些难以理解的东西(比如过于专业的术语),于是打断他,让他解释一下,这叫暂时停止(pause);另一种是因为对方跑题了,让其停止(stop),转移话题。

第一种情况记者必须果断地打断,不要觉得不好意思。因为如果对方说的东西难以理解,对于记者来讲,就难以在同一层面进行对话;对于观众来讲,这一段信息就完全变成了无用的信息。比如,杨澜采访联想集团前董事长柳传志时有这样一个片段:

柳传志:联想不是强调说要不入模子吗,他(赵令欢)不但进入模子,而且帮助联想改造了模子,这个应该讲是个……
杨澜:什么叫改造了模子?
柳传志:就是他有一些想法。

这种情况要注意以下几点:① 不要在对方刚说了这个词(比如"模子")时,就立即打断。应当等对方接着说了两三句之后,并没有主动解释的情况下再行判断。② 打断时态度要谦虚,语气要柔和,同时可以结合皱一下眉头、明

---

① 叶子,李艳. 交流因质疑而生动——《面对面》栏目的传播特色[J]. 媒介研究,2004.

显吸气、身体前倾、稍抬一下手等动作,让对方明显察觉到你的意图。③ 提问要非常简单,以方便采访对象回答完疑问后,赶紧接着刚才的思路讲下去。

第二种情况是对方"跑题",尤其是当采访对象情绪比较高涨之时,往往一发不可收拾,所讲内容越来越远,甚至离题万里。究其实质,是对方提供了过度的冗余信息。在采访中,适度的冗余信息有助于节目内容的丰富,有助于观众的接受和理解,但是冗余信息一旦过度将会走向反面的效果,将有碍于采访目标的实现和主要内容的凸显。同时,冗余信息的产生常常又是难以避免的,采访对象说话通常有自己的动机和逻辑,只有自己的动机得到了满足,他才会主动回到记者的逻辑要求中来。所以,记者在试图打断采访对象之前,要进行判断:对方提供的冗余信息是否过量,对方是否有继续按照自己的逻辑说下去的意思,采访的时间是否还比较充裕,是否到了非打断不可的程度。

具体打断的方法有以下几种。

(1) 礼貌打断。就是等待采访对象的表达告一段落,在其将要继续说而未说之时,赶紧插话:"好的/对,让我们回到刚才的话题/让我们再聊一聊××的问题",或者先对对方所说的内容做一个简单的总结或点评,以表示对对方的肯定,然后再转移话题。这种打断的方法比较自然,也比较礼貌,一般不会引起对方的反感,同时也将采访的主要目标和谈话规则向对方做了暗示。

(2) 巧妙打断。这种方法是要寻找合适的"接口",从"接口"处断开,转移话题。所谓"接口",就是采访对象所说内容中与记者想问的问题相通的信息点。记者要机警地抓住这个点插话进入,"你刚才说……/你说的这个问题似乎比较有趣,那我们就来说一说这个问题"。这种方法既起到了打断的作用,同时也向对方表达了自己的兴趣以及真正感兴趣的方向。

(3) 直接打断。当采访对象一直没有停下来的意思,而记者没有找到好的方法礼貌打断或巧妙打断的时候,就只能比较生硬地直接打断了。当然,记者也要注意寻找"语间空隙",也就是抓住对方说话的停顿或者内容的某个可能结束之处,及时插入,直接开始一个新的话题。这种方法虽然有些生硬,但还是实现了采访对象的话轮和记者开始的新话轮之间的"无缝对接"。有时我们偶尔会看到一些更直接的方法,就是直接叫停,给对方一个明显的叫停标志——"停/打住!……"。比如,王志采访于丹中的一段:

于丹:……现在全世界的人都知道我热爱周杰伦。
王志:全世界说了,我们想听于丹说是不是真的?
于丹:这件事情你怀疑吗? 你先告诉我你为什么怀疑这件事,你认为我不该喜欢周杰伦?

　　王志:我想知道为什么,我不怀疑。

　　于丹:我告诉你喜欢就是喜欢,……但其实解读周杰伦应该在很多元层次上,我觉得那里面其实传递出来是一种价值,是一种解构。

　　王志:何以见得?

　　于丹:现在有很多人把周杰伦跟传统文化对立起来问我,说我们年轻的孩子都去听这种流行歌曲了,然后你再讲《论语》、讲《庄子》,你怎么样才能用这种传统文化的核心价值去影响现在的孩子,我很坦率地告诉他们,我认为周杰伦和方文山,某种意义上,跟我做的事情是殊途同归的……

　　王志:好,打住了,我真信,你是真喜欢。

　　这种命令式的打断需要格外谨慎,搞不好会让对方特别反感,除非你可以判断出:① 采访对象自身也认为这一段是题外话,并不那么重要;② 你和采访对象比较熟悉,采访时关系已经足够融洽;③ 你这种犀利的采访风格大家都很熟悉,包括采访对象在内。尽管如此,直接叫停的方法还是应该慎用。

　　以上介绍的是几种打断的方式,除此之外,还有两点需要强调:第一,要注意打断的频率和次数;第二,当记者实施打断对方却提出了继续说的要求时,记者一定要给予满足。因为"打断"其实是一种话语权的剥夺,不给对方说话的权利是不公平的,而且将会从根本上动摇新闻的客观性。

四、认可

　　所谓认可,可以是比较简单的非语言信号,比如点头、微笑、鼓励和期待的目光等,可以是"嗯""啊""噢"等语气助词或"对""是""很好"等肯定性词语,还可以是对采访对象所说内容的肯定性点评。认可的回应方式,主要向采访对象表达三层含义:① 表示自己正在认真倾听对方的表达,并且已经理解;② 表示对其表达内容的同意、认可和赞许;③ 表示鼓励和希望,希望对方继续说下去。

　　比如,杨澜采访金庸:

　　　　杨澜:在您领取香港艺术发展局文学成就奖的时候,您曾经说了一段话,你说:香港的文学作品的确带有很强的商业性,但是不因为它有商业性就不是一种艺术。而且,您还谈到有些评论家认为越是通俗、越是受欢迎的作品,越是上不了档次?在这里能不能给我们谈一点您对通俗作品的看法?

金庸:这是世界上文学评论家的普遍风气,我是不赞同的。毛主席说过:文艺应该为工农兵服务,越是大众化的,作用越强。但是现在评论家认为越是为工农兵服务,越是不好的作品,这个想法我个人不同意。

杨澜:其实在文艺界这个现象蛮多的。像电影界,一些独立制片人以完全很晦涩的艺术语言来表现的故事,好像也被人标榜到一个很高的档次。而相反,一般娱乐片反而被人说成……

金庸:电影得奖的,或评论家喜欢的,群众不一定喜欢,或群众根本看不懂。你要得奖,就必须是评论家喜欢的这种,文学界也有这种情况。……

在金庸表达完对某些评论家的不满之后,杨澜通过一个认可式的回应,把批评的范围拓宽至电影界,从而引发了金庸在更广范围内的思考。

五、总结

总结就是对采访对象的回答进行概括和提炼,一般在采访对象进行了长篇大论或者其回答不够清晰的情况下使用。应该注意的是,采访中的总结不是会议上领导做的总结报告,一定不要给采访对象以结束感,以免造成冷场;同时,一定要注意简洁凝练,而且在态度和语气上仍要保持对话的感觉,不要给采访对象一种居高临下的压力。

具体来讲,总结的作用有如下几点。

1. 表示确认

有时采访对象围绕提问会做大段的回答,尽管其内容是比较精彩的,但是由于其冗余信息较多,让人无法一下子理清思路抓住重点;或者有时对方的表述比较专业,或使用的语言技巧比较复杂,一般人难以十分准确地领会其意思。而电视线性传播的特点是稍纵即逝,它不像报纸那样能让观众对采访内容进行反复的琢磨,所以此时记者需要及时干预,用最简单的词语或句子进行一下总结,一方面向采访对象进行确认,"我领会的意思对吗?"另一方面也通过总结方便了观众的理解。

比如,王志采访于丹:

> 王志：他（易中天）对你赞誉有加啊，于丹比我强，于丹怎么认为呢？
> 于丹：我们俩都不是那种抱有非常鲜明目的的人，在我们这种讲述方式中，个性的色彩、个人生命的激情和个人的这种视觉可能会更强烈一些，所以其实，我想我跟易老师最大相同的地方，就是用心多于用脑，诚意大于技巧，别人可能会觉得我们的这种语流是比较流畅的，但是我们俩在底下说话就是这个样子。
> 王志：本色？
> 于丹：本色更多。

2. 表示质疑

有时候，针对记者的尖锐问题，采访对象可能会通过偷换概念、含糊其辞、游移不定、加进大量冗余信息等方式不予正面应对。这时候，记者出于礼貌不去主动打断他，但是在他回答结束后，记者则将其隐含于其中的观点用最浅白的话直接表达出来，向他表示确认或质疑。

比如，王志采访"打假专家"王海：

> 王志：王海不会做没有利益的事情，你的利益是什么呢？
> 王海：我的利益，我想我们大家对利益还是不要用狭隘的眼光来理解，我的利益包括物质利益，也包括精神利益，都包括。
> 王志：你在告诉我你只注重精神利益？
> 王海：不，我是在告诉你，我做这件事情本身，本身我们追求的利益不仅仅是物质利益，也追求精神利益。因为这是一个维护公共利益的事情，当然我们也希望能够从立法活动中，我们能够希望找到更多的商业机会，但是这只是希望，和我们所做的工作没有必然的联系。

王志所谓的"利益"其实是指单纯的物质利益，而王海则狡猾地偷换了概念。于是，王志通过总结再次向其表示质疑，使其做了进一步解释。

3. 调整节奏，承上启下

当采访对象谈话兴致很高时，他往往会发表长篇大论。过长的表达需要把它分段，否则观众听的时候会产生疲劳。总结就可以起到这样的作用，一方面对前面所讲的内容进行提炼，点明其中心含义，并做出停顿；另一方面对采访对象也有一定的引导作用，引导其往特定的方向去说。

比如,《可凡倾听》主持人曹可凡采访余秋雨:

曹可凡:在那段时间您还能像现在人们在学校里一样正常地做学问啊,写文章啊。

余秋雨:不可能,不可能,这没有一点点可能,真正让我完整的读书做学问的时候呢,是一个非常有趣的机遇,这和我一生的一个重要机遇有关,就是在"文革"后期,全国都在所谓"批邓"的时候啊,当时突然我有一个老师,叫盛钟健,到上海来看我,就是我肝功能不正常,GPT不正常,所以我就干脆离开了。后来我的老师说,怎么办,到乡下去,他和我同一个家乡,浙江。但是我的祖母也在乡下,我的祖母年纪那么大,不能照顾我,我也不能照顾我的祖母。这样的话他通过那个文化馆的一位大姐,还有一位画家,找到奉化的一个山上,他说有一个破楼当中有一间四平方米的小房子,这个小房子可以腾出来让我住在那儿,那儿空气很好。还有山底下有一个小食堂,你可以去吃。这样,我觉得非常感谢这位老师。但谁也没想到,这个老楼居然是蒋介石的图书馆,我觉得这完全是上天对我的恩赐,蒋介石曾经多次嘱咐蒋经国说在这个楼里多读书,而且这个书集中得很好,有好多,《四部备要》《四部丛刊》都有,在那儿都有,现在的《东方杂志》《万用文库》都是在那儿……

曹可凡:可以说传统文化的根基实际上就是在那个时期打下的。

余秋雨:原来有一点,这个地方把它补完整了,然后我突然发现现在改革开放的时代来到了,改革开放使我更多地要了解外国,了解世界。那么这个学问呢,我不能根据现在报纸上这么报道来看,要从根子上来,所以我很明白要从古希腊读起……所以就有了第二次的习作和苦读,所以那一次在奉化的苦读,其实对我是一次启发。这就出现了第二次,所以第二次苦读以后人就不一样了。

曹可凡:实际上可以说您后来的苦旅源头就是这次苦读。这次苦读是很重要的。

余秋雨:对,苦读,也是一次否定啦,就是说我第二次苦读是对第一次苦读的扬弃。所谓扬弃就是说,我吸收了苦读,但是又觉得它的知识太中国、太古典。那么这两次苦读以后,我又感到我书是读了不少,也写了很多,但是我缺少的是现场考察。美国的学者所说的田野工作,我觉得太少。因为太少,我觉得当代学者如果老是从书本来、书本去,老是在苦读的话,就不太像现代学者。我后来就慢慢地了解好多世界学术动向,他们的很多真正的成果来自于现场考察,所以我就开始现场考察。在现场考察过程当中,当然我就有一些关于罗西的论文什么的。但是后来副产品变成了正产品,副产品就是我在考察过程当中的文化感受,越来越强烈,所以就写成了这些文章。

当然,这种类型的总结要找准时机。记者要准确判断:对方的表达在内容上,这个意群是否可以结束;在语气上,是否可以停顿。然后再及时插入,接过说话权。

对于现场直播的采访,总结除了有提炼、回顾的作用外,还可以起到救场的作用。比如,主持人的话已经讲完,而这时后方又没有新的信息提供,这时,他可以通过适当的总结缓解时间压力,等待导播的提示。

六、重复

重复是一种邻接回应,也就是对采访对象所说的最后一两句话进行的回应。它有和总结类似的作用,比如:

第一,表示惊讶,向采访对象进行确认。如《新闻调查·"非典"袭击人民医院》:

> 记者:天井值班那些护士怎么办?
> 牛小秀:那些护士我们就是两个,就是口罩。
> 记者:只有口罩?
> 牛小秀:只有口罩。我们护士问过我,怎么回事,说怎么没有隔离衣呀,我说确实领不来。

第二,表示质疑,这是在惊讶的基础上,进一步表达了不相信、不理解的态度,希望对方给予详细的解释或辩解。同样如《新闻调查·"非典"袭击人民医院》:

> 记者:你把这个门关上之后,心情怎么样?
> 朱继红:当时是一种愉悦的感觉。
> 记者:愉悦?
> 朱继红:因为终于把这个门给关上了,保护医生、保护护士、保护工作人员,也保护那些可能不发烧的病人,关这个门的时候心情还是很愉悦,

一种完成任务的感觉,你当时觉得关上这个门,急诊室就安全了,真的当时是这么想的。发烧门诊也开了,天井也关了,该安全了吧,没有污染源了。

第三,表示强调或好奇。当记者在听话的过程中感觉到对方提到的某一点比较重要,或者比较值得玩味,就可以通过重复予以强调,要求采访对象详细讲,同时引起观众的注意。比如杨澜采访谭盾:

谭盾:我一直打算把武侠音乐的三部曲衍化成芭蕾三部曲,我觉得这会很有意思。

杨澜:芭蕾三部曲?

谭盾:我觉得芭蕾正在消亡之中,如果大家再不注重芭蕾,再过十年它就会消亡。武侠的三部曲跟芭蕾结合在一起的话,可能会有一个很有意思的未来。

第四,表示正在倾听。与前面几种用法不同,这里的重复通常不是疑问句,而是语气相对平缓的陈述句。它不是对采访对象某个讲话内容的特别强化,只是一种顺承接应关系,相当于"哦,是这样,然后呢……"它通常用在对方暂时停顿但似乎又有意思没有表达完的情况下,同时应给予期许的目光,希望对方继续。如王志采访拆弹专家于尚清:

于尚清:翻过来看还有一个传呼机,那个传呼机灯也亮着,嘣嘣亮着灯,我说完了。

王志:你刚开始以为它是一包炸药,和上面连在一起?

于尚清:我认为是一个。

王志:你认为是一个。

于尚清:我认为是一个起爆装置把这个炸药炸了,不是那回事,是两个。我说我完了,我说你们俩有多远跑多远,快跑。王队长在我身后跑了,张队长在我旁边也挡着,他也跑不掉,我说你不跑我跑,我跑到一楼半。

七、征询

征询就是征求询问的意思,一般以"是不是……""能不能……"等类似的句式出现。当采访对象在提到一些关键细节、专业术语或者重要的人名、地名或数字时,记者便可以用疑问句征询对方:"你是不是这个意思?""能不能这样理解?""如果这样说,……,对吗?""换句话说,是不是……"这样做,一方面可以使信息更加明晰化,加深观众对这些信息的理解;另一方面,可以让采访对象对所述内容进行检验、确证。

除了语言的征询,有时还有动作的征询,比如《新闻调查·命运的琴弦》里典型的例子:音乐家宋飞向记者拿出当时她自己用DV录下的考试现场的画面。当放到一个有严重技术失误但是排名却很靠前的考生画面时,柴静以非专业人士的角度询问二胡演奏家宋飞:

记者:这是在重复吗?

宋飞:对,她在拉不下去重复一个地方,这相当于做体操你从器械上掉下来,爬上去再接那个动作,又掉下来。

记者:你的意思是说这是严重的技术失误?

宋飞:对。

记者:能不能再倒到刚才那个段落,让我们再听一遍?

宋飞:好。

宋飞(放录像):(断)一次、两次、三次,她是从她刚才那个地方重来,重来,又重来了三次才顺下去的。

"你的意思是说……"这是一次语言征询,紧接着为了让观众看得更明白,柴静又要求对方重复播放了考生失误的地方,这就是动作的征询。这样的安排并不是拖沓,而是很好地利用了全感采访的方式。这也证明柴静在核实事实的时候是非常细致的,她会放大某些关键性的环节,从而在对方的详细解释中反复核实,并且也在无形中给予观众强调的作用。①

八、对述

所谓"对述",是相对于采访对象的"单述"而言的,是两个人相对叙述、共同叙述的意思。具体来讲,就是在采访对象叙述结束之后,记者继而相对应地

---

① 邹葜. 女性话语风格的突围——《新闻调查》编导范铭、记者柴静作品分析[EB]. 央视国际网站.

发表自己的观点、感受或经历,从而进一步引发采访对象的回应和引申说明。一般来讲,对述不像直接提问那样给人一种强迫回答的感觉,它显得比较自然和谐,就像两个好朋友在促膝谈心,在相互启发,引起共鸣。

比如,杨澜采访时任香港特首曾荫权先生:

  杨澜:你看时间过得这么快,十年的时间都过去了,回顾这十年,你觉得香港,特别是香港人发生最大的改变是什么?这十年。
  曾荫权:最大的变化就是我们香港人了解我们是中国人。我们对将来的发展有信心,很清楚地记住前途是什么东西。因为有了我们的坚持,可以维护香港作为一个国际金融中心的地位,在这个方位一定可以做很多,为实现国家现代化。
  杨澜:而且我感觉香港人有一个很大的特点,就是他们能够适应环境的变化,而且在不同的环境下,都能够全力以赴做到自己的最好。
  曾荫权:我对香港市民有信心,他们有一股很大的力量,他们有永不言败的心理,斗志很强。特别是困难到的时候,他们可以埋怨,讲了很多苦,我们很苦,我们很苦,但是他们继续地做下去。我对香港人有个信任感,我感到代表他们是我的骄傲,所以一贯的信心这几十年跟着我,对我是很大的动力。

也有记者利用节目公开播放的压力,在陈述真实事件或发表观点评论时隐含着问题,迫使采访对象不得不正面回答。比如,"非典"时王志采访王岐山:

  王志:我非常同意你这个说法,一定要控制传染源,但是按照你这个说法,在我这个想象中几乎是不可能的。
  王岐山:不!现在就要把不可能的事情变成可能才能赢得这场战争,难度在这儿。我们决心在这儿……
  王志:我们眼里看到一个很镇定的市长、一个很坚定的市长。但是另一方面我们看到北京感染的人数在不断地上升。
  王岐山:这个传染病它有一个规律吧,我觉得这个事情,我刚才说了,谁去预测这个数字?在当前这个条件下,谁都近乎是一种赌博,是危险的。但是说实在的我们也在分析,并不是完全没底数的。[1]

---

[1] 盛永生.电视谈话节目的话回类别与功用[J].修辞学习,2005(2).

不过,这种对述因为隐含了对立的观点,所以似乎比直接提问还要更加咄咄逼人,因此使用时要格外注意。

此外,在对述中记者尤其不能忘记自己的身份和作用,千万不能喧宾夺主。记者的叙述仅仅是一种引发采访对象说话的手段,不能把它当作炫耀思想、表达才能的机会。

思考题

1. 记者在采访前,需要做哪些准备?
2. 开放式提问时应注意哪些问题?
3. 比较"正漏斗形式"和"倒漏斗形式"这两种提问形式。
4. 采访时,记者应该如何倾听?
5. 采访时,记者可以通过哪些方式对采访对象进行回应?

第六章 电视深度报道中的观察和拍摄

对于电视新闻而言,观众主要是通过视觉感知信息的。那么,观众所能看到的信息来自哪里?毫无疑问,首先应来自记者的观察。只有记者观察到了有价值的信息,他才会通过摄像机将其记录下来,继而才能在电视屏幕上播出。也就是说,记者的"所见""所拍"决定了观众的"所得"。同时,记者的"所见""所拍"全面不全面、清晰不清晰、仔细不仔细、准确不准确,也直接关系到新闻报道的成败。

第一节 观察的方法

无论是采访记者还是摄影记者,观察都是有一些方法可循的。只有掌握了方法,观察才能取得良好的效果。

一、明确记者的角色定位

在不同的新闻题材中,记者往往给自己确定不同的角色定位。这不但决定了观察的主观视角,也决定了记者与采访环境的互动关系。角色定位得当,可以减少观察的困难,增大观察成功的可能性;角色定位不得当,则必定导致观察的失败。所以,确定恰当的角色定位是记者观察采访前的首要任务。记者的角色定位一般有如下三种。

1. 旁观式

旁观式是指记者以"旁观者""目击者"的身份出现在现场,以中立的视角和立场观察新闻事实。在这种观察方式中,记者的身份往往是公开的,但不干预、不介入新闻事实,让新闻事实按自身的规律去发展。这样的角色定位比较客观,并且适用于大多数的采访场合,因而是最常见的一种定位方式。

但需要注意的是,一些采访对象不习惯记者在一旁进行观察,容易产生紧张心理,导致行为造作、不自然。这时,记者应加强与对方的沟通,让他不觉得记者是外人,从而解除心理上的戒备,展现出自己最常规、最自然的行为状态。

2. 参与式

参与式是指记者参与到新闻事件之中进行观察,自身既是事件的一个当事人,又是事件的观察者。由于记者参与了事件,对实际情况有亲身感受,所以容易获得一些体验性的信息,也容易使报道更深刻、更有感染力。比如,在抗洪救灾现场,记者与解放军战士同吃、同睡、同战斗,可以更深刻地了解沙袋的重量、洪水的深浅和流速、战士体力的消耗;在一次警方抓捕毒贩的行动中,记者参与进来,并肩扛三十多斤重的摄像机与干警一起连续守候了三个冬夜,将抓捕行动的艰辛与警察的智勇双全表现得淋漓尽致;在印度洋海难灾区,记者和搜救队员一起顶着高温和潜在疫情的威胁在废墟和尸堆中寻找幸存者,使新闻有了更大的感染力。

当然,记者的参与也要把握好度,不能由"观察者"变为事件的"导演者"。在一次抗洪报道中,某电视台为了表现解放军战士"舍小家顾大家"的高尚精神,做了这样一次导演:首先,让抗洪部队提供一位战士的家庭电话、家庭住址;然后,记者兵分两路,一路前往抗洪前线,一路前往这位战士的家中。前线记者在大堤上找到了正在抢险的战士,掏出手机问:"想不想打个电话回家?"而电话的另一头,另一路记者正和其家人坐在电话机旁等待。参与的目的是体验,而不是摆拍,像这样的参与不免有些过于刻意了。

3. 隐匿式

隐匿式就是记者不公开自己的身份,以隐蔽的方式到新闻现场进行观察。其实,它就是隐性采访中记者采取的角色定位。随着舆论监督的加强,特别是批评报道的增多,这种定位的使用频率越来越高。

二、努力深入现场最前沿

一位战地记者曾经有这样一句名言:"如果你拍的照片不够好,那说明你离炮火还不够近。"同样,对于普通的电视记者来说,要想观察、拍摄到最真实、最生动、最有冲击力的画面,必须努力深入到新闻事件的最前沿。那里是各种新闻元素最活跃的地方,而且"人迹罕至",有着一般人想不到,更看不到的精彩,因此可以看作是新闻的"富矿"。

1998年抗洪救灾时,中央电视台两位记者前往第一线进行采访。"有一次在采访途中走到一个镇子的时候,前面的道路被洪水淹没了,其他人见此情景便打道回府了,而我和老邢则留了下来,经过反复寻找,最终借到了一只小舢板继续往前走。划了一段时间后我们的眼前出现了一幕令人惨不忍睹的景象:村庄已经被洪水淹没,水面上到处漂浮着家畜、家禽的尸体和各种生活、生产用具,几只劫后余生的猪、狗孤零零地在房顶上四处觅食,从那些露出水面的屋顶和电视接收天线依稀可见这里曾经是个规模庞大、生活还比较富裕的村庄。这是当时我到大庆市后见到的灾情最重的场面。划着小舢板查看了几户人家,从露出水面不足20厘米的玻璃窗向屋里观察,我发现只有一家住户的贵重物品还在屋里,其余的几户人家似乎都提前把贵重家什搬走了。留意了这一细节后,我看见附近的一只舢板上有几个村民便靠上前去询问,得知在洪水到来之前,当地政府已经组织村民安全撤离了,没把贵重物品搬走的是一位村干部,因为他连续数日一直在抗洪前线参加抢险,根本没有时间回来搬东西,所以他家的所有物品全部被淹在了水里。而此时此刻就在我们来到他家的时候,这位村干部依然还坚守在抗洪前线的岗位上……"①

如果两位记者和其他人一样"见此情景便打道回府",就没有这些感人、震撼的情景的发现,也无法达到这般成功的宣传效果。

能不能深入现场最前沿,是最能考验一个记者是否具备敬业精神和胆识魄力的。当然,也不是说记者要专门往最危险的地方钻。一些危险系数过高的地方(比如爆炸点、泄洪口)还是应该三思而行,毕竟生命是最可贵的,况且生命若不能保全,再精彩的内容也不能带回来。

三、观察视角宏微兼顾,更重微观

记者每到一处,一般先要"走马观花",进行一番宏观视角的观察;然后再"下马观花",进行微观视角的观察。所谓宏观视角,就是从总体上把握,进行"全景式""中景式"的观察。由于它的视野开阔,所以可以更好地把握事物的总体面貌、基本特征,以及事物彼此之间的关系。同时,通过宏观观察,记者可以选择下一步的观察重点,避免无的放矢。所谓微观视角,则是从局部探寻,进行"近景式""特写式"的观察。这种观察便于更清晰、更具体地把握事实,而且更容易抓住那些具有本质意义和个性特征的材料。

---

① 梁建增,关海鹰.见证《焦点访谈》[M].北京:文津出版社,2004.

光进行宏观观察,有如雾里看花,只能观其大致,难以把握真切;光进行微观观察,则易似盲人摸象,认识片面,有失偏颇。所以,观察的视角应该宏微兼顾。同时,我们需要更为强调微观观察。一方面是因为,宏观观察相对简单,而微观观察较难,它更能考验记者的专注力、敏锐力和思考力;另一方面是因为,电视新闻必须通过具体的形象、生动的细节来吸引观众。

四、注重边观察边思考

本章开头就讲过,观察不光是用眼睛看,还要用大脑积极地思考。看只能"知其然",而思考则可"知其所以然"。所以思考对于探寻事实真相的记者来说,是至关重要的。

美国哥伦比亚大学教授麦尔文·曼切尔曾经提出:"记者必须学会用孩童般的眼睛观察世界,他把每件事情都看作是新鲜的、各具特点的,同时他必须用聪明长者的眼睛观察世界,能够区分出有意义的东西和无意义的东西"[①]。曼切尔要求记者的观察,一要敏锐,善于在司空见惯中发现新奇;二要深刻,能够洞察事件的实际价值和内在意义。其实,这就是强调思考的重要性。只有思考,才能在观察中发现问题,有了问题,事实才变得新奇;同时,因为思考,记者才能将诸多新闻要素一一分析、研究,从而使事件的内在意义了然于心。

采访中的思考有如下几种方式。

1. 联想

联想就是由此及彼,由眼前看到的事物想到其他有关联的事物,有历史的联想,有同类事物之间的联想,还有相关背景的联想。它可以激发记者的想象力,开阔记者的观察视野,还可以加强报道的广度和深度。

1999 年中国新闻奖的获奖作品《小水饺挑战大市场》就是联想观察的典型。常州的快餐店"大娘水饺"在饮食业中异军突起,甚至还在多地开办了连锁店。这一现象引起了常州电视台记者的关注:什么原因使"大娘水饺"如此火爆?他们联想到在中国抢尽风头的洋快餐——肯德基和麦当劳,又联想起同样是水饺快餐店但却败走市场的几家中国品牌,它们成功和失败的原因分别是什么?带着疑问,记者进行了进一步的观察。他们发现"大娘水饺"和洋快餐一样,从水饺的制作、服务的方式、店堂的布置到员工的服饰都实行了标

---

① [美]麦尔文·曼切尔. 新闻报道与写作[M]. 北京:新华出版社,1981:197.

准化管理,而传统的中国餐馆却没有这样的意识,而这正是"大娘水饺"成功的重要原因之一。因此,记者提出民族餐饮业既要发扬传统,又要学习洋快餐。正是有了联想观察,才使这篇报道在小水饺上做足了大文章。

2. 对比

对比就是将过去的事物与现在的事物,或者这个事物与那个事物进行比较,以突出其中的差别。有时候,记者孤立地对事物进行观察,会觉得事物本身比较简单,没有什么特别的地方;但是通过对比,事物之间形成强烈的反差,问题一下子就显现出来了,事物的特征以及事物之间的矛盾也一下子凸显出来了。所以,对比观察是激活新闻材料、表现新闻主题的有效手段。

2001年10月17日,扎龙湿地保护区发生火灾,黑龙江电视台记者前去报道。记者赶到现场后,看到无情的大火吞噬了大片大片茂密的芦苇,4 000多公顷的苇塘已经变成了一片焦土。记者将这一惨烈的景象摄入镜头,已经可以完成一则典型的火灾报道。但记者没有停止于此,他利用对比使报道得到了深化。原来他以前曾经多次来扎龙进行拍摄,亲眼见证了扎龙几年之中的变化:1996年的扎龙,湖泊连片,飞鸟成群,被誉为"丹顶鹤的故乡";1999年大批农民进入扎龙,苇塘变成了农田,丹顶鹤只能在玉米田里栖息;2000年,一条条人造水利工程分隔了扎龙湿地,湖泊的水被排挤得干干净净;2001年,扎龙发生了特大火灾,眼前只剩下大火和焦土。几幅景象的对比,扎龙火灾的原因已经不言自明,记者也由此得出主题:生态平衡不容破坏。

3. 质疑

质疑就是以怀疑一切的态度进行观察。记者不能对呈现在外部的信息以及采访对象提供的信息一概全信,而应该保持适当的戒心,对这些信息加以分析、鉴别,努力发现其中的问题,从而去伪存真,达到准确的认知。通过质疑所获得的信息不是现成的信息,而是被掩盖的信息,所以观察的深度不言而喻。

《新闻调查·派出所里的坠楼事件》是在质疑中观察的经典实例。湖南省益阳市一个名叫刘骏的人被当地的一家派出所传唤,结果却从派出所二楼坠下死亡。检察机关调查认为他是自己跳楼身亡,而其家属却表示有疑义。

在对相关人员进行采访后,记者杨春来到案发现场进行实地调查。观察中,他发现这样几个疑点:① 检察机关认定刘骏是高坠致严重颅脑损伤而死亡,而派出所二楼只有4米高。② 案发时,有两名民警跟在刘骏身后。其中一名说,自己当时的位置无法看到刘骏跳楼的具体情景。而从现场的地理位置以及他们三人的行走路线、彼此之间的距离来看,这位民警不但应该看到,还应能够上前进行阻拦。③ 检察机关在窗台和窗框上没有发现刘骏的鞋印和指纹,但根据窗台的高度,刘骏要想跳楼不可能是纵身而出,而必须手抓窗框,登上窗台。尽管记者没有给案件以明确的定论,但他的质疑却足以给观众一个合理的答案。

五、观察出数据

眼睛是最好的测算工具。想要知道某个路段的车流量,只要在路旁看上几分钟,数一数有多少辆车从眼前经过,车流量自然可以估算出来;同样,要知道工厂的日产量,只要到流水线上数上一分钟,再乘以工作时间,就可以知道个大概。这样的测算虽然粗陋,但在某些精确度要求不高的情况下却不失为有效的方法,而且这样得出的数据也比一般采访得到的数据形象、亲切。

数据是最有说服力的。有时候,要说明事实的具体状态和程度,仅仅描述其现象是不够的,必须上升到具体的数据才能使人信服。但是,如果采访对象没有数据或不肯提供,怎么办?这时只能靠记者自己的观察。

如,某地特权车现象严重,对政府形象产生了不好的影响。记者想对这种现象进行曝光,以引起领导和公众的注意。他来到离市政府不远处一个设有明显的禁止调头标志的路口,在那儿站了一个小时。在这一个小时中,很多小轿车对标志视而不见,违章调头。数了数,违章的汽车共16辆,而且都挂的是市直机关的车牌。运用同样的方法,在小学生早晨上学的时候,记者来到当地最好的一所小学门口守候,发现有不少市直机关的车前来送孩子上学,一共有12辆。记者记下了这些车的车牌号,并将它们在电视节目中进行了曝光。这一做法果真起到了很好的效果。一周之后,记者再次站到那个禁止调头的路口和那所小学的门口进行调查,结果没有发现一辆特权车。

六、观察与提问相结合

观察与提问是采访记者的两个拳头,两者并用才能达到最佳的效果。在对很多问题(如人的精神世界、过去的时空、将来的时空等)的认识上,观察只能作为一种辅助手段,而大量明确的、深层次的信息还是要靠语言来表达。

提问正好可以在一定程度上弥补观察的局限。所以,观察一般都是和提问一并使用的,纯粹的观察采访则是不得已而为之,记者一定要抓住机会多多提问。当然,这里的"提问"并不是指事先准备好的大规模的提问(这方面内容将在下一章具体介绍),而是观察过程中的即兴发挥。如果把前者比作"运动战"或"阵地战",后者就属于"遭遇战"。它最能体现采访记者的观察、判断、反应,以及口头表达等方面的综合能力。记者可以通过这种即兴提问验证自己的所见,启发自己的思维,深化自己的认识,有时还可以产生一些极富戏剧性的效果。

《东方时空》曾经播出过一期节目《马路求援者的真面目》,讲的是一群人自称是贫困大学生,因为家境贫寒交不起学费,在脖子上挂上牌子沿街乞讨。记者对他们一路跟踪观察,一直来到了派出所。在派出所里,记者看着他们胸前的牌子,灵机一动,一段精彩的即兴提问便产生了。

  记者:(指着牌子上的"求援"二字)这个怎么念?
  求援者:求爱。
  记者:挂着纸牌求爱,是吧?
  求援者:嗯。
  记者:(指着派出所墙上"团结就是力量"的标语)墙上这六个字你认识吗?
  求援者:团结就是为重。

求援者的回答使人哑然失笑,他们到底是不是大学生,结论显而易见。这位记者观察的仔细和提问的富于想象的确值得赞许。

然而,现实中也有很多记者怕问。他们或是初出茅庐,不够大胆;或是碍于面子,怕别人嘲笑;或是过于自信,崇尚"自力更生"。殊不知没有当事人、知情人的告知,没有行家里手的指点,很多问题光看根本就看不出"门道"来。因此,他们得到的东西都是一般人就能看到的,千篇一律,没有新意,没有深度,没有任何独家的内容。这样的采访记者是不合格的。所以观察中一定要勤动脑、勤动口,多进行一些即兴的提问。

七、多感配合,全面感受

采访记者的观察主要依靠眼睛,但也不仅仅依靠眼睛。因为事物的属性常常是以多种形态呈现出来的,除了它的形状、颜色、明暗、动静之外,还有它的声音、气味、质地、温度等,有时这些眼睛看不到的属性对于观众而言还是关键性的信息。人的耳、鼻、舌、手都与眼睛相联,各有分工,能够从各个方面感觉事物的属性。所以,记者采访时应讲究多感配合,努力丰富自己对事物各方面的认识。

《焦点访谈》的记者有一次去调查某地违法乱开滥采金矿的问题。当地一些私人开采的小金矿安全条件极差,当记者要跟着一位矿工一起下井时,找遍了整个工棚也没有找到一顶有矿灯的安全帽,只好拿一只普通的手电筒代替。然而在漆黑的井下,仅靠这一点昏暗的灯光进行视觉观察显然是不够的,所以记者必须调动全部的感觉器官。矿井中氧气稀薄,而且充斥着腻热的水汽,记者几乎无法呼吸;环境闷热,穿着胶鞋的脚都能感觉到积水的热度。用手电筒照了一下随身携带的温度计,水银柱直指41℃。由此,记者断定该矿井没有安装通风设备。一问矿工,果真如此。

走了一段距离之后,记者又隐约听到"叮叮当当"一阵声响。此处离作业点还有很长一段距离,为何会有这种响声?矿工告诉记者,这是另一个矿洞向这里掘进的凿岩声。而按照国家规定,矿洞与矿洞之间都是根据坐标严格划定区域的,这样才能够避免相互越界的问题,并减少塌方事故的发生。所以,记者听到的这个细节便将当地矿山秩序混乱,矿洞与矿洞之间乱挖滥采的问题很真实地体现出来。

第二节　摄像记者的职责

摄像记者在电视新闻采集队伍中占有举足轻重的位置:现场形象信息的物化过程要靠摄像记者来完成;摄像记者在现场拍摄的原始声画素材构成了电视新闻采集活动中的本体。也就是说,摄像记者工作的好坏直接决定了声画信息的记录质量。

一、保证视听资料的拍摄质量

摄像记者必须从技术上保证所记录的画面与声音的质量。第一,要保证电视新闻摄像的平稳性。电视新闻摄像的最关键因素就是平稳,在使用推、拉、摇、移、跟等方法时,平稳是至关重要的。一般镜头都必须以稳定的画面开始,并在稳定的画面中结束。第二,要保证电视新闻摄像的准确性。这里所说的准确性不仅指曝光控制要准确、画面构图要正确、落幅镜头要到位,还指拍摄意图应明确,图像要清晰明了及色彩要还原真实等。摄像记者在拍摄过程中一定要以最快的速度调整好这一切因素,以确保获得最佳的拍摄画面。第三,要保证运机速度的均匀性。要保证画面节奏的统一,变速的时候用力一定要均匀,起落幅镜头也应该要缓慢。如果拍摄过程中忽快忽慢、犹豫不决、大起大落就会造成严重不良的拍摄效果,对后期的剪辑制作更会增添无限困难。①

二、学会独立思考和判断新闻事实

多年以来形成的配角意识,让摄像记者习惯了被动地等待新闻、消极地接受安排的工作方式,失去了对新闻事件独立思考、独立判断的机会,这种观念和做法必须彻底改变。② 电视新闻的摄像记者与故事片的摄像师不同,他也是一个记者,他需要时刻关注新闻事件本身,并保持极大的主动性与灵活性,抓取那些能够反映事物本质的画面及声音信息。例如,1999 年,央视播出《焦点访谈·违法违纪,乱收乱罚》节目,反映山东省微山工商局乱收乱罚的事件。记者采访此事时,正值一位被处罚者到工商局说理,在局长张存港的授意下,保安人员就在工商局门口对这位上访者大打出手。此时,摄像记者正在楼上等待采访张存港,听到外面喧哗,扛着摄像机就跑到楼顶,把保安打人的镜头拍了下来。尽管从画面美感的角度看,这组镜头拍得并不美,但它却具有真实性和震撼力,而这恰恰说明了山东省微山工商局存在违法违纪、乱收乱罚的行为,成为一个重要的、鲜活的、不容辩驳的证据,让人难以忘怀。摄像记者与出镜记者的目的是一致的,都想让节目做得既深刻又好看。但要做到这一点,摄像记者除了技术上要有过硬的本领外,还要能够抓拍到具有思想内涵的画面。

三、注意同期声的记录

同期声包括人物现场声、环境音响和现场音响等多种声音效果,是新闻信息中的有机组成部分。同期声让电视有了具体的、直接的声音信息,弥补了对画面信息"只观其形,不闻其声"的缺憾,契合了人们日常体验中"眼耳并用"的生理特征。同时,由于它是新闻人物的真实流露,可以真实地记录下现场的

---

① 俞晨超,许利敏.分析影响电视新闻摄像质量的相关因素[J].吉林广播电视大学学报,2012(6).

② 朴禹舟.电视新闻摄像质量提升的途径[J].新闻传播,2015(4).

"真实气氛"和人物的"真实情感",这无疑会增强新闻报道的现场感和感染力。

在拍摄记者访问或人物对话时,要注意两个问题:其一,采访话筒是否出现在镜头中?从记者和镜头的关系来看,电视新闻有"隐形话筒"式和"我在场"式两种类型。"隐形话筒"式是指采访记者不出现在镜头中,画面只记录被访者的形象和声音的方式,这种方式会给人一种客观、冷静观察的感觉。而"我在场"式因有意要凸显记者的"参与",因此画面中可以出现话筒。其二,在一些特殊的情况下,要善于把摄像机当作录音机来用。对于这样的信息,在画面摄取比较困难的情况下,不妨将摄像机打开进行录音。此时,摄像机可能是背朝说话者,或者镜头盖根本没打开,抑或是来去时拎在手里的状态。总之,在对方不注意的情况下,反映问题实质的"声音"却被记录下来。此时,摄像记者要做的,就是要保证这些声音的质量。

另外,在拍摄庆典、仪式、会议或其他可预测性场景时,要注意对现场讲话或现场音乐的完整记录。在对现场讲话的录制中,除非事先对演讲者的讲话内容了如指掌,并做好了拍摄选择,否则应当全程记录其同期声,以便后期制作时进行合理的挑选。在拍摄音乐场面时,同样要注意音乐声记录的完整性,至少要保证段落的完整。

四、带着"编辑意识"去拍摄

拍摄中的编辑意识,是指摄像记者在拍摄时主动运用蒙太奇思维,在了解报道整体构思的基础上使得所拍画面更有利于编辑的拍摄意识。增强编辑意识,可提高工作效率,突出新闻的时效性。对于摄像记者而言,哪些画面先拍,哪些画面特写,哪些画面跟拍,画面与画面之间如何有机组合等都要讲究,确保新闻能较快制作出来,同时保证深度报道后期编辑能够顺利开展。

首先,摄像记者的编辑意识能够使他顺利完成无剪辑拍摄。所谓无剪辑拍摄,并不是真的没有"剪辑",而是将剪辑这道工序移到拍摄中去。无剪辑拍摄可以大幅度缩短摄制时间,提高了新闻的时效性。对于突发的新闻事件或期待中的重大新闻事件,无剪辑拍摄可以使得新闻的时效性大大提高。与现场直播相比,它实际上完成了用单机进行切换的任务。

其次,摄像记者的编辑意识能够让记者不至于漏掉必要的镜头。拍摄时的编辑意识能够使摄像记者在及时、准确地捕捉有效镜头的时候,依然不忘新闻的整体结构,这一点典型地体现在突发事件报道中。有剪辑意识的摄像记者到了现场后,哪怕先抢拍稍纵即逝的事件和形象,先抢拍不可再现的气氛和人物的精神状态,他也不会忘记交代环境、时间及考虑片子的大体结构。

最后,摄像记者的编辑意识还能够使其拍摄"插画面"的意识增强。所谓"插画面",就是准备在人物讲话的同期声中插编上去的画面。一般来说,电视新闻中的"插画面"包括同期声提到的内容、有助于说明同期声内容的画面、现场听讲解的人或有关的物。"插画面"不仅能够消除剪辑所带来的画面"跳"的感觉,而且还能有效地扩展同期声部分的信息量,并以同期声为内容造成声音蒙太奇效果。而在实践当中,很多摄像记者没有拍摄这些画面的意识,其原因正是缺乏编辑意识。

思考题

1. 在采访中,记者要做好观察,需要遵循哪些方法?
2. 电视新闻的采集过程中,摄像记者的职责包括哪些方面?

第七章　电视深度报道中理性材料的获取

所谓理性材料,主要是指那些通过一定的物质材料形式保存下来的事实信息或知识信息,诸如法律条文、发票单据、合同协议、会议记录、书籍、文献、书信、地图、图表、照片等。在采访过程中,理性材料主要是通过记者的检索、查阅或一定的人际关系索要而获得。在电视新闻节目中,它或者以原始面貌直接呈现,或者经过编辑的加工处理,以字幕、解说或图表等方式呈现。

第一节　理性材料的重要性

应该说,采访中记者是以观察和提问为主;在一般的新闻节目中,观众所见也主要是通过这两种方法获得的新闻事实材料。因此,便有记者认为,获取理性材料是一件可有可无的工作,或者只是一个辅助性的手段而已,一条新闻,只要到现场拍到一些关键镜头,再采访一些相关的人物就可以完事了。

其实,这种想法是绝对错误的。不妨举个反面的例子:

河南大程面粉实业有限公司生产的"豫花"牌面粉是国家评定的"放心面"。然而,2004年10月10日,湖北某报以《大批"毒面粉"流入黄石》的醒目标题,刊载了"豫花"牌面粉增白剂含量超标的报道。报道的依据是"我国GB15193.3—1994标准所允许的过氧化苯甲酰在面粉中的最大使用量为0.006克/千克",而"豫花"牌面粉为0.089克/千克,超过国家标准14倍。该报道看似严谨,但读者万万没有想到的是:"豫花"牌面粉是冤枉的!原因正出在这家报纸所报道的"国家标准",它把真正的国家标准0.06克/千克错当成了0.006克/千克。

这里举的是一个文字媒体的例子。但是试想,如果报道这个事件的媒体是一家电视台,而这位记者又是一位重视理性材料的记者,他一定会找到那份GB15193.3—1994标准的文件,并用镜头将"0.06克/千克"强调出来。这样他一定会发现自己所犯的错误,即使他自己没有发现,观众也会帮他发现的。

电视是一个视觉媒体,观众更强调"眼见为实"。所以,电视新闻采访中,理性材料的获取显得尤为重要。

一、加强报道深度

在电视深度报道中,理性材料运用得比较广泛。一些新闻事实比较复杂,要把问题说清说透,就必然需要一些资料作为支撑。这些材料有时可以通过采访提问获得;有时采访对象不愿提供或无法提供;有时虽然采访对象提供了,但阐述得不够清晰,或者口述的内容不便于观众理解。这时,搜集理性材料就成为一个有效手段。譬如,《新闻调查·"铁本"扩张的始末》,涉及的是一个比较复杂的经济案件。采访中,记者除了采访了多位当事人之外,还搜集了大量与此案相关的数据、法律条文、行政文件、审批材料、建设图纸、会议纪要等材料。这部分理性材料有些直接通过镜头拍摄出来,有些则配上解说进行阐述。它们和采访提问相互补充,既把整个案件的来龙去脉交代得清清楚楚,也使整篇报道更加完整和深入。

很多情况下,理性材料在节目中所占的比重是很小的,有时甚至只有几个镜头或几行字幕。但这些内容常常能够给观众提供一些未知的知识和信息,使他们能够更准确、更深刻地理解新闻事件的意义。同样是 2004 年《新闻调查》的一期节目,《远去的生命》讲述了某知名高校女研究生杨愈青因为患上抑郁症诊治 6 年未果,不堪精神的痛苦而跳楼自杀的故事。故事凄婉动人,但节目并没有仅仅停留在对这个故事的讲述上。结尾时屏幕上打出了一串黑底的字幕:

> 根据 2003 年北京心理危机研究与干预中心的调查,中国平均每年有 28.7 万人自杀,另有 200 万人自杀未遂,150 万人因家人或亲友自杀出现长期而严重的心理创伤,自杀已成为 15 至 34 岁人群的首位死因。

这样,节目便从对个案事件的讲述上升到了对一个社会问题的理性关注,报道的深度一下得到了提高,主题也得到了升华。在这期节目中,理性材料的使用正可谓"画龙点睛"。

二、提高可信度

电视相对于其他媒体的先天优势之一在于它是直接可视的。所以,我们强调采访时要到现场去观察和拍摄,尽量抓住那些具有说服力的第一手材料。现场拍摄所获取的主要是一些有形的感性材料,而理性材料也具有一定的物质形态,是可以直接拍摄的,它也是一种可信的"第一手材料"。所以,电视记者在采访中应尽量对理性材料的原始面貌予以记录。

相比而言,其他媒体在运用理性材料时,只能将其转述成文字或声音。而转述的过程中,一不小心就可能发生错误,上文中"'豫花'面粉蒙冤案"便是典型的例子。而且,即使转述是正确、到位的,其可信度也远不及理性材料的直接呈现。人们是更愿意相信别人的转述,还是更愿意相信亲眼所见的白底黑字并且加盖着鲜红公章的文件?结论是不言而喻的。

电视口头采访中,采访对象对相关材料内容的介绍也是一种转述,它的可信度、论证力度同样也不及理性材料自身。所以在采访中,记者应尽量把理性材料拍摄下来,而不应总是寄希望于通过口头采访获得全部素材。"《焦点访谈》等栏目经常运用文件、法律法规等理性材料,并用特写对与节目内容相关的部位加以视觉突出,有的在后期编辑时加上红杠,这些都是为了加强理性材料在评论中的论证力度。"[①]

三、作为论证依据

新闻报道要以事实说话。记者要表达自己的主观意见,就必须有足够的事实材料作为论证依据。理性材料有较高的可信度,因而可以作为高质量的论证依据。有时,理性材料甚至是必不可少的,因为它就像警察破案的关键物证,直接构成了逻辑推理的重要一环。

《焦点访谈·没谱的面积》报道了福州老人谈麟购房时遇到的问题:老人用一生的积蓄买了一套属于自己的商品房,但没想到房地产开发商却在房子面积上玩起了手脚,少给了他整整九平方米。记者对房地产开发商进行了批评,但没有流于空洞的叙述,而是用证据来说明问题。记者共出示了三份证据:第一份是老人与开发商签订的商品房预售合同,告诉观众老人应得的房屋

---

① 朱羽君,雷蔚真.电视采访学[M].北京:中国人民大学出版社,1999:151.

面积;第二份是当地房管权威机构提供的实地测量面积的文字资料,证明开发商少给了老人九平方米的面积;第三份是建设部出台的《商品房销售管理办法》,表明这九平方米已经远远超出误差的合理范围,开发商应当承担相应的法律责任。这三份证据环环相扣,逻辑推理水到渠成,使人心服口服。

四、推进记者调查

记者的采访调查往往是一个逐步深入的过程。但调查的深入并不是靠凭空想象实现的,记者常常得依靠采访中发现的蛛丝马迹,然后再顺藤摸瓜,使调查得以层层推进。很多理性材料明确记载着过去时空里发生的某些信息,它们常常能够触发记者新的思考,给记者带来新的启迪,从而成为调查进一步深入的契机。优秀的记者总是善于发现和利用这样的理性材料。

2004年《新闻调查·西安体彩风波》便体现了理性材料在这方面的作用。

西安小伙子刘亮参加体彩抽奖,中了特等奖宝马汽车,然而几天后体彩中心却告诉他彩票是假的,让他不用去领奖了。《新闻调查》获知这个情况后,立即派记者前去调查。但是,在调查开始的几天里,当事双方和现场公证员都没有提供相关证据,无法证明到底是刘亮在弄虚作假,还是体彩中心在偷梁换柱。

正当记者一筹莫展之际,奖品提供方——宝马公司提供的材料打开了新的突破口。记者在陕西省体彩中心与宝马公司签订的协议上发现:双方约定抽奖活动期间,宝马公司按照体彩中心的发车凭证向中奖人发放奖品车;当日活动结束后,以发车凭证当日结算,也就意味着,每一辆已经抽出的宝马车应该在当日领走。而宝马公司提供的另一张发车证明单则显示,除刘亮外的三位中奖车主在中奖10多天后都没来领车。这两个相互矛盾的证据立即引起了记者的警觉。于是,他们将事先搜集到的那三位车主的身份资料送至公安部门检验,结果发现这几个人的身份都是假冒。至此,体彩销售背后的黑洞便暴露了出来。

围绕这些理性材料进行的一番调查,使记者不但弄清了刘亮彩票的真假,还进一步将假票案打成诈骗案,揭开了一个更大的黑幕:体彩中心内部一伙不法分子相互勾结,利用国家彩票发行事业诈骗百万元以上巨额公益彩票收入。报道进而揭露了彩票发行中个别地方监管乏力、违法乱纪的现象,引起了国家相关部门的高度重视。

五、弥补拍摄的缺憾

摄像机镜头所记录素材的时间跨度是非常有限的,它只能记录那些正在发生或现在仍旧存在的事物。而对于某些非常重要,但记者又无法亲自接触的内容,比如历史事件或者已经逝去的人物,镜头就显得无能为力了。

在这种情况下,理性材料就显示出自己无法比拟的重要性。它们一方面可以使节目内容更加丰富、充实,另一方面则能使过去的时空落实到更加具体的形象上。因此,对于某些电视新闻节目而言,搜集理性材料就成了拍摄的首要任务,比如一些历史题材的专题片和人物的典型报道。对于历史事件而言,主要需要搜集那些能反映当时状况的照片、历史文献、影像资料,以及当时的一些媒体报道材料;对于人物而言,主要是那些能够反映人物经历,展现人物内心世界和品格情操的日记、书信、照片,以及他本人的一些荣誉证书、档案资料等。

2004年11月10日,巴勒斯坦人民的伟大领袖阿拉法特逝世,《东方时空》进行了特别报道。片中引用了大量的文献、照片和电影、电视资料,回顾了这位悲情领袖为了民族解放和独立事业而奋斗的一生。试想,如果没有这些理性材料,节目就只能剩下解说、字幕和一些人物采访,那将显得多么的空洞无味。

六、产生情感效应

有时理性材料不光能承载理性的信息,如果使用恰当,它还能产生情感的效应。因为很多理性材料就是直接关于"人"的材料,比如日记、手稿、书信、遗嘱等。

在前文所说的《远去的生命》一片中,杨愈青自杀后,给母亲留了一张字条,上面写着颤颤的6个字:"6年了,对不起"。这是她的最后遗言。当母亲把这张字条递给记者时,记者没有把镜头对准母亲流泪的眼睛,而是对准了这张字条。一方面,是为了表示对她的尊重;另一方面,记者知道这张字条更能传达出情感的力量。一个鲜活的生命就这样无声无息地消失了,带着所有的美丽梦想和艰辛努力离开了自己最亲的亲人,而她留给亲人的却只有这薄薄的一张字条和短短的6个字。试想,这6个字承载着女儿多少的痛苦、绝望、自责和无奈啊!这种悲伤和苦涩是再多的镜头、再多的解说词都无法表达的。

再比如,2004年年底,印度洋发生特大海啸,夺走了无数的生命。《东方时空》在报道结尾时用黑底的字幕报告了各国的伤亡人数。当这些数字在屏幕上静静地滚动时,一定会有很多观众的心灵被震撼。

第二节 理性材料的类别

理性材料的涉及面较广,而且各自的内容、特点、作用,以及记者的使用目的都有所不同。本书按照内容,将其分为四个类别。

一、文件

所谓文件,是指"法定组织依法制定,用来处理各种业务,如传布政令、颁布法律法规、提出工作意见、对外交往以及报告情况、请示问题、商洽事务、记载公务活动等,具有特定格式并要求行为客体具体实施办理的书面文字材料"。① 具体来看,主要包括法律条文、法规条例、令、决定、公告、通告、通知、通报、议案、报告、请示、批复、意见、函等形式。

作为记者采访中经常需要查询、搜集的理性材料,文件具有两个显著的特点:第一,文件是用来处理公务的,直接关系到公众或一部分人的切身利益。所以,一般文件(除了一些涉及机密的)都可以公开查询或索取;第二,文件是由法定组织、法定作者制定的,具有一定的可靠性和权威性,同时记者也容易根据文件找到其制定者或相关责任人。

文件在电视新闻报道中的作用主要表现在如下三个方面。

第一,对照作用。文件在实践中具有指导、约束的功能,许多活动都应该在其规定的范围内进行。而记者所报道(主要是批评报道)的一些事实却常常是违背文件精神的。这时,记者如果把文件拿出来,与所报道的事实相对照,就可以一针见血地指出其错误之处。

第二,解释作用。有时,普通观众对一些文件规定并不是非常了解,特别是一些新出台的文件或地方性文件。当遇到一些具体事例时,观众就会产生一些疑问:当事人为什么要这么做? 相关部门为什么要这样处理? 例如,2004

---

① 周振华.文件学概论[M].兰州:甘肃人民出版社,2002:2.

年5月1日新《道路交通安全法》出台,交通部门处理某些事故赔偿责任的方法与以前相比发生了一些变化。这时,许多不知道变化的人就会对交通部门的处理方法产生疑惑。那么,在报道相关交通事故时,记者就可以引用新《道路交通安全法》条文给观众一个明确的解释。

第三,证据作用。文件也是某些事实的记录,它常常能够直接证明对某些事情的处理方式、过程和结果,也常常能够直接反映相关部门、相关领导或文件撰写者的意见和态度。所以,在记者事后进行报道时,文件常常成为不可多得的重要证据。

在报道中,适当使用文件有时会取得非常好的效果。2004年4月26日播出的《新闻调查·摘不掉的"红帽子"》就是典型的例子。

改革开放初期,中国的一些私营企业为了争取一个较好的生存和发展的环境,往往以假集体,即民间俗称的"红帽子"的形式出现。随着市场经济的发展,这些企业纷纷"摘帽",恢复其本来的面目。当事人肖安宁创办的四川省德阳市通政置业有限公司便属于这样的企业。然而在其"摘帽"的过程中,德阳市政府却通过行政手段将其没收,创始人肖安宁也被捕入狱。

这个案件中的法律关系错综复杂,当事双方各执一词,要想把问题交代清楚,最好的办法便是应用相关的法律法规文件。首先,记者通过当事人自己保存的文件材料和德阳市相关部门出具的认证结论,证明通政公司自成立起国家就无资金、无实物投入,是合法的私营企业。然后,记者出示了《民法通则》《公司法》《公司登记管理条例》等法律文件,指出通政公司的财产应受到保护。而与此相对,当地政府处理通政公司的过程中发布的若干文件却明显违反了国家法律,严重侵犯了当事人的合法权益。

在节目结尾处,还滚上了几行字幕:

2004年3月14日,中华人民共和国
第十届全国人民代表大会第二次会议
通过《中华人民共和国宪法修正案》
《中华人民共和国宪法》规定
公民的合法的私有财产不受侵犯

这份新近出台的法律文件恰当地点出了节目的主题。

在具体运用文件时,要能突出主要内容。可以用红杠、红圈将重要内容标出,也可以利用特技将文件中其他内容虚化,以突出重点部分。此外,必要时还应同时拍摄记录文件号、发文单位、保存单位以及签名、盖章、日期等。当然,有些文件还可以通过字幕的形式表现出来,这主要是一些社会知晓程度较高的文件或法律条文,如上例中的《中华人民共和国宪法修正案》。

二、数据

一般的新闻报道只停留在定性分析事实的层次上,而数据则将报道引向了定量分析。定量分析是精确研究事物的一种方法,所以运用数据进行报道体现了一种追求精确的态度。它不但可以更具体、更确切地反映事实,还可以给观众一种可信感。比如,某则报道说,韩国现在出现"中文热"。如果报道到此为止,观众便很难想象所谓"热"到底热到什么程度,也很容易怀疑这是不是记者或某位专家的主观臆断。不妨来两个数据:"全国4 700万人口中有30万人在学汉语",这便清晰地展现了韩国人学汉语的状况,观众也不至于将信将疑。

以前,数据只较多地出现在经济新闻和科技新闻里,而现在为了更好地说明或解释某些复杂的问题,数据也被广泛地应用于各种新闻题材中。尤其在一些深度报道中,记者更喜欢应用数据,因为它能达到一般表述手段所达不到的效果。

2004年8月9日播出的《新闻调查·河流与村庄》讲述了河流污染给一个村庄带来的悲惨命运。节目中,记者运用了多组数据:

根据村委会对1990年到2004年全村死亡情况的统计,14年里共死亡204人,年平均死亡率达到了8.2‰,而以往该村的自然死亡率在5‰左右,死亡率明显偏高。在死亡的人中,癌症患者105人,占死亡总人数的51.5%;正常死亡77人,占37.7%;死因不明的22人,占10.8%,癌症的患病率也明显偏高。村里癌症患者死亡年龄大多为50岁左右,最小的只有1岁;村里失明或聋哑或四肢残疾的有41人;村里三种压水井的超标项目主要包括:硝酸盐氮、锰和总硬度。其中8米井的硝酸盐氮超标近3倍、锰超标近6倍、总硬度超标近3倍。

这些数据触目惊心,完整地概括了该村的污染和受灾情况。这是一般镜头和描述性语言所办不到的。

应用数据时,要讲求一些方法。因为数据毕竟是抽象的,而处理抽象符号不是电视的专长,处理不好就会显得枯燥无味。

电视处理数据的方法主要有两种。

第一种是直接通过解说,再配以字幕或数据资料的原始形象。这种方法是直接将数据"读"出来，主要适用于一些简单数据。有时为了能进一步地使数据"活"起来，"读"数据时还可以使用一些手段，例如：纵横比较法，即将事物的过去与现在、此地与彼地、此物与他物的各种数量关系进行比较，突出其变化、发展和区别，以阐明其中的内涵。比如，2005年1月6日中国人口达到14亿。14亿到底是怎样一个数量？我们可以与世界总人口或美国人口做一个对比，观众便可以轻而易举地了解了。百分比法，即说明某种事物在整体中所占的比重，以形成局部与整体的鲜明对照。扩大缩小法，即将微小的数字扩大，以引起人的关注；将巨大的数字缩小，以方便人的理解。比如，每人每天节水10升，全国14亿人一年可节水50亿吨，就是扩大的方法；机场航班起降每天接近1 000架次，一分钟内就有一架飞机起降，就是缩小的方法。

第二种是根据原始的数据资料，将其设计成可视的图表形式。这种方法大多用来表现数据的变化、比例或比较，观众看上去一目了然，而且比较亲切。现在很多计算机软件都可以轻松地完成制作图表的任务，只要将数据输入，它就会自动生成一些图表，常见的有条形图、饼图、折线图、柱形图、圆锥图等。

三、证据

证据是记者证明自己观点的依据。努力获取并拍摄到那些真实可靠、具有说服力的证据是某些报道，尤其是批评性报道的重要任务。

作为理性材料，这里的证据主要指那些书面性的原始凭证。现实中，这样的原始凭证是多种多样的，而根据报道题材的不同，我们可将那些需要经常加以留意的证据进行一些归纳：有关经济活动的合同协议、发票收据、财务报表、账目清单、购物凭证、产品说明书、汇（收）款单；有关行政、公务、执法活动的文件档案、会议记录、政府报告、审计报告、法庭记录、口供笔录、交通事故鉴定；有关科研和技术活动的实验数据、项目申请和审批书、鉴定意见、设计图纸、验收证明；有关个人的档案材料、考评记录、户口本、身份证、病历资料等。

能否获得以上所涉及的证据是记者采访是否深入、细致，调查是否成功的重要标志。

有时，采访对象面对镜头百般抵赖，在正面强攻收效不佳的情况下，就可以通过证据撕破其虚伪的面具。2002年《焦点访谈·马皮上面有文章》揭露了山东某阿胶厂收购价格低廉的马皮，冒充驴皮制造假阿胶的事实。采访中，记者指着车间里成堆的碎马皮，问该厂总经理，这些马皮是用来做什么的？这位总经理百般狡辩，先是说马皮是用来沤肥的，后来又说这个车间是用来挑拣不合格驴皮的,"在大量购进的驴皮里,夹杂点马皮也是无可厚非的,所以这些马皮不是专门购进的"。然而,这时候记者出示的"杀手锏"——一份该厂的原料采购单,却让这位总经理的谎言不攻自破。从这张采购单上可以看出,大量的碎马皮并不是买驴皮时夹带进来的,而是有目的地成批采购的,而且采购单上还有总经理的亲笔签名。

证据不但可以用来反驳,有时还可以直接阐述记者的观点,比如2004年12月22日的《焦点访谈·路基下的隐患》。高速公路的外侧护栏被称为"驾驶员的最后一条安全带",起着降低车辆冲击力、减缓车速、防止车辆冲出路基的作用,因此对护栏、立柱都有严格的设计要求。但是,据举报,山西祁临高速公路第六标段的护栏存在质量隐患。为了确切地说明问题,记者拿着原先立柱的设计图纸到现场进行了比对。结果证明,整个标段都不同程度地存在立柱长度不够的现象。接着,记者又找到了交警支队的事故记录,发现这个路段经常发生车辆冲出路基、车毁人亡的恶性事故,说明了立柱质量问题带来的严重后果。在这则报道中,设计图纸、事故记录——这两份作为证据的理性材料都很有效地说明了问题,并有力地支持了记者的观点。

拍摄证据还可以防患于未然,为记者应对法律诉讼"留一手"。一些批评性报道由于涉及了被批评者的切身利益,因此被批评者可能会千方百计地否认事实,并向法院提起诉讼,状告记者侵犯了他的名誉权。而根据我国的《民事诉讼法》,视听资料也可以作为有效的证据形式。拍摄到的关键证据不但能让观众信服,也能让法律和被批评者"信服"。所以,记者应有积极取证的意识。

此外,在记者搜集证据时,要注意以下几个原则:一是要注意真实性,不能被采访对象提供的虚假证据所骗,从而造成失实报道,因此记者要有识别、验证证据的能力;二是注意关联性,即证据与事实之间应存在着某种联系,同时必须对证明事实具有某种实际意义;三是注意典型性,记者不能像法庭出示证据一样一一分析、论证,而必须在有限的节目时间内,拿出最具说服力的证据;四是注意合法性,即搜集证据的手段不能违反法律的规定。

四、资料

在采访之前,记者已经掌握了不少背景资料,这些背景资料主要来自记者自己的积累和检索。而在采访过程中,记者还要继续对相关的资料进行搜集。一方面,可以作为对背景资料的进一步补充和拓展;另一方面,可以直接作为新闻材料拍摄或编辑进节目当中。

采访中获得的资料主要有两类。

第一类是知识性资料,即那些对新闻事实、新闻人物的某一方面,或者对其产生的原因、环境、条件等起解释、说明作用的资料。其作用与背景知识相当,记者可向相关部门或专家咨询。如《新闻调查·探秘紫茎泽兰》是一个科普性题材,讲的是外来生物入侵的问题。采访中,记者除了以提问的方式向专家了解情况外,还向专家索取了一些书面材料,如有关紫茎泽兰的来源、紫茎泽兰在中国的生长状况,以及其他外来生物的入侵状况及控制措施等。这些材料不但使采访获得的内容更加丰富,还对专家回答时使用的一些专业术语进行了详细解释。

第二类是事实性资料,即那些直接记录、反映了新闻事实、新闻人物状况的实物资料,如以前的影视记录片、照片、日记、书信等。记者可以向相关个人、收藏单位(如博物馆、图书馆、资料室等)、新闻媒体索取。

资料的来源要可靠,否则还不如没有。一般来讲,公开的资料最为可靠,因为它们必须面对公众的检验,故而在公开之前已经过了较为科学、严谨的测评。如政府的统计资料和媒体的报道材料。私人收集的、非公开的资料可信度则略差一点,如律师自己对某个案件的调查结果、学者就某个课题形成的学术报告等,这当中就可能包含他们个人性质的成分。[①] 记者在搜集资料时要善于分析,必要时还要通过一定的手段加以验证。此外,有些资料虽然是公开性质的,但使用时还需谨慎,尤其是那种采访对象主动提供的资料。比如,记者对某个明星做采访时,对方的经纪公司往往会主动提供一些关于这个明星的资料,希望记者在节目中使用,以起到宣传的作用。这时候,记者就要学会判断,这些资料的使用会不会对报道的真实性、客观性产生影响。

资料还应具有一定的稀缺性。观众都知道的资料再放进节目中,显然会有画蛇添足之嫌。知识性资料要有新的观点,才能避免老生常谈,真正给观众以启发;而事实性资料也要尽量是别人没有用过的,才能给观众新鲜的感觉。当然,这对记者也提出了更高的要求:既要有更深入调查和获取材料的能力,也要有理解、消化这些新知识的能力。

就资料的使用而言,知识性资料重在其内容,可以通过字幕、解说的形式呈现出来。对于一些复杂的问题还可以制作成示意图或动画。如2005年1月13日《新闻30分》播出的一条新闻"36份完税凭证挖出28亿骗税大案",通过解说讲述了犯罪分子骗税的方法。

---

① 杜骏飞,胡冀青. 深度报道原理[M]. 北京:新华出版社,2001:140.

骗税,通常指的是骗取出口退税的行为。按照我国的相关规定,出口企业需要先缴纳增值税进项税额和消费税,而在合乎出口条件并将所生产的商品报关出口后,税务部门就会将这家企业先前缴纳的增值税进项税额和消费税退还给企业。这是国家支持外贸出口的政策,但一些犯罪分子却由此看到了可趁之机。由于开设虚假企业、虚开增值税专用发票,只需要缴纳2%左右的税款,而通过搞虚假出口等非法手段,套取有关退税单证,就可以骗取国家17%的税款,其中的差额利润可想而知。

显然,这样的解说观众是难以理解的,所以节目中又设计了一幅示意图(图7.1):

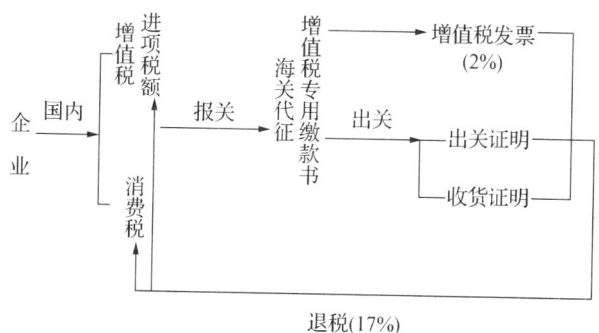

图7.1　国家对外贸出口企业缴纳的部分税额退还流程图

这样,对什么叫骗税,犯罪分子如何骗取税款,观众就可以很快地理解了。

事实性资料的使用重在其自身的形象,所以一般是直接对它进行拍摄。其中,影视资料可以直接编辑入节目。当然,一般要在画面的右上角打上"资料"二字,以示区别。

第三节　理性材料的获取方法

有些时候,理性材料是采访对象主动提供的。他们有的是出于热心,有的是希望能够通过电视将自己的材料公布出去。但是,这样的情况是"可遇而不可求"的,并不是所有的采访对象都会主动向记者提供理性材料。所以,记者要掌握一套获取理性材料的方法。

一、资料检索

很多理性材料是面向公众的,记者可以通过一些公开的服务机构或途径进行检索、查询。下面主要介绍三种常用的检索方法。

1. 利用图书馆

"图书馆是集收集、整理、加工、保藏、传播和开发利用于一体的文化机构,其基本职能是保存和传递文献资料。"[①]图书馆收藏丰富,一般大的图书馆能够涉及各个方面、各个时期的图书、期刊、年鉴、文献以及影像资料,是新闻制作强大的后备支撑。记者应熟悉图书馆的检索方法和规章制度。

随着科技的发展,现在又出现了电子图书馆。它有着传统图书馆所不具备的一些优势:资料可以随看随调,不受借阅时间、图书数量的限制;读者只要待在家里就可以查阅到自己所需要的资料,能够大大节省时间;资料检索的功能更为强大。尽管目前它的资料总量还远不及传统图书馆,但它还是可以成为记者获取资料的重要来源。

2. 利用资料室

资料室的功能类似于图书馆,但其规模要远远小于后者。一般的媒体都设有资料室,可以供记者方便、快捷地查找一些常见的资料。很多企事业单位、社区、团体也有资料室,主要是供组织内部人员使用,资料一般也比较专业,但它往往会保存着有关组织自身的珍贵资料,如内部文件、校(厂、院)史资料、人员资料、产品资料、项目资料等。当记者采访该组织或该组织人员时,可以向对方提出查阅资料的要求。一些政府部门也设立了资料室,记者可以对相关法规、政策、文件进行查询。

3. 利用网络

网络,即互联网,是一种强大的检索工具。首先,它信息丰富,堪称"海量"。在网上几乎可以检索到任何门类的信息:新闻信息、政策法规、商务资讯、休闲娱乐、体育比赛、学术研究、医疗保健……而且信息的更新速度快,新信息源源不断,真可谓"取之不尽,用之不竭"。其次,它使用方便、快捷。网络上的信息采用超链接的技术相互连接着,只要你键入所需内容的主题词、关键字,相关信息就会自动呈现在你的眼前。现在,使用网络查询资料已经成为很

---

① 熊高.采访行为学概论[M].北京:人民出版社,2000:225.

多人的第一选择。记者作为专门与信息、资料打交道的人,更应善于利用网络,否则迟早要被时代淘汰。

但是,记者使用网络上的信息又必须谨慎。因为网络是一个个性化、匿名化的媒体,任何个人都能够成为信息的发布者,而当他处于匿名状态时又不用担心社会规范、社会道德对自己的制约,所以网上的资料难免会有一些失实、虚假的内容。记者必须通过其他的途径对这些资料进行验证,比如通过逻辑进行验证、通过采访相关人士进行验证、通过其他材料进行验证等。当然,有些网站的内容还是具有很高的可信度的,如政府网站。随着政府信息公开制度的建立,越来越多的政府部门开设了自己的网站,重要的政府信息都可以在上面查询到,包括政策法规、政府工作动态、审批事宜、招投标、重大突发事件的处理情况、收费情况、执法情况等。

通过以上三种途径获取资料虽然方便,但是获得的大多是一些公共性的资料,那些稀缺性、独家性的材料,还要靠记者在采访过程中想办法去获取。

二、正面索取

记者所面对的采访对象是各不相同的,有的能主动配合记者的采访,有的则是被动的;有的希望公开自己的材料,有的则对材料的公开有所顾虑;有的知道手中材料的新闻价值,有的则不知道。要从这些复杂多样的采访对象手中取得所需的理性材料,记者是要讲究一些方法的。

首先,在采访之前,记者要考虑周详:完成这则报道总共需要哪些方面的材料?这位采访对象能够提供哪些方面的材料?这样,尽量通过一次采访将所需的材料全部拿到,以免多次打扰对方,引起对方的反感。

其次,要把握索要材料的时机。一般不宜一接触就向对方索取,这样显得采访的目的在"物"而不在"人",对采访对象不够尊重。记者可以在正式采访之前,先与对方进行攀谈,赢得对方的好感,并引起他的谈话兴趣。有时,对方兴起之后,会主动拿出一些材料与记者共同研究、共同分享。这样,记者还可能从材料中发现新的话题,进而问对方一些原先没有想到的问题。如果对方没有主动拿出材料,则可以在采访结束时向其索要。

在索取理性材料时,记者应态度谦虚,并向对方说明理由,以取得对方的信任。有时候,采访对象担心材料公开会给自己带来不必要的麻烦,比如一些涉及他人的证据材料,这时,记者应耐心说服,努力打消其顾虑。如果当时未能说服,记者可以留下自己的联系方式,以期对方再次考虑。至于一些涉及个人隐私的材料,如日记、书信、未公开发表的作品等,记者则可以在双方关系融洽的前提下,适时提出索取要求。同时,应告知对方将拍摄、播出,以免日后引起纠纷。如果对方不同意,则不可勉强,否则可能会影响到下一步的采访。

记者除了要努力索取事先考虑到的理性材料外,采访过程中想到的或发现的材料也不能轻易放过。2002年9月25日播出的《焦点访谈·发展经济,"法"字当先》中,安徽某县为了建设工业园,向每个单位下达具体的任务指标,强行要求干部职工缴纳集资款。采访开始时,该县领导矢口否认指标之说。然而,记者在县预算外资金管理局采访时,无意中在废纸篓里发现了一些刚刚撕碎的纸片。这引起了记者的怀疑,于是上前辨认,该局主管局长却慌忙加以阻拦。记者不顾阻拦,将碎纸片从废纸篓里倒出来,经过一番仔细拼接,一份集资进度表呈现在记者面前。从表上来看,集资情况一栏中有明确的任务数和完成数,所谓没有指标的说法也就不攻自破了。这份废纸篓里取得的证据表明,有时索取材料还要勤于观察,不怕阻力。

此外,记者还应注意,有时不光要拍摄取得的材料,索取材料的过程也是很重要的。特别是向对方索取重要证据时,索要无果也常常能够反映出问题的本质。譬如,2005年1月18日播出的《今日说法·我要退房》:程先生花130多万买了一套商品房,然而住进去没多久,卫生间就因漏水大修了三次,平日里的小修更是数不胜数。程先生认为开发商没有按照合同要求交付给他一个质量合格的房子,因此他要求开发商出示该房的《房屋质量合格鉴定书》。开发商坚决否认房屋的质量问题,然而却百般回避记者的采访,不肯出示这份鉴定书。这一过程都被摄像机忠实地记录下来,孰是孰非,观众一目了然。

三、迂回获得

有时候,通过正面索取的方式很难取得理性材料。特别是在批评性报道中,被批评对象总是千方百计地将不利于自己的材料隐藏起来。即使提供给记者,也都是一些无关紧要的材料,或者是经过编造的假材料。遇到这类情况,记者还得使用一些迂回的策略。

隐性采访便是一种十分有效的方法,它可以使记者获取理性材料变得轻松许多。在采访中,由于记者隐匿了真实身份,采访对象往往会放松警惕,从而主动出示一些证据让记者拍到,或者直接"送"一些证据到记者的手中。2005年1月,《焦点访谈》记者对北京、河北、江西等地的酒类市场进行了一次调查。调查中记者发现,江西省南昌市某著名连锁超市的一家分店正在出售假冒的名酒。于是,记者假扮成一名普通的顾客来到该店,假装要买一批某一品牌的名酒。由于记者故意要了一个很大的数目,售货员一下子拿不出那么多瓶,就给记者开了一张提货单,让他第二天来提。然而,第二天当记者带着工商人员再次来到该店时,柜台上的假酒已经全部不见了,售货员也拒不承认曾经出售过假酒。原来,在工商部门出动之前,早有人通风报信了。尽管如此,记者通过隐性采访获得的那张提货单还是成了铁铮铮的证据。试想,销售假酒的人如此狡猾,记者要想从正面获得证据该有多困难啊!

寻求执法部门的帮助,也是记者迂回获取理性材料的好方法。对于采访对象而言,记者没有查验其资料的硬性权力,所以,他们对记者的相应要求当然可以置之不理。而执法部门却是拥有这样的权力的。因此,记者可以适时地向执法部门举报,并将自己的采访活动贯穿到执法部门的执法行动中去,在其执法过程中获取相关的证据和材料。还是上面的例子:当日,工商人员对该店的进货和销售情况进行了检查,并在其账本和电脑数据库中发现了假酒的销售记录。这样,记者又轻松获得了一个有力证据。

有时候,获取某一材料的确有困难,记者也不必"在一棵树上吊死",可以设法取得那些具有同等效力的材料,以达到"异曲同工"的效果。比如,要证明某学校有乱收费的现象存在,记者可以试着去查看学校的收费记录。在这个计划受阻的情况下,去搜集学生的收费凭据,同样是可以达到证明效果的。

总之,获取理性材料作为采访活动的一部分,既要在事先周密计划,也要在采访过程中灵活应变。

思考题

1. 什么是理性材料?
2. 如何看待理性材料在电视深度报道中的重要性?
3. 按内容划分,理性材料可以分为哪几类?
4. 请介绍获取理性材料的几种途径。

第八章 电视深度报道的写作

电视深度报道的写作即是指报道词的写作。报道词是电视新闻重要的语言之一,是电视节目制作中一种重要的表现因素,也是电视节目创作中使用最早、最为广泛的一种手段。

第一节 电视深度报道写作特征

电视报道词的写作经历了一个文体变迁的过程。早期的电视新闻基本上是照搬、照抄其他媒体的稿件,然后由播音员口播或者配上电视画面。随着电子技术的进步,尤其是20世纪六七十年代之后,摄录一体的电子新闻采集设备ENG的出现以及卫星技术的发展,使电视新闻逐步摆脱了只是作为报纸和广播的简单图解的局面,显露出视听兼备、报道快速及时,甚至现场直播的媒介特色,电视新闻的文字稿也因此表现出自成一体的电视化特征。

一、非独立性

对于报纸、杂志和广播而言,语言是独立甚至是唯一的信息渠道,其新闻报道词的写作也相应的是一种独立的创作形式,但是报道词一旦进入电视就无法独立了。曾经,人们还为电视"解说词"的地位问题发生过争论,不少人认为"解说词"是电视创作的"灵魂"。但是,这种说法到了今天几乎已经被颠覆了,电视报道词已经无法独立完成对事件的报道,特别是在深度报道中,其他电视表现手段(如画面、同期声、音乐、字幕等)已经日益被电视工作者重视起来,报道词必须和其他表现因素配合才能顺利完成对新闻事件的全面展现、对新闻人物的整体报道。因此,电视报道词不能孤立存在也不能独立成章。换句话说,电视报道词不是一种独立的堆砌的艺术,而是一种非独立的镶嵌的艺术,它不承担"画龙"的任务,而只承担"点睛"的任务。

二、不完整性

文学创作和文字新闻的写作都非常注重文字形式的严谨和完整,句与句之间、段落与段落之间、意群与意群之间都讲求严格的逻辑,给人以一气呵成的感觉。而电视报道词则恰恰相反,过于完整的报道词注定是失败的。这种不完整性其实是由其非独立性决定的。报道词仅仅是电视语言的构成因素之一,它必须与其他因素相互结合、彼此照应,才能构成一则完整的电视新闻报道。报道词有叙述和评论的功能,但在形式上更多的表现为对画面、同期声的过渡、引导和串联。这些作用的显现无需过多的文字,寥寥数笔就可以完成,而且文字之间不求紧密相连,只需瞻前顾后、承上启下即可。

如果把报道词一段一段地提炼、拼接起来,或许你会发现,它在语言逻辑和语言形式美感上有不少缺陷,比如段落之间不连贯,甚至读起来莫名其妙;逻辑跳跃大,缺少递进、因果等过渡;不同地方的文字比重不均衡,可能非重点的地方文字多,而重点的地方文字却相对较少……电视语言的法则并没有对报道词的完整性提出什么要求,相反要求它能"善于藏拙""勇于避短",在自己不适合表现的地方就果断地退出来,把位置让给其他电视语言因素。这种要求自然就造成了报道词写作的断续性和不完整性。

当然,我们也时常能在电视中"听"到一些文字非常完整的报道,比如在一些非常严肃的时政报道之中。这是因为当前很多政府部门并不懂得不同媒体的特征,常常要求媒体发"通稿"以统一口径,甚至有时还必须统一文字,不得进行改动或删减;或者这当中也有记者自身的原因,一些记者为了省事,直接用"通稿"配画面,而没有将稿件改用自己独特的媒介语言说出来。这种现象有其特殊性,也有其不合理性,是需要辩证对待的。

三、结构独特性

报纸新闻的结构是一种典型的"倒金字塔结构",各部分内容按照由核心到附属、由主到次、由重到轻层层递减的顺序排列。这样的结构使得新闻即使删除后面的附属性内容,仍可以保持报道的相对完整性。托伊恩·A·梵·

迪克曾经在《作为话语的新闻》中为这样的结构描绘出"假设性新闻图式结构"①(如图8.1)。

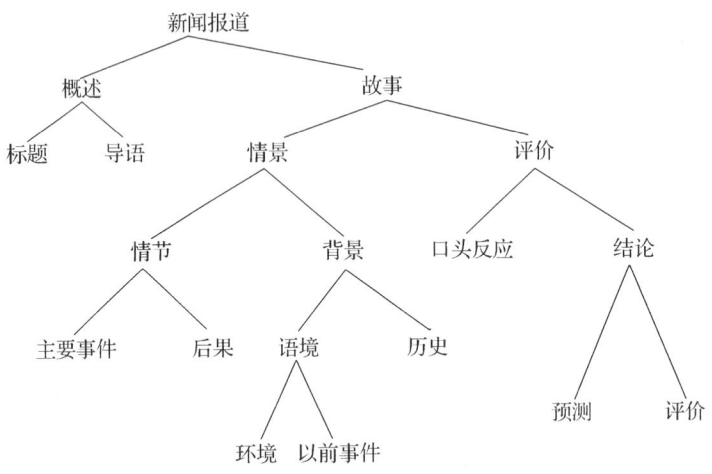

图 8.1 假设性新闻图式结构

倒金字塔结构是文字媒体为了方便编辑删减、指引读者阅读而广泛使用的"主流手法",但是并不一定完全适合电视。在电视新闻的线性传播中,受众没有选择阅读的权利,只能随着播出的时间顺序被动地接受信息。如果在一开始就把最重要的信息和盘托出,受众就可能对这一信息的概要产生满足,失去继续收看的兴趣。所以,电视新闻往往在一开始就直击新闻最吸引人的地方,以激起观众的兴趣。在后面,则需要运用悬念、节奏的手段,不断制造新的兴奋点,吸引观众关注整条新闻乃至整个时段。对于电视深度报道来讲,倒金字塔的原则对于实现资料补充、信息对比的横向拓展,追踪回顾、分析预测的纵向延伸等要求也是力不从心的。所以,电视新闻需要根据自身的特点和新闻选题的要求,发挥多种符合共同传播的独特优势,灵活地对报道词的结构进行安排。

四、作用多重性

在新闻文体中,文字语言的主要作用在于叙述和评论,报纸对文字这两项作用的依赖更是百分之百。相比而言,电视报道词的作用就显示出多重性的特征。

---

① [荷]托伊恩·A.梵·迪克.作为话语的新闻[M].曾庆香,译.北京:华夏出版社,2003:57.

首先，报道词的叙述功能同样强大，包括对新闻要素、背景材料的介绍，对新闻场景、新闻细节的描述等。尽管画面、同期声也有叙述功能，但报道词更加清晰明确，以至于有人认为"电视新闻的有效信息绝大多数来自报道词"。这一说法虽然有待商榷，但是在消息类新闻中还是很有说服力的。在评论方面，报道词更是具有其他电视表现元素无法比拟的优势。它"不仅是把拍摄的画面连缀起来，也不只是对画面上看不到的东西作一些介绍，更重要的是，要赋予评论一种逻辑的力量，使其不仅用形象的力量，更用逻辑的力量打动人说服人"。[1]

报道词还要完成对不同段落之间的衔接和过渡。一般的深度报道篇幅都相对较长，所以要将节目分段处理。虽然节目从头至尾有一以贯之的主题和思想，但是这些观念性的主题以及各个段落之间的逻辑联系必须通过一种外在的有形的中介联系起来才行，否则会让观众产生理解上的跳跃和中断。而最能准确而简单地起到中介作用的电视表现元素就是报道词。从这个意义上讲，报道词能够起到组织结构的作用，而合理的结构不但有助于叙述层次的清晰有序，还能制造出节奏和悬念，使节目更加契合观众的收视心理。

除此之外，报道词的另一个作用便是协调各种视听元素。在后期编辑时，常常会遇到这样的情况——两个镜头之间有大跨度的时空跳跃或者根本不存在直接的逻辑联系，如果"硬接"，将使画面转换不流畅、不自然。这时，可以利用报道词来充当画面之间的"黏合剂"，通过语言的力量将画面连接在一起，实现自然平滑的过渡。"'叫板蒙太奇'就属这种，报道词提示画面，说到什么，画面就显现什么。报道词分散了观众对画面的一部分注意力，使这种组接显得顺畅。有些电视台为了用报道词计算时间，录好报道词后再填画面，使画面与报道词对位，这也是报道词组织结构，协调视听的一种做法。"[2]

第二节　电视深度报道写作技巧

深度报道的写作是一项极富创造性的工作，它对文稿不但有文字方面的要求，还有电视语言特征方面的要求。因为，报道词毕竟是电视新闻语言的重要组成部分，它和画面、同期声、音响、音乐等语言符号类型必须各司其职、各

---

[1] 许永.电视策划与撰稿[M].北京：中国广播电视出版社，2001：126.
[2] 高有祥.电视新闻的理论与实践[M].北京：中国社会科学出版社，2002：63.

取所长、分工协作,共同完成电视新闻表达的任务。因此,有必要对电视报道词的写作技巧做一番研究。

一、遵循 4C 原则

所谓 4C 原则,是指清楚(clear)、简洁(concise)、准确(correct)、口语化(conversational)四点要求。在西方电视界,为了方便记忆,使用四个 C 字母开头的词语来表达,所以称之为"4C 原则"。长期以来,它已经成为国际广播电视新闻写作通用的标准和衡量尺度。

清楚(clear),即是对报道词的语言规范性方面的要求,使观众听起来清晰明了,不至于产生费解或误解。报道词写作要遵守现代汉语的语法规则,要能做到意义完整、语序合理、层次分明、条理清晰、关系明确、突出重点。同时,在写作过程中,应该慎用那些独具地方特色的表达方式。因为,这种表达方式具有较强的地域色彩,对本地区以外的观众具有某种排他性。当然,现在有很多方言类的电视新闻节目,这类节目一般属于地方台新闻,收视范围有所局限,可以另当别论。

简洁(concise),是要求报道词能够做到简洁凝练、干净利落,切忌拖泥带水。我国古代著名文艺理论家刘勰指出,"随事立体,贵乎精要,意少一字则义阙,句长一言则辞妨"。电视报道词更应如此,因为电视新闻是以秒计时的,而且这种时间性媒体的信息容量要比平面媒体小得多(比如半小时的电视新闻所传达的信息要远小于一张报纸),在信息爆炸而播出时间又相对紧张的情况下,报道词一定要概括精炼、惜墨如金。

准确(correct)是和新闻真实性的要求紧密相关的,只有做到准确表达,才能使报道符合新闻事件的真实情况,否则将造成内容的失真、失实和评价的不公允、不客观。如此,轻则贻笑大方,重则造成新闻侵权。报道词的准确性体现在多个方面:首先是事实层面的准确,这个与记者的前期采访以及对相关消息来源的核实有密切的关系。其次则体现在某些关键信息或细节信息上,比如某些单位、团体、组织的名称以及行政区划和相关人员的职务名称要准确,如使用简称,必须是约定俗成的、公认的叫法;引用的数据、资料、史实要核对清楚;某些词语所带的褒贬、敬鄙的感情色彩要使用得当……最后,准确还体现在形容词和副词的使用上。形容词和副词具有限制和描写的功能,但是很多这样的词汇只能比较模糊地反映事物的状态,比如"高大"究竟高到什么程度,"快速"到底有多快,这些都是相对的。网络上曾有人这样讽刺某些记者的新闻写作:"开会没有不隆重的,闭幕没有不胜利的,讲话没有不重要的,鼓掌没有不热烈的,领导没有不重视的,看望没有不亲切的,接见没有不亲自的,进展没有不顺利的,完成没有不圆满的,成就没有不巨大的,工作没有不扎实的,效率没有不显著的……"就是因为记者使用的这些形容词在程度的表述上不是很精确。如果反映某位领导讲话很受欢迎,写成"五分钟的讲话,四次被掌声打断"就比"场下掌声如潮"更有说服力。

口语化(conversational),则是要求报道词写作必须考虑主持人/播音员的解说效果和观众的听觉效果,尽量使用符合人们日常交流习惯的口语表达方法。

二、配合画面

如前所说,报道词的写作者要熟悉电视视听语言规律,在写作过程中还应该按照"声画思维"的方式进行构思。所谓声画思维,是指记者在写作中既离不开声音也离不开画面。尽管从语言能力上讲,报道词可以完整地传播新闻信息,但对观众来说,他们既要耳闻,更要目睹,所以,记者在写作时,脑子里要不断地浮现、放映画面。在电视台里,有些记者甚至有这样的习惯——边看边写,直接在编辑台上完成报道词的写作。

在写作过程中,应如何处理两者之间的关系?简单地讲,两者应该各司其职、相辅相成。画面是电视的独家法宝,能显示电视的独有特色,所以应尽量使用画面进行表达,报道词首先应该避免与画面的竞争,凡是画面能够表现的,报道词就不需要进行介绍了,比如人物的外貌、体态、服装、行为,事物的外形、色彩、大小等明显的外在特征。

下面是一段传统风格的体育节目解说:

> 现在中国队前卫任彬在中场得球,他一脚长传,把球递给右边锋丛者余。丛者余沿着右边线带球,对方后卫上来阻截,丛者余过了一个人,到了底线,突然一脚传中,张宏根在禁区里抬腿射门,球进了

这里,报道词一直在描述场上球员的行动,和画面同步,紧逼不让。在今天看来,报道词完全抢占了画面的表达空间,而丝毫没有给出任何额外的信息,会让观众不胜其烦。类似的错误,记者不经意就会犯。比如我们肯定曾在电视上听到过"这是一座摩天大楼""这里正在开会""这人从那边走过来,又走

过去了"等许多没用的、多余的信息。电视报道词不是对画面的简单解释,决不能只看图说话,对观众一览无余的镜头,不要再去画蛇添足。

当然,也不能搞"声画两张皮",也就是说画面管画面,报道词管报道词,两者各行其是。这种方式曾经一度很流行,先请人写好一篇文辞优美的报道词,然后再配上一些"万能画面"。这种创作理念导致"看电视"直接变成了"听电视",画面是支离破碎、毫无逻辑的一套,画面的背后则是喋喋不休、自以为是的报道词,没有真实感、现场感,所以很快就被淘汰了。

所以,报道词一定要确定好自己的定位,不能喧宾夺主,更不能反客为主。电视是视听媒体,"视"为先,"听"为后。画面相对而言,更具有形象生动,富有运动感、现场感的特点,所以报道词应该时时表现出一种谦抑的精神,以画面为中心,配合画面去发挥作用。

当然,画面也不是万能的,它也有它的局限,"有它不能准确充分表达的地方,尤其对事物内部联系无可奈何,对世界复杂深刻的矛盾就更加一筹莫展。对过去的、历史的,无能为力;对将来的、前景的也无法展望。还有,电视画面可以拍摄到一个个五官体形,但对复杂的人物内心世界难以揭示。你可以看到一个人在沉思,他到底想些什么,你无从揣测。再有,画面有其多义性,有时甚至是暧昧的,有多种象征、隐喻。一个人文化背景不同,对同一现象理解不同"。① 这些地方都是报道词应该着力去解决的。也就是说,在电视新闻中,当画面能够很好地表达内容时,解说就退居其次,不说或少说,说也是画龙点睛式地点到为止。而当画面说不清楚或者不能充分表达记者的观点时,报道词就应该努力弥补其不足,实现双方的优势互补。

2006年中国广播电视新闻奖获奖作品《胡锦涛同延安人民一起过大年》就是一部画面、报道词相互配合、相得益彰的作品。在3分35秒的新闻当中,解说不过40秒,大量使用了现场画面:新闻一开头,是延安的典型镜头,巍巍宝塔下,延河大桥上,伴着喜庆的锣鼓,人们在欢度春节,在这个典型的环境中总书记出现在人群中"给大家拜年了"。在这20秒的时间里,没有一句报道词,让观众去充分感受现场的喜庆氛围。紧接着,在胡锦涛看望老红军刘天佑的过程中,虽然场景单一,但编辑时记者没有使用大量的剪辑镜头,而是尽量展示总书记和老红军交流的原生态。这一段中,只用了一句报道词,颇令人玩味:"突然见到总书记,刘天佑老人激动万分,像和自己儿子一样同胡锦涛拉起了家常。"这句报道词相当经典。乍一听,可能会觉得有些突兀,用"儿子"的比

---

① 陈静之.漫谈电视解说词的写作[J].时代文学,2006(3).

喻恰当吗？但看到镜头中，刘天佑老人激动高兴的神情和胡锦涛尊敬谦逊的态度，配上两人亲如一家的语言，此情此景，使用这句话轻轻一点，非但不过分，反而恰到好处，妙笔生花。①

作为记者，遇到这样的重大题材当然是幸运的。但要抓住好题材，做出好新闻，还需要多方面的努力，不仅要抓好前期采访，在后期的写作和编辑过程中，也要处理好画面和报道词的关系，多用画面表现现场氛围和现场细节，用篇幅恰当、意义深刻的报道词结构全片并点名主题。

最后，还有一点需要注意：报道词的写作要受画面长度的制约。如果采访获得的素材有限，画面长度一定，那么，最长的报道词也只能与画面长度相同。画面的长度一般以秒为单位来计算，所以报道词长度的配合要求十分精确。"一般来讲，有声语言播音的速度，同我们平常讲话的速度基本一致，大约每秒钟4个字，每分钟在200—250字左右。"②写作时，可以参考这样一个速度安排字数。当然在不同的情况下，这个速度也可快可慢，报道词的字数则可以相应地增加或减少。在声画合成时，如果报道词与画面长度配合得不好，就需要反复地修改，逐字逐句地进行删减，以求合适。

三、结合人物同期声

报道词和人物同期声是电视新闻的两大听觉要素，如果没有它们，电视新闻将变成彻彻底底的"哑巴新闻"，很难有效地传达出信息。与报道词的清晰明确、传播效率高、主观性强的特点相比，人物同期声具有客观真实、生动鲜活的特点。这两者往往相互穿插、交替，共同完成对新闻的叙述。比如2008年8月的《南京零距离·花甲空竹高手想找传人》：

> **主持人导语**：南京莫愁湖公园来了位抖空竹的高手。其实我们南京有很多人喜欢抖空竹，这里面也是卧虎藏龙。敢在南京称高手，一定是有绝活的，我们去看一下。
>
> （抖空竹画面）
>
> 解说：眼前这位年近花甲的老大爷姓马，退休前是车行工人。马大爷

---

① 吴军安，邱陆. 现场·细节·精品——浅析获奖作品《胡锦涛同延安人民一起过大年》[J]. 新闻知识，2008(6).

② 高有祥. 电视新闻的理论与实践[M]. 北京：中国社会科学出版社，2002：113.

说,自己抖的这叫长竿,光竹竿长就有6米多,是一般空竹竿长的3—4倍。

  朋友同期声:我们南京抖空竹的有千把人,但这种6米3的竿子是没有的。

  解说:马大爷说,抖长竿空竹的关键就在体力和脚法上,自己的这手绝活是用4年多时间才练会的。

  马同期声:第一步就是要体力,第二步就是手眼身法步都要结合上。有一点不到位,它就掉。

  解说:凭着自己的空竹技巧,马大爷曾在北京的空竹大赛中获得头名,连不少空竹界的大师都对其深表佩服。

  马同期声:这个长竿使的人很少,一般来说,到4—5米,就很少抖得上去了,一寸长一寸难,上面更难。

  解说:马大爷告诉记者,虽然自己的长竿技艺为自己赢得了不少荣誉,可现在他最烦恼的是如何找到适合的弟子将这门技艺传承下去。

  马同期声:有人想跟我学长竿,我欢迎! 我一定尽我的力量把我的(技艺)传授给他!

  在这则消息中,报道词层层递进,构成了整个叙事的框架,同期声则穿插其中,对报道词进行了具体的解释和拓展。报道词严整规范,同期声自然生动,两者一呼一应,形成了非常明快的报道节奏。

  在当前的电视新闻中,人物同期声越来越受到重视,连一些通常认为很严肃正统的新闻节目也在逐渐提高同期声的比例。比如有人曾经对《新闻联播》的同期声使用情况做过量化分析:1999—2000年中两周的《新闻联播》,使用同期声的新闻一共只有58条,占新闻总数的18.7%,不到五分之一。有同期声的新闻数量最多的一天仍仅占当天全部新闻的三分之一。而在2006—2007年中的两周里,使用同期声的新闻一共有178条,占新闻总数的41.3%,超过了五分之二。[①] 在等长的节目时间里,同期声比例的提高,必然意味着报道词比例的下降。那么,究竟应该在怎样的情况下使用报道词呢? 这里,我们提供几个原则。

  权威性原则。"人物同期声是一种'既见其人、又闻其声'的复合型符号类型,权威性——从特别的人口中说出特别的话——是人物同期声的核心特征

---

  ① 姚迪.《新闻联播》声音系统样本研究[J].青年记者,2007(下).

和使用原则。特别的人,或者是事件的参与者,或者是事件的目击者,或者是有资格的评价者。特别的话,或者是介绍亲身经历、感受,或者是陈述亲眼所见、亲耳所闻,或者是阐发事件的意义与影响。三类人的身份具有权威意义,三类人的话当然具有权威价值。"[1]在上例中,马大爷是新闻的重要当事人,所以一定要使用他的同期声,将其主要观点表达出来,这样才有权威性和说服力。

表现力原则。当采访对象表达得比较准确,同时语言也比较鲜活、富有表现力,甚至还伴有自然生动、富有感染力的表情时,报道词也要尽量避让。比如2007年江阴电视台的记者报道农村低保的问题,被采访的老人用江阴方言说:"现在每个月拿80块铜钱,我们老年人真个觉得不得了个幸福。"这样原汁原味的话,为新闻增色不少,尤其是当中的"铜钱"一词,显得贴近性、趣味性俱佳。而记者一开始准备用报道词代替,结果听起来就很别扭。[2]

经济性原则。一条短消息一般在1分30秒以内,报道词可以安排四五百字,可以把新闻诸要素介绍清楚,但是,传递同样数量的信息如果采用同期声则要花费更多的时间。可见,同期声绝不是万能的,我们提倡使用它,但也要防止对它的滥用。实践中,有些记者是为用而用,缺少推敲;而有些甚至是为了领导、朋友、熟人的面子和关系,安排同期声显示尊重和客气,制造所谓的"人情同期声"。这些做法都是极不经济的,人为地造成了节目节奏拖沓、时间冗长和信息量的减少。当记者采集的人物同期声不权威、不具表现力,或者谈不到点子上、缺乏信息量,或者磕磕巴巴、言不成句时,最明智的做法就是果断地将其舍弃,用报道词进行转述。这种转述可以直接使用陈述句式,比如"凭着自己的空竹技巧,马大爷曾在北京的空竹大赛中获得头名,连不少空竹界的大师都对其深表佩服";也可以使用"间接引语"的句式,比如"马大爷说,抖长竿空竹的关键就在体力和脚法上,自己的这手绝活是用4年多时间才练会的"。当然,"在电视新闻语体中,除了最常用的'说'之外,还有'表示、称、声称、声明、证实、宣布、报道、致辞、讲话、要求、重申、强调、指出、透露、呼吁、宣称、建议、预测'等"[3]。在写作时,应根据说话人的具体身份、说话内容和节目的语言风格来确定。

节奏性原则。无论是报道词还是人物同期声,如果总是同一个声音、同一

---

[1] 靳海涛.电视新闻解说词的功能定位[J].声屏世界,2007(上).
[2] 李晔.说真话,说自己的话——谈电视新闻中采访对象的同期声[J].视听界,2008(4).
[3] 李水仙.电视新闻语体研究[M].北京:中国传媒大学出版社,2007:69.

种语调、同一种语速滔滔不绝地在讲,一定会使观众产生"审美疲劳"。所以,如果长时间是一个人的同期声,而且没有什么兴奋点时,应该提炼其观点或者使用报道词进行转述。反之亦然,如果报道词过长,也可以利用人物同期声或者现场画面进行调节,或者通过演播室叙述、记者出镜叙述、画面解说这三种不同的报道词形式相互轮替进行调节。总之,报道词的写作要考虑到后期编辑的需要,不能写得太满,紧跟紧赶地,要留下时间给同期声或音响,或通过形式和人声的转换,形成听觉上的节奏,同时也给观众留下思考的间隙和余地。

四、根据节目类型,确定写作要点

不同类型节目中的新闻有着不同的特征和讲述方式,相应的,它们对报道词写作的重点和风格的要求也各有侧重。

解释性报道和调查性报道着力于对重要新闻事件和社会问题进行解释、分析或追踪调查。它们对报道词的要求是真实准确,能中肯地揭示有关事件或问题的实质,同时也讲究逻辑的严谨,环环相扣、层层剥笋。由于通常篇幅较长,在叙述上还应讲求故事性的技巧,可适当埋设伏笔和悬念。与解释性报道相比,调查性报道往往更强调记者不断深入、调查取证的过程,所以报道词的写作应体现记者的视点介入,注意叙事的人称。同时,调查性报道也注重让"过程"和"现场"说话,遇有关键现场画面和同期声,报道词也需要注意避让。

电视人物专访重在展现记者和采访对象的对话过程,采访对象的口头讲述成为报道的主要途径,所以报道词需要注意介入的时机和频率。在人物专访中,报道词主要用在节目开头、过渡和结尾部分。开头用以交代采访的缘由,介绍采访对象的背景信息,以及说明采访的目的或重点。过渡的任务则是承上启下,为不同的谈话段落架设逻辑的桥梁,以及为局部和细节部分的访谈展开背景。结尾则着眼于概括访谈成果,或者顺势拓展开来,引发观众进一步的联想和思考,语言上一定要注意言简意赅,切不可画蛇添足。

纪实性深度报道强调现场真实感,重在通过画面和同期声、音响来承担节目叙述的主线,所以切忌报道词的过度干预,应多留空白。这里,报道词的作用主要在于揭示事件发展的起始、发展、高潮和结果,反映人物的内心世界。通常要以"未知视角"写作,体现同步观察和同步选择的记录过程。写作时,应着力强调纪实的风格,讲究真实、客观、平实、质朴,同时又要善于将记者的所思所想渗透其中,让观众自己感悟出事件背后的主题和深意。

第三节 立足于听觉规律的写作

报道词如果仅仅停留在文字阶段,那它是没有生命力的。它必须经过编辑,与画面整合,最终转化为有声语言的形式,让观众"听"到它。所以,在报道词的写作过程中,一定要为声音的表达着想,为观众的收听着想,重视某些特定的听觉原理、听觉习惯,尽量让其符合通俗化和口语规范化的要求。

一、通俗化

电视是面向各个阶层、各个领域普通大众的现代媒体,其接受对象可能是学富五车的学者教授,也可能是目不识丁的文盲,所以一定要讲求语言的普适性和通用性,而通俗化便是达到这两性的唯一途径。

所谓通俗化,就是在坚持语言准确、规范的基础上,尽量汲取日常交流语言通俗平易、生动活泼的特点,多说浅白易懂的词语和句子,让观众一听就知道你说的是什么。正如老舍先生所说:"世界上最好的文字,就是最亲切的文字。所谓亲切,就是普通的话,大家这么说,我也这么说,不是用了一大车大家不了解的词汇。"在进行报道词写作时,不必也不能咬文嚼字,堆砌书面语言和华丽辞藻,追求所谓的"高雅"。相反,要用口语说话,力求通俗,大俗才能大雅。再高深的内容,只有通俗了才能让观众心领神会。

要做到通俗化,除了像口语交流一样说大白话外,还有以下一些技巧。

1. 转化专业词汇和专业表达方式,淡化专业色彩

电视新闻是一个海纳百川的开放性舞台,科学、社会、人文、艺术等各个领域的最新动态和最新发展都会在这个舞台上展现。而很多专业领域内部的表达会使用极其深奥的术语和严密的逻辑,要将其搬到电视新闻中,就一定要想办法转化其表达方式,简化其专业逻辑,淡化其专业色彩。比如,一则新闻的导语是:"美、英、德三国科学家分别经过实验证明,在核酸长链中,各种核苷酸的不同排列组合,决定蛋白质的合成,进一步决定了生物的各种性状。"这样的导语肯定是失败的,艰涩的术语让人不知所云,更无法有进一步了解的兴趣。如果换一种写法:"美国、英国和德国的科学家们分别经过实验,初步确定了生物中决定蛋白质合成的密码是什么。"这样的写法,既避开了专业术语,同时也

注入了悬念,能引起观众的收视/收听兴趣。

2. 合理运用修辞手法

修辞是赋予语言形象性,增强语言表现力的重要方法,在各类文学作品中,我们经常使用它。其实,在新闻报道词的写作过程中,我们适当借鉴,也能起到化繁为简的良好效果。

比如,2008年北京奥运会赛事新闻中的报道:"陈艳青11岁开始跟他(教练)练举重,每年大概只有不到10天的休息日,而算下来平均每天陈艳青举起的杠铃重量都在3万公斤。19年来,陈艳青一共举起了近21万吨重的杠铃重量,这等于1 155架波音747飞机的重量总和。"这里通过累计换算和类比的方法,使抽象的数字一下子变得形象可感起来,奥运冠军的勤奋努力不禁令人感慨和钦佩。当然,修辞手法的使用也要防止过度的渲染、夸张,否则将会对新闻真实、客观的本性造成负面的影响。

3. 使用诙谐、幽默的表达方式

诙谐、幽默的表达方式不仅仅能让人听得懂,更可以使人产生听的欲望和兴趣。比如,安徽电视台民生新闻栏目《第一时间》中播出的一条新闻:"宁国南路呢,是合肥的一条美食街,可不知道什么时候开始,一到晚上这条路上就来了不少'指挥通行'的人。不过路过的市民说,这些人可不是来维持交通秩序的,他们是专门来添堵的……在宁国南路与九华山路口站着'四大金刚',看这手势有点像交警,可他们干什么大家都知道……"。这是《第一时间》对路边小饭馆拦路招揽生意的报道,"指挥通行""添堵""四大金刚"等具有反讽意味的诙谐幽默的词语,使这则舆论监督报道显得不那么严肃古板,反而增添了一些趣味。

二、口语规范化

强调报道词通俗化、口语化的同时,不能忽略了它的规范化要求。因为,以报道词面目出现的口语不能完全等同于人们日常交流中使用的那种随意性的口语。在日常交流中,人们说话的随意性很大,有时是随口而出,有时是心不在焉,有时会夹杂着各种方言、俚语,有时还会出现各式各样的口误。这样的口语表达不但没有效率,而且极容易让受众不理解,或产生错误理解。所以,报道词写作运用的口语,必须是戒除了这些日常口语随意性、不规范的缺点,同时也吸取了书面语严整规范优点的精粹性口语。

口语的规范化既体现在词汇方面,也体现在语法方面,具体包括以下几点。

1. 使用普通话

电视有推广普及普通话、规范使用通用语言文字、维护祖国语言和文字的纯洁性等方面的示范作用。国家广电总局也多次规定,除特殊需要,一律使用普通话,不模仿有地域特点的发音和表达方式,不使用对规范语言有损害的口音、语调、粗俗语言、俚语、行话。其实,单从应用角度来讲,电视报道词遵守普通话的表达规范,能够最准确、最高效地传递信息,消除观众与电视传播者之间的语言和心理隔阂。

当然,随着电视市场竞争的加剧,一些地方电视台民生新闻节目中采取了方言播报的策略,这也是一个不容忽视的现象。方言新闻节目对本地域观众有着潜在的文化认同性,也为地方台新闻节目赢得了一定的生存空间。但是,这样的节目不适合在全国范围内或者在上星频道传播,也不能适用于所有题材的新闻和所有样式的栏目。

2. 少用单音词、同(谐)音异义词

在报道词中,应少用一个音节的单音词,多用表意具体的双音词,会让观众听得更清楚。比如,"已、曾、虽、因、但、应、并、及、自、然、希……"应该改为"已经、曾经、虽然、因为、但是、应该、并且、以及、自从、然而、希望……"。

汉语中还有为数不少的同音异义词或者谐音异义词,使用时要格外注意。比如"全部(不)及格""期中(终)考试""切忌(记)""致(治)癌物质""形式(势)"……这些容易引起误解的词应尽量少用,或者转变说法,比如,将"全部达标"说成"全面达标",将"期终考试"说成"期末考试",将"切忌"说成"千万不要",将"切记"说成"一定要记住"……这些同(谐)音异义词,在写作过程中不易发现,但在朗读时却能相对容易被发现。所以,记者在写完报道词后一定要养成小声朗读一遍的习惯。

3. 少用关联词,适当使用语气词

关联词在书面语中运用比较频繁,但在口语中过多地运用它,会让人感到啰嗦、累赘、拐弯抹角。所以,在不影响理解的情况下,尽量少用关联词。比如,"因为太热,所以我不想出去"可以改为"太热了,我不想出去","尽管他一再解释,但是我仍然不相信"可以改为"他一再解释,我仍然不相信",去掉关联词,意思没有变,但感觉更加清晰,传播效率也相应提高了。

语气词倒是可以适当运用,用得好,说话会更加亲切、更加传神、更加具有感染力。比如,一则关于药价的新闻,是这样说的:"观众朋友,在生活中谁都免不了头疼感冒、就医买药,看我手中的这两盒药,同一个厂家生产的同一种药,但在不同的药店购买,价格却不一样,一盒是5元,一盒是9元,你会信吗?不信?那就跟我一起去看看吧"。几个语气词的应用,透着几分真诚,也带着极大的鼓动性,让观众自然而然地跟着主持人一起"看新闻"去。去掉语气词,就不一定能达到预期的效果。当然,语气词也忌滥用,每句话都加个语气词,也会让人听了不舒服。

4. 合理使用代词

代词具有指代功能,比如"他、她、它""这个、那个""前者、后者""该市、该省"……,在文章中适当使用代词会显得比较简洁,避免不断重复。同时,在电视中,代词可以与画面所表示的内容相照应,将画面和有声语言有机地连接起来,造成声画同步的效果。比如,"这里是南京市新街口广场""这件作品全球仅此一件"……

但是代词使用过多,尤其在指代对象关系比较复杂时常常会让人发蒙。电视是一个线性传播的媒体,更容易发生这样的情况。因为观众不一定是在新闻刚开始的时候就已经收看,而且收看过程中随意性也很大,很多关键的指陈对象他没有听到或者没有认真听。在报道词写作中一"代"到底,特别容易把人搞糊涂,观众不知道"这个"到底指的是哪个。所以,代词指陈对象的适当重复是非常必要的。比如,下面这段报道词:

> 州长琼斯已经宣布他将参加竞选。这是州长在同史密斯市长的一次谈话中透露出来的。他说,他因为做出这一决定而感到高兴。

这当中,连续三个"他",哪个指琼斯,哪个指史密斯,在稍纵即逝的电视语言中,是很难分辨的。不如将其改成:

> 州长琼斯说,他将参加连任竞选。这位州长是在同市长的一次会晤中透露原定计划的。琼斯还说,他因为做出这一决定而感到高兴。[①]

---

① 李水仙.电视新闻语体研究[M].北京:中国传媒大学出版社,2007:92.

5. 适当重复"××说"

报道词常常会以"××说/表示/强调/认为……"这样的形式,转述某个人的说话内容。当这段话篇幅比较长并且有多个层次时,书面语写作可以一下写到底,甚至不用分段,但是口语就不能只用一个"××说"一转到底了,否则观众听起来就会感觉疲劳,而且很难分清楚这段话中有几个层次,并全面掌握其内容。这时,可在不同层次的开始部位稍作停顿,并重复一次"××说",以提醒观众注意。比如,2008年5月24日CCTV-2《全球资讯榜》播出的《关注国际油价　美能源部长拒绝动用战略石油储备》:

> 对于高油价,美国能源部长塞缪尔·博德曼近日在美国众议院说,美国政府不会动用战略石油储备平抑油价,建立战略石油储备的目的是应对紧急需要,而不是影响价格。他表示,油价飙升的主要原因是市场需求激增和地缘政治局势紧张等;为了应对高油价,美国将开发更多的传统能源资源,例如增加国内石油生产,同时开发节能技术和替代能源。

说话者是同一个人——美国能源部长塞缪尔·博德曼,第一个"近日在美国众议院说"表示美国将出台某项政策;而第二个"他表示"则是向观众传递另一个层面的问题——出台这项政策的原因和具体措施。这样听起来就很清晰,而且不会遗漏要点。

6. 避免倒装句

英语句式常常有倒装的情况,但是汉语通常不使用这样的句式。汉语的句式一般主语在前,谓语在后;动词在前,宾语在后;形容词在前,中心词在后;先提出对象,再对其加以说明……这样的语序,自然流畅,符合中国人的说话习惯。反之,就不太顺耳。比如,"你太狡猾了,我觉得!""真棒啊,你!"这样的说法虽然在日常口语中也时有使用,并且带有某种强调的意味,但它不符合正式口语的规范要求,在报道词中听起来会比较别扭。

除了听起来顺耳不顺耳、舒服不舒服,倒装的句型有时还会影响信息传达的效率。比如,"江淮汉水流域华南西南地区东部等地雨水较多,降雨量接近常年同期或偏多2—5成,局部地区偏多一倍以上,其中华南南部等地的局部地区降水量可超过200毫米,这是预计未来十天的天气情况"。当观众听到前面一部分时,就会纳闷:这到底是什么时间的天气啊? 等明白过来时,天气预报的具体内容已经结束了。如果将其改为正常语序,"预计未来十天的天气情况是……"观众在开始就获得了提示,从而从"无意注意"状态转入"有意注意"状态,将会特别关注后面的内容。

7. 多用短句,慎用长句

所谓短句和长句,并没有严格的界限,一般凭语感区分,字数较多、结构较复杂、意思较丰富的句子为长句,反之即为短句。在报纸新闻中,为了尽量表达丰富、深刻的意思,写作者常常会使用长句,这并不妨碍读者的理解。因为报纸可以翻来覆去反复看,同时现代人思维的精密化也允许了这些长句的出现①。

但是通过口语传播的电视报道词却要谨慎使用长句。这一方面是因为,报道词是写出来让主持人/播音员读的,在紧张的工作节奏下,句子太长会使其造成气息紊乱,甚至还会错误断句;另一方面,在听的过程中,由于有声语言传播的线性、易逝性特点,和人脑的短时记忆能力的限制性,常常使观众听了后面忘了前面,所以过长的句子是不方便理解和记忆的。因此,遇到过长、过于复杂的句子要尽量将其改为短句。比如,"朝阳县卫生防疫站最近对查出的不符合卫生标准的酱油、月饼、汽水、奶粉等10多个品种,价值1 800多元的变质食品进行了没收和销毁"。不如将其改为"朝阳县卫生防疫站没收和销毁了最近查出的一批变质食品。这批变质食品有酱油、月饼、汽水、奶粉等10多个品种,价值1 800多元"。

当然,在有些情况下,尤其是时政新闻和科技新闻、财经新闻中,一些词汇和表达方式有约定俗成的习惯和要求,长句就难以避免了。比如:

(中午12时),(胡锦涛主席和夫人刘永清)(在人民大会堂北大厅)(迎候)(110多位前来出席北京奥运会开幕式和相关活动的)(外国国家元首、政府首脑、王室代表、地区领导人、国际组织代表和配偶),(同他们一一握手),(互致问候)。

人脑理解长句是一种信息加工过程,它极大地依赖人的短时记忆。也就是说,人是一边听一边记忆,然后再将前面记忆的内容和后面的内容相联系,

---

① 按照王力在《汉语语法史》中的观点:长句的发展标志着人类思维的发展。从逻辑上说,这是从简单命题到复杂命题的发展。粗略地观察一下,我们就能发现:《孟子》的长句子比《论语》多,《左传》的长句子比《尚书》多,《史记》的长句子又比《左传》多。现代人适应长句子的能力要比以前人强多了。

产生完整的理解的。如果句子过长,使短时记忆超过能力的极限,这个理解过程就会发生混乱。短时记忆的限制依据 Miller 的测定,是 7±2 个"组块",一旦超过这个组块,人脑对这个句子的理解就会发生障碍。[①] 在上面的例子中,共有 8 个组块,已接近人的听觉能力的极限,但还在其允许范围之内。同时,这个句子虽然较长,但其主体部分"胡锦涛和夫人迎接××"的结构还是典型的主谓结构,这也降低了观众认知的难度。以下两点也为长句子的写作提供了一些参考原则:一要将"组块"限制在 7 个左右,二要保证句子主干结构的简洁性。

第四节 立足于叙述功能的写作

所谓叙述,是指各类文体创作的基本手法,这里主要指客观性地陈述新闻事件发生发展的过程、人物活动和思想的过程、现象和问题演变的过程,并在此过程中交代和铺展各项要点与细节。

法国学者热拉尔·热奈特说,叙述就是叙述者和时间进行的游戏。电视是最适合进行叙述的媒体,因为它是按照时间顺序线性传播的。无论是具有单一时间线索的事件,时间纷杂、空间多维的复杂现象和问题,还是抽象的人物个性和观点,都必须进行历时性的叙述,经过叙述才能把一切铺陈展现给观众。

一、报道词的叙述能力和地位

有声语言属于时间范畴,它可以将一个个事件序列和逻辑环节按照时间关系进行排列组合,非常符合叙述的方式要求。因此,有声语言被认为是电视深度报道的关键性叙述要素。与此相比,限于时间长度,电视画面只起到"证实作用",画面之间并没有多大的连贯性,因此不能构成连贯的叙述情节,必须由画外解说来辅助完成叙述情节的构造。曾经有人做过一个实验:找几个人一起看电视新闻,分别分析他们在没有声音和没有画面的状态下,接受信息的结果。"如果在收看时,关掉声音开关只看画面,也不看屏幕下方的字幕,看过 10 条新闻后,只能回答约百分之十几的有效信息。但是,转过身去,只听声

---

① 桂诗春.新编心理语言学[M].上海:上海外语教育出版社,2000:104.

音,不看画面,看过10条新闻后,却可以回答约百分之八十以上的有效信息。"①这个实验有力地证明了有声语言的叙述能力。

有声语言主要包括两种形式:报道词和人物同期声。相比而言,报道词的表达方式更加严整规范,所包含的新闻要素更加齐全,因此它的叙述能力更为强大。

既然如此,是不是报道词就可以完全承担起叙述的重任?可以这么认为!当报道词的叙述作用发挥到极限,其实就变成了报纸新闻。报纸不就是通过文字语言来叙述的吗?然而,与声画俱全、主观性与客观性俱全的电视相比,报纸的叙述似乎总是欠缺那么一点"色彩"。对于一些场面、细节、人物个性的叙述和描写,报纸再怎么传神,再怎么栩栩如生,也达不到电视形神兼备、身临其境的效果。其实,这说明了一点:报道词在赋予叙述对象"色彩"方面还是有缺陷的。与此同时,报道词是从记者主观视角出发的一种"他述",而画面、同期声是当事人、目击者等具有发言权威性的人物所做的自我呈现和自我表达,是一种"自述",其真实性、可信性、客观性都相对更强,人物"自述"过程中的状态和个性特征也得到了展示。而且,新闻的叙述主体由记者一个人变成了多个人,这使得记者的主观倾向性变得更加隐蔽,新闻的叙述视角变得更加多元,话语力量变得更加平衡。

所以,客观地讲,报道词的叙述能力的确很强大,但是与画面、同期声等要素相比,却是各有千秋。报道词的长处在于恢复、展现事件发展和逻辑延伸的时间连续性,重在基本事实的陈述;而后者的长处则在于让事件和人物自我展示他们在空间和意义上的复杂性与丰富性,重在展现他们的原生状态。前者是后者的基础,后者则是前者的发展和延伸。在电视新闻节目中,两者往往是纵横交叉、互相渗透、协调一致的,目的都是做好叙述、讲好故事。

至于报道词的叙述地位,必须依据具体情况而定。如果这则新闻强调时效性,来不及同步拍摄更多的画面,或者它更强调观众接受的高效率,不用过多地调动各项感官去理解和体会,就应该重点发挥报道词的叙述功能。比如,电视短消息,为了求新、求快,制作周期短,篇幅也短,几十秒的时间只能十个左右的镜头,这时报道词就理所当然地应该成为叙述的主导力量。如果时间上允许精雕细刻,同时要展现场面、情节、细节和个性等要素,要让观众有一个慢慢欣赏、品味和思考的时间,报道词就应当尽量退让,让画面、同期声担当起叙述的主角。

---

① 高有祥.电视新闻的理论与实践[M].北京:中国社会科学出版社,2002:60.

二、报道词的叙述方式

所谓叙述方式,就是指报道词是如何体现自己的叙述功能的,或者说,是在哪些方面发挥自己的叙述作用的。

1. 开篇走笔

在电视新闻中,开篇第一段一般以主持人口播叙述、记者现场出镜叙述或者"画面＋解说词"叙述的形式出现,这三者都以报道词的写作为基础。根据心理学的规律,开篇会对观众起到首因效应,将直接影响观众往下收看的兴趣,所以报道词写作非常重要。开篇在消息类报道中有总体概括的要求,一般称之为"导语",在深度报道中则相对灵活,但都要求简洁,在叙述功能上都要求能吸引观众和揭示主旨。

常见的开篇形式有四种:

(1) 告知性开篇,直截了当地告诉观众有什么新闻事件发生。比如:

> 记者昨天从铁道部了解到,下半年铁路建设步伐将进一步加快,全年预计完成投资3 000亿元,多条客运专线陆续开工建设。

(2) 引入型开篇,告诉观众当前有某种现象或某个事件,至于这种现象或事件有什么问题值得关注,请听慢慢道来。比如:

> 我们都知道,衡量一家酒店的档次有多高,就看这家酒店有几颗星。从二星到五星,星越多酒店越豪华。而在汽车行业里,也有这么一个星级评定,得的星越多,这辆车就越安全,这个标准,相信很多人都见过,叫C-NCAP,不少厂商和消费者都把这个标准当成衡量汽车是否安全的重要参考,我们就先来了解一下。

(3) 诠释性开篇,对新闻所蕴含的明显意义或者新闻价值进行揭示或诠释,达到开宗明义、直接以主题吸引观众的目的。比如:

> 晚上好,欢迎收看《新闻1+1》。有人说:"深圳市的房价在2007年是坐直升机,而2008年就是坐滑梯。"前一段时间,深圳市的个别业主主动采取"断供"这种方式,又引发了人们对于深圳市楼市的特别大的关注。

那么有人就说,深圳市楼市这种不景气到底是一种偶发的个案,还是说它是一种趋势?另外,楼市的这种不景气在未来是否会传导到金融的其他领域,从而引发危机?还有,对于房地产商的一些关于政府需要"救市"的这种说法,大家又是什么样的意见、什么样的看法?今天我们演播室特别请到了对外经贸大学金融学院的副院长丁志杰先生,我们听听您的看法,首先您怎么看深圳市最近出现的这种"断供"的行为?

(4) 故事性开篇,强化新闻的故事性元素,甚至制造悬念,这种方法对观众的吸引力是最强的。比如:

LV这两个普通的字母,在很多消费者的心目中却非同一般,因为它是法国顶级奢侈品品牌Louis Vuitton的缩写,尽管这个品牌的东西贵得惊人,但不少追求时尚的人,宁可节衣缩食,也要背上一个LV的背包。然而,让很多LV的中国粉丝大跌眼镜的是,不久前,路易·威登却因为质量不合格,被浙江工商部门查处,这么知名的牌子,这么贵的包,怎么还会出现质量问题呢?

2. 推动情节

电视新闻报道,严格来说,是属于过去时态的,即使是现场直播,其叙述也是对瞬间已经发生的事件的报道(除非它没有解说,纯粹让受众自己来判断画面的真相和意义)。电视画面和同期声是必须实时拍摄记录的,多数时候,当记者赶到现场时,事件已经发生,所看到的此现场非彼现场。报道词是人主观思维的体现,它具有回溯的功能,可以交代时间、地点、人物、事件等所有叙事要素。[①] 同时,由于画面具有不连贯性、不完整性,而报道词又具有极强的概括性和建立逻辑联系的能力,所以在新闻节目中,事件的发展进程往往由报道词来交代,其横断面的具体展开可以由画面、同期声完成,对事件的反应和评价则可以由采访来完成。

3. 交代记者行踪

在采访过程中,摄像机一直跟着记者跑,但是它不能记录自己的行踪,即使记录下一些行进的画面,也无法准确告诉观众记者到底去了哪里,具体要干

---

① 罗卫光.电视深度报道的叙事学研究[D].广州:暨南大学,2006:14.

什么。然而,有时这样的交代是十分必要的:一方面,给观众一个提示,引起其注意——下面记者将要调查了解的重点是什么,以及记者的逻辑思路是怎么发展的;另一方面,即使记者的采访遭到拒绝,努力失败,也能告诉观众,"我努力过了"! 很多时候,这种失败也说明了采访对象的某种态度和事件的某种状况。在类似的情况下,可以通过报道词进行记者行踪、调查路线的交代,这在调查性报道中是比较常见的。此外,通过记者行踪的交代,还向观众暗示了报道的介入视角——一个目击者或经历者的视角。

4. 影响对画面的注意和理解

很多时候,由于拍摄条件的限制,前期采集来的画面素材并没有能够把关键信息突显出来,或者即使突显出来了,但普通观众由于在经验和专业知识方面的缺乏,还是不能够主动发现它并明白它的实际意思。这时候,就必须通过记者之口提醒观众,画面上的关键信息在哪里,该怎么去理解。比如 2001 年 9 月《新闻 30 分》播出的《年年出炉新月饼　周而复始陈馅料》,记者通过长焦镜头从远处偷拍到做月饼的工人从车间将陈馅料拉出来,但是由于距离太远,馅料上面长满的霉菌却看不清楚。于是,记者通过如下解说对观众进行了提醒:"在这些馅料里,有许多已经发霉变质。请注意这一桶豆沙,据当时的目击证人说,上面已长满了霉菌。还有这箱凤梨馅,我们也能清楚地看到,这些发绿的部分,就是已经长出的霉菌。在这箱馅料上,还摆放着一张说明标签,标明它们原本的生产日期是 2000 年 9 月 9 日。"

另外,画面符号的多义性常常影响人们的理解。比如,一幅城市车水马龙的画面,就有可能具有多种含义:配上轻快的乐曲,就表现出城市的生机勃勃;配上汽车疾驰的车轮声和间或的喇叭声、自行车铃声,就表现出城市生活的紧张繁忙;配上强烈的嘈杂声,则表现了城市的拥挤不堪。那么,对于多义性的画面,可以通过配上解说,赋予其特定的含义,使人们的理解固定化。

三、叙述的基本要点

叙述的基本要点,就是在一般的新闻报道中必须具有,而画面、同期声又难以提供的信息元素。这是发挥报道词叙述功能的关键点,所以需要加以注意。

1. 时间、地点、人物

在新闻报道中,时间、地点、人物一般是不可或缺的叙述要素,但是由于它们都是抽象信息,无法直接表达画面,所以表达任务一般就落到了报道词身上(当然字幕也可以)。

时间的表达,首先是凸显电视新闻时效性的一种手段。目前,新闻中"截至今天×点""本台刚刚收到消息"等已屡见不鲜,而"近日""最近一段时间"等表述正在减少,而且大多出现在时效性要求不高的深度报道中。其次,报道词中时间词语的使用,还可以构成深度报道的整体结构。因为当人们对新闻事件进行关注时,最符合思维规律的就是按照时间发展和流逝的顺序。

地点的表达同样具有双重作用,一方面,告诉观众事件发生的具体位置;另一方面,记者在事件发生地出镜对地点的介绍和周围环境的描述,能够明确无误地向观众表示"我在现场!",从而提高报道的权威性。

人物的形象可以通过画面看到,但是人物的身份、人物的作用这些抽象信息一般需要文字语言来交代。在新闻报道中对于第一次出现的人物或事物,尽量要采用"全称短语"——前置成分(头衔、地点、年龄等)+核心名词来指称,比如"欧盟负责外交和安全政策的高级代表索拉纳""莫愁湖公园的一名游客""农业部的一位官员";当人物信息实在无法全面了解时,才可以采用"不定短语"(如"一男子")。"这种指称方法(全称短语)一方面满足了新闻表述时准确、高密度信息的叙述要求,另一方面也遵循了人们认识新事物的信息认知规律,即在第一次提及某事物时希望多获取相关信息。"[①]此外,所谓人物,不光包括新闻人物,也包括新闻来源,明确交代新闻来源可以增强新闻内容的真实可信度,从而提高新闻的价值。当然,为了保护新闻来源而故意隐匿其信息的情况除外。

2. 背景材料

任何新闻事件都不是突然发生的,它总有一个从量变到质变的过程,总有来龙去脉、前因后果。记者不仅要善于发现新闻事实,还要善于挖掘背景。合理地使用背景材料不仅能深化报道层次,提高其新闻价值,还将有助于观众正确地认识、理解新闻事件。

对于背景材料的位置,消息类新闻一般将其放在最后,这是借鉴"倒金字塔结构"而形成的一种思路。比如:

> 去年年底,31岁的姜岩在写下声讨丈夫"婚外情"的博客后,跳楼自

---

① 蔡玮.新闻类语篇的语体学意义[D].上海:复旦大学,2004:84.

尽。这一事件一时间引发了网友的强烈关注。随后网友发动了"人肉搜索",开始以各种方式谴责姜岩丈夫王菲的行为。今年4月,姜岩的丈夫王菲以侵犯名誉权和隐私权为由,将发布了相关内容的3家网站告上法庭,此案也被称为"人肉搜索第一案"。9号上午,法院第三次开庭审理此案。

……

人肉搜索,指的是通过大量人工参与来寻找问题答案的网络机制,物、事甚至人都可以成为搜索的"猎物"。由于对人的这种"人肉搜索"往往涉及一些个人的敏感内容,很容易引发法律纠纷。目前,此案还在进一步审理中,法院将择日宣判。

——《新闻30分·"人肉搜索"案再开审 网友手机直播被赶出法庭》

相比而言,深度报道中报道词对于背景材料的叙述则没有那么严格的要求,它应该依据节目的总体结构,灵活地安排到需要的各个部位,通常运用"插叙"的方式。

3. 细节

谈到细节,很多人的反应就是应该用特写镜头,因为特写具有集中和凝练的功能,还有极强的表现力。但镜头的景别是前期拍摄就已经决定了的,况且在拍摄阶段,由于各种具体的原因,摄影记者不一定能获得细节的特写。很多细节是以隐性的状态存在于画面镜头之中的,由于画面具有多种解释的可能,所以这些细节稍不留神就会被错过。因此,报道词需要对重点细节进行提示,起到放大、强调作用。这样既可以使观众从"无意注意"转为"有意注意",又可以把细节纳入总体构思之中,为主题服务。

除了画面中的细节,还有一些细节无法通过画面、同期声表现出来。我们在"采访中的观察"这一章里讲过,相当一部分细节信息(如气味、味道、质地、温度等)是无法通过视觉和听觉感知的,所以观察要多感配合,全面感受。在报道词写作的过程中,这些观察成果应当表现出来,从而起到锦上添花、深化主题的作用。比如,我们在报道火灾时,通过画面,观众可以看到熊熊大火和听到因大火而引发的爆炸声,但是无法感受到现场的温度,这时我们就可以用报道词去说明,以此来渲染、强调火情的严重。

第五节　立足于评论功能的写作

深度报道都或多或少蕴含着记者的观点,所以它是表达传播者意见和观点的节目类型,只是有些节目观点表达得比较直接,有些则比较含蓄。报道词能够最有力地体现概念、推理、判断等思维元素和过程,广泛而自由地进行逻辑思考和想象、联想,所以它是发表评论的重要语言工具。

一、评论写作的特点

1. 权威性、导向性

当前的社会是一个越来越多元、越来越复杂的社会,人们在面对各种各样的社会现象和问题时,常常限于自身的总体能力和水平,对其中的一些问题认识不清楚、不全面,甚至于产生错误的认识。对于这种情况,新闻媒体可以发挥其强大的释疑解惑、舆论引导的功能,对人们的认知和行为产生影响。新闻媒体传递的信息有两类,一类是普通报道传递的事实信息,一类则是对事实信息的解释和评价,也就是新闻评论传递的意见信息。"从传播效果来看,由于不同的人对事实信息的解读可能存在较大悬殊,评论的导向性体现得更加直接,这也正是评论得以成为媒体'旗帜'和'灵魂'的原因所在。"[①]

在电视深度报道中,事实信息的叙述由多种符号共同完成,重在强调其现场感和生动性,而评论信息则大多由评论人员直接面对观众进行传递,重在表现其语言的力度和态度的郑重,从而从外在形态上赋予它更浓烈的理性色彩。因此,电视评论更具权威感,其导向性也更加鲜明。这其实对电视评论的写作也提出了要求:论点要正确,要鲜明,要有一定的理论高度、政策高度,能够阐发党和政府的政策立场,反映人民群众的呼声;论据要典型,具有说服力;论证过程要符合逻辑,懂得在核心问题上下功夫。

2. 思维方式的双重性

思维方式的双重性,是指评论的写作必须同时使用抽象思维和形象思

[①] 陈笑春.电视新闻采编学[M].成都:四川大学出版社,2007:264.

维,两者密不可分。电视评论是画面、同期声形象化叙述和报道词抽象化议论的结合体,呈现出来的风格往往是夹叙夹议或者先叙后议。作为评论,它离不开概念、判断、推理等抽象化思维元素,离不开剥离表象、深入本质的思维分析过程,也离不开表达论点、体现思路的外化逻辑思维脉络。但是,传播学的规律表明,电视观众在收视过程中是具有随意性的,重在感性,评论的绝对抽象化、概念化很难被观众理解、接受,纯粹的抽象信息很难达到说服的目的。因此,电视新闻评论必须从形象化的事物着手,运用形象的论据来说明抽象的道理或原则,同时在论证过程中应尽量淡化逻辑色彩,弱化过于严密的论证过程。比如,在对一些交通不文明行为进行批评时,可以通过画面将闯红灯横穿马路、翻越道路隔离栏等不文明行为"曝光"出来,让观众认识到问题存在的普遍性,并对此产生心理反感,他就会自然而然地认同评论所要揭示的"维护交通秩序""提高社会文明程度"要靠大家共同努力的道理了。

3. 语言风格个性化

无论是"用事实说话"的电视述评(如《焦点访谈》),深入分析型的电视访谈,还是灵活幽默型的新闻点评,都有一个评论的外化主体——主持人/记者或评论员。报纸新闻评论与电视新闻评论的一个区别便是,报纸是隐匿评论主体的,我们在报纸上只能看到论点、论据和论证思路,却看不到评论者,"只闻其声,不见其人"。而电视是外化评论主体的。这是电视独有的评论信息传播方式——人际传播与大众传播相结合的方式。评论信息由电视传播给观众,这是大众传播的特征;而主持人/记者或评论员面向观众进行评论,则是一种虚拟的人际传播形态。人际传播调动了涵盖语言、表情、动作、姿势、神态在内的整体感知,使人们获得了超越语言之上的亲密感,同时也赋予了评论者独有的个性魅力。久而久之,评论者就获得了外在的权威感和劝服力,成了名副其实的"舆论领袖"。当然,人际传播必然要求评论者能够用自己的语言说话,形成自己的语言风格,否则千篇一律的严肃认真,就是报纸的翻版了。

4. 语言表达的精要性

电视新闻评论讲求"片语居要,要言不烦",也就是用最精炼的话把自己的观点讲出来。这一点,报纸评论有所不同,虽然它也注重语言的简洁精炼,但是报纸的阅读过程是一个非线性的信息接受过程,读者可以通过对一篇评论的反复研读、仔细品味来把握其论点,而且只有当文章的论证过程具有文字上的严密性时,读者才能产生阅读的快感。人们常用这样的词语来形容报纸上的评论文章——"排山倒海、大气磅礴",当然这主要指语言的风格,但要有这样的"质",没有一定的"量"是不行的(这里的"量"既指词汇语句的数量、篇幅的长度,也指论证技巧和修辞手段的广泛运用)。电视虽然也要求论证的逻辑性、严密性,但这样的工作很多都是由画面和采访完成的。比如《焦点访谈》的直接评论较多地体现在最后的主持人点评之中,其论证过程在前面的故事叙述过程中已经完成了;《央视论坛》中的评论则是通过主持人的采访来完成,主持人退而成为观点信息的征询者,而不是直接表达者。所以,在电视新闻评论中,除了特殊的题材需要外(比如重大题材的评论员文章、本台评论),评论的写作并不注重以语言的规模化取胜,而是要精当、直击要害。简明的评点不是对评论的"矮化",而是对评论的提炼和浓缩。同时,应以漫谈式、点缀式的语言实现论证的过渡,把主要的论据和论证过程交给画面和采访来完成。

二、评论写作的类型

1. 电视述评

电视述评是新闻述评在电视中的具体运用,它融叙述与评论于一体,既有对事件的客观叙述,又有对新闻事实的分析评论,是一种夹叙夹议、叙议结合的形象化的评论形式。1980年7月12日中央电视台《观察与思考》的开播,标志着我国电视述评的诞生;1994年4月1日《焦点访谈》问世,代表我国电视述评开始走向成熟。

电视述评的基本形态为演播室主持人叙述(1分钟左右)+新闻事实叙述或记者现场评论+演播室主持人点评(1分钟左右)的"三部曲"结构。其特点如下。

(1)论点具有依附性、概括性。电视述评的论点一般出现在最后主持人1分钟左右的点评中,虽然在第二步事实叙述的过程中,也可能出现记者的现场评论,但其大多为服从于主论点的分论点或者是对主论点的论证。总体而言,无论是主持人的点评还是记者的现场评论,电视述评"是对所报道的新闻事实或社会现象所做的评价、批注、建议或说明,它必须依托于报道主体,不能空发议论,否则就会成为无本之木、无源之水。因为是依附于事实信息,所以主持人点评的针对性很强,具有就事论理、理从事出、事理相融的特点"①。同时,电视述评中评论时间很短,全片总计也不过两三分钟,在这么短的时间内,要表明态度、发表观点,就必须要求评论语言高度概括、简短精悍。在点评的过程中,主持人不必复述所依附的新闻材料,也不必展开论证,直接提出自己的见解和观点即可。

(2) 论据形象化和论证过程化。电视述评是最能体现电视媒体特性的评论形式,它尽可能地通过画面和同期声来叙述事实,这既是叙述的主要内容,也是观点形成的客观基础。形象的事实画面和当事人、旁观者的多方言说,这些一旦有机结合起来,便能形成鲜明的针对性、倾向性和感染力,这一方面强化了报道的客观性,另一方面也夯实了评论的基础。同时,节目不是针对新闻事件进行直接的语言评论,而是把观点蕴含于巧妙的结构安排、恰当的内容选择之上,让事件中的人和事实证明记者想证明的观点,指出记者想指出的意义,驳斥记者想驳斥的谬论。这样,整个论证过程就水到渠成、顺理成章了。

2. 主持人评论

所谓主持人评论,相对于电视述评,是比较独立的评论类型。这里,评论虽然与报道有关,但两者并不相互融合,报道归报道,评论归评论。具体包括以下一些类型。

(1) 电视短评。电视短评是在新闻播出之后,对其中有评论价值的部分进行的简短评论。其正式形式是编者按语或编后话,由播音员念;通常的形式便是主持人点评,比如《南京零距离》主持人孟非在新闻之后的个性点评。

编者按语或编后话一般以本台名义阐述对事件的看法。一般配合当天某个有重要价值的新闻播发,没有固定的播出周期。它的特点在于评论的简要性,力求一针见血、直击要害。比如,2008年2月22日《新闻30分》对于"银行ATM机恶意取款案"播发了如下编后语:

(解说)广受社会关注的"银行ATM机恶意取款案"今天上午在广州开庭重审。

---

① 高海英.电视述评主持人的点评艺术——以《焦点访谈》为例[D].保定:河北大学,2006.

(记者出镜)今天上午九点半,倍受关注的"银行 ATM 机恶意取款案"在广州市中级人民法院开庭重审。

……截至记者发稿时,此案还在进行审理。

(编后)有关许霆一案的争议,除了上面提到的其行为是否构成盗窃罪以外,争论的焦点还集中在银行对于 ATM 机所出的安全漏洞是否负有责任,以及是否量刑过重上。对于此案引发的争论,法学专家表示,这对于全社会来说都是一次难得的普法教育,对于推进我国法制进程具有重要意义。

编后语基本是延续了报纸的评论方式,播出时播音员缺乏个性和情感,所以,常常不能很好地和前面的新闻融为一体。现在更多的是主持人以个人名义有感而发,针对新闻进行点评。之所以称其为"点评",首先是因为它短小精悍,呈"点"状形态;其次是语言犀利,直接点中要害。主持人点评语言色彩的选择和把握,依据新闻内容、主持人个性特征以及节目总体风格而定,评论与新闻叙述格调浑然一体、和谐统一,也比较符合观众的接受习惯。

(2)评论员评论。评论员评论比电视短评稍长,比如本台评论员文章、本台评论。"评论员评论是电视评论员或特约评论员,就当前群众普遍关心的问题或重大新闻事件、社会现象,直接面向观众表示的意见、看法、立场和态度。"[1]一般来讲,它是一种独立成章的体裁,主要针对比较重要的事件或问题发表有分量的言论。其作用相当于报纸上的评论员文章和社论,许多情况下是针对国内重大事件或国际事务纠纷,代表本台甚至政府的态度,鲜明地阐明立场。评论员评论一般比较正式,如果说电视评论是电视台的旗帜,那么评论员就是旗手了。所以,这种体裁在写作时应讲究严肃性、权威性,有时还应具备一定的理论色彩。当然,与报纸的评论员文章和社论相比,它还应该更加通俗易懂、短小精悍和口语化。

下面的例子是 2008 年 8 月 24 日,《新闻联播》播出的本台评论:

现在播送本台评论《奥运竞技促进中国社会进步》。

北京奥运会中国金牌及奖牌总数都攀上了新的高度,体育健儿用艰辛和汗水铸就的拼搏精神激励着全国人民。

中国竞技体育水平的快速提高,不仅强有力地促进了我国教育、文

---

[1] 杨伟光.电视新闻分类与界定[M].北京:中国广播电视出版社,1994:22.

化、科技等领域的进步,更使得我国人民参与各类体育锻炼的热情显著高涨,目前,全国经常参加体育锻炼的人增加到 37.1% 的高比例,接近发达国家水平。蓬勃开展的群众体育运动,又成为发展竞技体育的沃土。

  但是我们还要冷静地看到,我国在田径、游泳、三大球等群众广泛参与的体育项目上还亟待进一步突破。

  祝愿我国体育健儿百尺竿头,更进一步,为中国的社会进步和人民健康做出新的贡献!

  (3) 读报评论。读报评论是一种独立性更强的体裁,它甚至可以独立成为一种节目形态,或者成为大的新闻栏目中的一个独立板块。"它将平面媒体和电视媒体相结合,取材于各大报纸的焦点内容,对多家媒体的观点进行整合,以主持人读报的形式讲出,并加以独特的评论。"[①]

  从形式上讲,读报评论是先述后评、简述详评,也就是说,先简介报纸所载新闻事件,并突出其评论焦点,再集中语力做充分的评论。就评论部分而言,一般先是集中展现各家报纸对于同一事件不同的分析角度和评论结果,再整合多家的说法形成自己的观点;或者至少列出一家颇具影响力的报纸的观点,并就其观点提出自己独特的见解。所以,这种方式名为读报,实为评报,报纸只是提供新闻事实作为一个话题的引子,整个节目的看点在于主持人对于新闻事件富有见地又独具个性的评论,而绝非简单的信息拼盘。

  读报评论的写作建立在分析别人的基础上,首先应选择合适的评论事件,这些事件不一定多么重大,但要有一定的媒体关注度和争议性;其次便应该广泛地搜集报纸的评论材料,并深入研究,以增强评论的深度和广度;最后,必须提炼出自己不一样的观点,显示出"一样的新闻,我的声音"。在写作过程中,有两点需要注意:① 要展现论证的思路,因为读报评论从文体上讲应该是完整的议论文,它的论证过程必须通过口头表达,而不能像电视述评那样通过画面、同期声表达;② 不能写得过于完满,提供思路即可,要让主持人有即兴发挥的余地。

---

① 张矛矛,高欣.主观形式下客观主义的延伸——关于读报类电视新闻评论节目的几点思考[J].徐州工程学院学报,2006(1).

三、评论的写作方法

1. 鲜明地提出论点

论点是电视新闻评论的标识物,没有论点就不能称其为评论。但是,在当前的很多评论节目中,尤其是某些电视述评节目中,重述而不重评,论点隐匿难寻或者模糊不清。这种节目只能称为深度报道,而不能称为新闻评论。论点既是评论文体的标识物,也是评论节目的逻辑起点,通过它将各种事实材料、背景材料组织贯穿起来,才能形成完整、严密的论证逻辑。所以,评论写作的第一步就是要提炼论点,并通过语言将其鲜明地表达出来。

提炼论点是一个复杂的思维过程,大致可以分为三个阶段。

第一阶段是认识深度的开掘。以作为评论对象的新闻事实为中心,抓住其关键的要素和焦点,进行认真的分析、解剖,用历史的眼光、发展的眼光、宏观的眼光、联系的眼光看问题,力求透彻地了解事物的内在特征,充分认识其各个方面的意义以及它与周围其他社会事件的关系,并在此基础上完成对新闻事实的价值判断,即是非善恶的判断,在大脑中形成各种各样的可能成为论点的论断和态度。对事实中各项要素的认识越深入,对其内涵的把握就越全面,就越能完整地掌握对象本身所包含的各种立论的可能性,为下一步的思维进程提供更多的选择。

第二阶段是立论角度的选择。所谓角度,是指在分析问题、探求论点的过程中,把侧重点放在什么地方、从哪里下手、站在哪个角度看的技巧。不同的角度,立场迥异,组织评论的方法迥异,带来的效果也是迥异的。在这个阶段,要把前面众多的可能论断和态度以及其他媒体的观点进行细致的比较,充分发挥求异思维、逆向思维的优势,选择并确立一个最新颖、最有说理价值、也最能产生舆论影响的立论角度。比如,上海电视台2007年中国新闻奖获奖作品《我们要什么样的世界第一》,记者在采访中了解到,上海世纪大道四线换乘车站工程完工,由于工程克服了诸多世界级难题,工程项目部获得了多项科技进步奖。但是经过分析发现,这些难题其实是由当初规划时的失误造成的。于是,记者把"世界第一"作为切入点,指出:相比修修补补的世界第一,高效规划的世界第一显然更有价值。报道播出后,收到了意想不到的效果:得到了政府部门的肯定,并有专家提议相关部门及时成立一个地下空间发展的统筹协调机构,并尽快制定相关法律法规。该报道还被中央电视台《新闻联播》选取在头版头条播出。

第三阶段是立论高度的确立。新闻评论既要充分考虑观众的需求,又要对观众的思想行为产生指导的意义。因此,在确定立论角度后,就要结合媒体的性质和定位,认真分析受众的基本特征(比如他们的文化背景、认识能力和接受心理),大致把握他们对评论对象所可能持有的认识倾向,确立立论的基调,形成一个目标受众可以接受、理解,又有一定导向作用的观点和意见,以防止出现曲高和寡或观众不理解的现象。[①] 比如,在一条有关春运的新闻之后,《南京零距离》的主持人孟非这样评论道:"客运部门不断提醒旅客错开高峰出门,但是每年春节就这么几天假,要乘客错开人流高峰,怎么可能?"听到这样的评论,可能大部分观众都要附和一声,"是呀,怎么可能呢!"但是,也可能有一些观众他们会想,"这当然不可能,但如何去改进呢?"对于《焦点访谈》《新闻调查》这样的节目就应该往这个立论高度去考虑。

2. 选择恰当的评论时机

从第二部分电视新闻"评论写作的类型"中可以发现,在大部分节目中,评论出现在故事叙述结束时。故事或新闻讲完了,它的来龙去脉交代清楚了,记者蕴含其中的思想倾向性也逐渐显露出来,这时顺势进行评论,会有水到渠成的感觉,让观众容易接受,从而达到最大的说服效果。但是,评论不一定都要放到最后,有时在新闻叙述过程中进行适当的评论,夹叙夹议、边叙边议,也能起到很好的效果。

比如,可以在前后两条新闻之间或事件叙述的主要段落之间置评。在这些节目或叙述的停顿之处,观众有思考的时间,这也正是主持人插入评论的有利时机。这时的评论可以联系节目上下之间的表面信息或深层意蕴,或做对比,或做提示,或做深化,以揭示事物内部或事物之间的固有联系,凸显自己的报道目的和编排意图。

也可以在事件发展的关键处、转折点进行评论,这时事件的发展或性质将发生变化,或到了紧要关头,需要主持人提醒和评说,以引起观众的注意和重视,从而起到以评论促叙述的作用。还可以在各种意见、信息的交汇处进行评论。采访中,采访对象各有各的立场,各有各的观点,提供的信息或有所冲突,或混淆不清。记者及时的评论能帮助观众梳理各方观点,廓清其共同之处和不同之处,同时还能从群言之中找出真相所在,或者求得观点的平衡。

总之,主持人或记者的评论并没有一定之规,对一定在哪里出现、一定

---

① 李志红. 新闻评论立论的思维形式分析[J]. 写作,2006(7).

有多长并没有严格要求。在结尾,在中间,多则一段话,少则一句话,都是允许的,但要有一定的目的性:一是推进叙述,二是提炼或深化主题。

3. 常用的评论技巧

(1) 首尾呼应,突出主题。首尾呼应,就是在节目开始时提出问题,再在结尾处回到该问题上来,给予回答,并做进一步的引申和生发,深化话题的意义。这种方法能够始终紧扣论题,使观众在论证过程中不断加深对论题的理解。同时,这种方法往往严格遵循了"提出问题—分析问题—解决问题"的思路,便于观众接受观点。

(2) 坚定论断,义正词严。对于一些重大的是非问题或原则性问题,在评论时,要予以坚定的语气,通过单一、彻底、不留余地的判断来表达论点。在口吻上,一般也不用评论者自己的口吻,而是代表媒体、政府或人民;在句型上,一般采用陈述句或祈使句。

> 这起系列投毒杀人案,再一次暴露了法轮功邪教组织反人类、反社会、反科学的本质,再一次说明李洪志提出的所谓"圆满"是一个骗局,是根本不可能实现的。当那些法轮功痴迷者感到这种所谓的"圆满"无法实现时,他们就可能采取极端的手段,走上自杀和杀人的道路。自杀和杀人是邪教的必由之路,这就是邪教的本质和罪恶。只有彻底铲除邪教,社会才能有安宁和秩序。
>
> ——《焦点访谈·恶行恶果·法轮功痴迷者投毒杀人》

(3) 运用质问、反问,尖锐批评。质问是一种锋芒毕露、毫不留情的批评手段,当表达批评性意见时,适时运用这样的语气,能够直抒胸臆,表达评论者义愤填膺的心情,起到替观众"解气"的作用。从交际双方的互动来看,通过发话者提出问题,引导观众进行思考,从而成为缩小交际双方心理距离的一种交际策略。比如,《南京零距离》中有一则新闻是说某著名旅游景区盖了一个数百米高的电梯,这当然大大地破坏了景区的自然景观。新闻过后,孟非做了如下评述:"这种荒唐的决定背后到底是什么?为什么没有人阻拦?"这种质问语气,体现出孟非的大众立场,这种以民众利益为取向,以大众评判为标准的评论自然会引起观众的共鸣,引发观众的思索。

反问是为了强调某一观点或结论的正确,而用疑问的形式把本意托出,引起人们的注意,让人们从句中找到答案,并引发思考,进而留下深刻的印象。比如,《焦点访谈·靖国神社里的甲级战犯(下)》主持人最后的点评:

昨天和今天的节目,我们向大家列举了供奉在日本靖国神社里的14名罪大恶极的甲级战犯。他们对中国、亚洲乃至世界人民所犯下的滔天罪行,早已经被牢牢地记录在历史的档案里。

在这里我们不能不联想到另外一个国家——德国。德国和日本都是第二次世界大战的加害国,在德国早就颁布了法律,严禁为纳粹法西斯翻案。德国的领导人多次在公开的场合甚至下跪向世界表明忏悔的心情,他们以自己的实际行动赢得了世界人民的理解和尊重,可是日本对待这场战争的态度与德国却是大相径庭。

日本领导人连续就参拜靖国神社发表不利于改善中日关系的言论,一些政要竟然还为"二战"甲级战犯开脱罪责。一个不能正视历史、反省侵略的国家又怎么能赢得邻国和国际社会的信任与尊重呢?

这段评论有理有据、正气凛然,最后以一个问号结尾,大大强化了主持人所持的否定立场——一个不能正视历史、反省侵略的国家不可能赢得邻国和国际社会的信任与尊重![1]

(4)辛辣讽刺,诙谐幽默。幽默讽刺往往正话反说、亦庄亦谐,带来令人忍俊不禁的效果,同时也鲜明地表达了自己的观点。正如美学家王朝闻所说,"在笑声中包含着明确的批判态度和否定的评价,在笑声中烧毁着一切无价值的、虚假的、丑恶的东西"。

北京电视台《第七日》曾播出过一期节目,讲的是荣先生家的后墙被大树的根系给顶塌了,于是他找到管理部门,但管理部门却让荣先生自己砍掉大树。在节目的最后,主持人元元说:"但凡这个问题好解决一点,我们都不待在这儿和您多说什么了,不如戴上手套、拿上工具,早早把树砍了,也算是帮荣先生解决了一些实际困难,毕竟他待在只有三面墙的家里苦熬岁月,问题是我们都没有这个技术。荣先生说,如果房漏了要自己铺瓦,地沟堵了自己疏通,树长高了也要自己砍的话,那么管理部门干什么? 我们说,他们也没闲着,他们得开会,研究呀!"在元元的点评中,她并没有以强势媒体主持人的姿态直接质疑管理部门的不负责任;相反,她采用了讽刺的方式,间接点出了管理部门在其位不谋其政的工作作风,让被批评者颜面尽失。

(5)建议、提示、号召,正面引导。这是一种建设性的评论方式,一方面评

---

[1] 高海英.电视述评主持人的点评艺术——以《焦点访谈》为例[D].保定:河北大学,2006.

论者表明了自己的价值判断,什么好,什么不好,应该怎样,而什么是不应该的;另一方面,通过建议、提示、号召,评论者也提出了改进现状的路径与方法,对问题进行了正面的引导。从语气上看,既可以强调前者——因为评论对象犯了错误,所以进行批评;也可以强调后者——问题已经出现,那么该怎么去解决。从评论指向的对象上看,既可以指向被批评者,比如要求被批评者采取某项措施阻止某个危害公众利益的行为发生;也可以指向普通观众,比如希望大家采取某种行动共同维护公共利益。总之,采取这种正面积极的方式进行评论,既委婉得体又亲切热情,评论对象和观众往往乐于接受。

下面三个例子分别是建议、提示、号召的方式,可以比较其语气和方式的不同:

> 我们不知道明年的这个时候,力强学校又会是怎样的一个情况。如今这样的所谓补习班、培训班、辅导班越来越多,竞争这么激烈,难保一些学校不采取像211公司这样的特殊措施来骗钱,这中间引发的问题,相关部门是不是也应该过问一下呢?
>
> ——《焦点访谈·梦碎高考梦工场》

> 国家工商总局就"瑞士共同基金"一案再次提醒公众,警惕传销的新变种、新外衣。从"瑞士共同基金"传销案,我们可以看到,帮助公众识破各种传销骗局,往往比事后的打击更加有效,公众应该警惕的是,超高的回报里往往潜伏着凶险,理性投资必须通过正规的渠道来完成。
>
> ——《焦点访谈·揭秘"瑞士基金"》

> 共同爱护我们的公共环境,克服一些看起来"无伤大雅"的行为,这关系到我们每一个人的生活质量,关系到我们下一代的健康成长。
>
> ——《焦点访谈·向陋习宣战之"小节"伤大雅》

(6)真情流露,赢取认同。心理学认为,通过情感的方式说服对方要比纯粹逻辑的方式省力。评论中适当融入情感能够唤起观众的共鸣,从而有利于其迅速认同评论表达的观点。比如:

> 罗村镇政府置法律裁定于不顾,多年欠钱不还已经是不尊重法律、不讲道理了,而用违规要拆的房抵债,更是说不过去。我们希望,罗村镇政府能尊重法律,如数偿还债务,别再让王克奎老人奔波了。
>
> ——《焦点访谈·旧账未了 又添新愁》

上例中的评论虽短,但言语之中饱含着对王克奎老人的关切之情,体现出浓浓的人情味,观众也很容易被感染:一方面对老人表示同情,另一方面也会对批评对象——罗村镇政府表示愤慨。

(7) 提供最新动态,表达关注。在节目最后的点评中,向观众提供最新动态是一种常见做法。这一方面可以体现节目的时效性,将最新情况及时告知观众;另一方面,也向观众和评论对象共同传达了一种信息——节目仍在关注这件事的发展,并且可能还将继续关注下去。

提供最新动态的方法可以单独使用,比如:

> 现在,196户村民的住房被拆迁了,土地荒芜了,学校也暂停开工了。我们无法想象,在几年之后,村民们有限的安置费用光后他们的生活会是怎样的？土地何时复耕,安置能否到位,这些都还是未知数。
> ——《焦点访谈·失地农民 谁来保障》

这里,对村民的生活现状进行了交代,不仅是就事论事,还将引起社会的极大关注:这个问题还没有得到解决,村民的生活该怎么办？同时,这样的交代也为下一次的回访埋下了伏笔。

最新动态还可以作为一种补充性信息,与当事人的展望、承诺进行对照,看其实现的程度和效果。通过这种事实的对照,评论者的观点便不言自明。比如:

> 杨澜放下了阳光卫视这个她原本就难以承受的重担之后,真的可以像她表现得那么轻松而自信吗？我们可以看到的是,阳光文化的股票价格已经由最初的三毛多钱下降到了今天的只有几分钱港币,很多股东的财富也因此而缩水。杨澜可以给自己信心,但是要再次挽回公众的信心,还有很长的路要走,而对于阳光卫视来说,转让可以让这个卫星频道走出困境吗？人们仍然没有看到方向。
> ——《新闻夜话·杨澜:我为何放弃经营阳光卫视》

(8) 引用法律法规、社会公理,强化权威性。法律法规和社会公理都是典型的理性论据。前者是国家意志的体现,在法治社会法律有不可逾越的权威性;后者是处于同一文化背景之下的人们的共同认识,也具有相当的说服力。用它们作为论据,可以很有力地支撑和强化论点。比如:

平心而论，五月的颜色从红变黄，并没有什么不好。常识告诉我们，一个社会越是接近于和谐，其社会中民众的政治意识就越显淡漠。因为大家会觉得，既然自己的各项权利均已得到有效保障，那就没有必要去关心政治，而会把更多的注意力转移到赚钱、消费、旅游等方面。

——中国改革报：《从五月的颜色谈起》

(9)引用古语佳句，加强沟通。古语佳句(包括谚语、格言、俗语)一般反映着比较朴素的社会道理，并已被社会普遍认同，适当运用可以使复杂的问题简单化、明白化，能和观众建立起即时的认知层面的心理沟通，同时表达也更加凝练、更富有感染力。但要注意的是，千万不能使用过于生僻的古语佳句，否则不但不能实现心理沟通，反而会让观众认为评论者在卖弄文采。

比如，北京电视台《第七日》曾经播出过一期《高级"废品"》，结尾处主持人元元点评道："俗话说：干什么吃什么。做油的家里不买油，做醋的家里不买醋。按说图书馆最清汤寡水了，一想：有书哇！当然，偷书的人不看书，是拿了去卖钱。作为管理者，心想：拿的也不是我们家的，也就懒得去管。想象一下如果把这些旁门暗道流出去的书都堵住的话，北京是不是又能多盖一座北图了？"在点评中，元元运用了俗语进行冷嘲热讽，"俗话说：干什么吃什么"，"做油的家里不买油，做醋的家里不买醋"，非常形象地道出了管理者不负责任的心态，同时也对此进行了辛辣的讽刺。

思考题

1. 电视深度报道写作具备哪些特征？
2. 电视深度报道中，同期声和报道词的使用应该遵循哪些原则？
3. 怎样做到让报道词符合听觉规律？
4. 报道词的常见开篇形式有哪几种？请分别介绍。
5. 电视深度报道中的评论写作有哪些特点？
6. 针对当下新闻事件，运用尽可能多的评论技巧，试写一篇评论员评论。

第九章　电视深度报道的叙事

相对于简短的消息而言,电视深度报道更加讲究叙事的艺术。首先是因为电视深度报道在时间长度上可以从容不迫地展开叙述;其次,观众对电视深度报道的诉求已不止于信息的接受,电视深度报道还应以深刻的意义阐述、生动的故事再现吸引观众,使观众在接受信息的基础上,充分感受到从内容到形式上的审美快感。

第一节　电视深度报道的叙事视角

叙事视角是指叙述者的表现形态或与故事的关系。祖国颂在他的《叙述的诗学》中认为,叙事视角应该包含两重含义:一是作家在选择自己的叙述替身——叙述者时,赋予叙述者的权利和能力范围。例如,叙述者的身份、智力水平、职业特点、性别角色等;二是指叙述者在讲述故事时所选择的角度,他以谁的眼光观察世界,以谁的口吻来说话,以及向谁说和说谁。

语言叙述中常常会出现一些代词表示某种人称,比如"我"是第一人称,"你"是第二人称,"他"是第三人称。电视新闻的叙述也经常会使用一定的人称。因为主持人或记者是对着观众说话,第二人称指代的对象其实就是观众,观众不可能参与到新闻事实的叙述中来,所以,在电视新闻的表述中一般只会有第一人称和第三人称,比如"记者发现……""央行昨天宣布……"。当然,也有很多时候会省去人称,那就表示写作者自己在说。

人称的使用其实表明了一种叙事视角:以谁的眼光观察世界,以谁的口吻来说话,以及向谁说和说谁。奥地利文论家斯坦采尔提出了叙事视角的"三分法",即全知作者式、第一人称兼人物式、第三人称人物式。[①]

---

① 罗卫光.电视深度报道的叙事学研究[D].广州:暨南大学,2006:30.

一、全知作者式视角

这种情况下,一般省去人称,叙述者通常为隐含叙述者,即写作者本人。这里,叙述者掌握的情况全面周详,知晓事件的过去和未来,以及人物的思想和知觉。这种无所不知、无所不在的特性,便于灵活地对事物进行全方位、多角度、跨时空的报道,在报道中,语言也显得比较简洁。但是,由于它是从作者的主观视角出发,所以一般只适合概述一些情况,或者叙述一些宏观信息、背景信息,以及那些不容易让人产生质疑的客观性信息。比如:

在美国大选进入最后阶段,奥巴马宣布竞选搭档,民主党全国人民大会今天开幕的关键时刻,麦凯恩的共和党阵营突然发难,向奥巴马发起又一轮挑战。

——《全球资讯榜·麦凯恩和奥巴马:拉开新一轮竞选大战》

技术壁垒轰然倒地,为山寨机大规模生产打开了大门,一时间各方资本都涌入到这个市场,小到手工作坊,大到可以与一些国内品牌相抗衡的企业,山寨手机生产厂家不计其数,鱼龙混杂。尤其是2007年10月,国家实施长达9年的"手机牌照"制度取消,更让一些山寨机企业浮出水面,摇身变成了正规军,一条分工明晰的山寨手机产业链正逐渐成形。

——《经济半小时·揭秘"山寨机"》

二、第一人称兼人物式视角

叙述者以第一人称"我们""记者"等形式出现,同时他还在新闻报道中扮演一个角色,或者是事件的目击者,或者是亲历者,或者是调查者,比如当前被广泛使用的记者现场报道。这种叙述方式通常由记者直接出镜或者画外解说的形式体现,新闻的现场感与可信度明显加强。比如:

记者调查了华强北路商圈里各手机大卖场,发现90%卖的都是山寨手机,在被称为深圳数码通信第一城的明通数码城,记者见到,这里有不少的柜台是专门为出口的山寨机定制越南语、阿拉伯语、德语、英语、西班牙语等世界各种语言的。

——《经济半小时·揭秘"山寨机"》

一般情况下,记者作为叙述者,提供的信息只能限于所见所闻,对于新闻人物的内心世界没法直接进入,因此这种视角一般属于限知叙述的类型。当然,在电视新闻节目中,我们也偶尔会发现第一人称的全知叙述类型。这种情况比较少见,它要求记者就是新闻事件中的当事人。这里,记者不仅可以娓娓地陈述自己的经历和见闻,还可以毫无保留地披露自己丰富的内心世界。有时,在某些追求趣味性的新闻节目中,我们也会发现这样的叙述视角,比如叙述者借拟人的手法或者成人化的口吻来叙述动物或婴儿的行为和内心世界。例如,第九届电视法制节目研究委员会年会的获奖作品《我是谁家的猪》,就是采用拟人的手法,以猪的第一视角推进全片,让一个原本严肃的法制问题变得妙趣横生。

三、第三人称人物式

许多新闻事件发生时,记者都无法亲临现场,这时,一种做法就是通过报道词以各个证人的眼光来透视和叙述。这种视角形式的表现形式是"××说……",表面上看,这句报道词是记者讲的,其实却是证人自己的叙述。由于叙述者各自经验、知识面以及立场、观点的不同,其视角的全面性和客观性、可靠性不能得到充分保证。所以,对于这类信息,记者往往需要通过进一步的采访进行印证和补充。比如:

按照国家有关规定,一部正规手机要投入生产,首先要有发改委核准的手机牌照,其次要花费巨额资金,向芯片厂商和手机方案设计公司拿方案,最后还要缴纳17%的增值税。王镇龙告诉记者,山寨手机之所以价格很低,是由于他们生产手机不用缴纳国家规定的17%的增值税、销售税,不用花钱研发产品,又没有广告、促销等费用。

那么,一部山寨手机的成本究竟是多少?记者在一个叫"山寨机"的

网站上,找到了一家叫"瑶人通讯公司"的山寨机生产企业,这位不愿透露姓名的山寨手机"寨主"肯先生,给记者算了这样一笔账:

山寨手机寨主肯先生:"手机由三大部件组成,成本会随显示屏大小、摄像头像素变化成本发生变化,像国内普通的一款3.0寸屏手机,生产成本大概在400元左右。"

肯先生告诉记者,一款3.0寸屏的手机,400元左右的生产成本是这样构成的:模具费是20元,具有MP3、MP4、百万像素拍照等基本功能的电路板制造成本约200元左右,充电器、摄像头、键盘、光盘等包装配件在内的制作成本约为110元,每个加工成本大概在17到20元之间,手机外配,一套平均包装成本是50元左右。

——《经济半小时·揭秘"山寨机"》

在上例中,王镇龙的叙述只告诉观众山寨手机便宜的原因是成本低,但是真正成本低到什么程度,记者还需通过其他人进行信息的补充。两者的共同叙述,不但完善了对成本问题的了解,而且相互印证,加强了信息的可靠性。

另外,对于一些官方信息的发布,为了体现其权威性,也可以使用第三人称,让发布者自己进行叙述。比如:

国家工商总局副局长王东峰表示:各级工商机关要建立健全停征"两费"的责任制度和责任追究制度,对不按规定征收"两费"或变相继续收费的,要按照国家规定给予处理,并追究有关单位负责人和直接责任人的行政责任。

——《全球资讯榜·工商总局:不得以任何理由变相收取"两费"》

需要指出的是,在实际新闻报道中,自始至终使用一种叙事视角的并不多,大多数新闻节目都倾向于把几种叙事视角交织起来使用,以最大限度地发挥电视语言的优势。

第二节　电视深度报道的叙事策略

一、"宏大主题"与"微观叙事"结合

早期的深度报道作品往往是一种"重大主题"和"宏大叙事",气势磅礴、构思宏大、超越时空、谈古论今,构成了深度报道崛起的一种鲜明的特征。这种新闻景观,不仅可以在新时期的报纸新闻作品中看到,在20世纪90年代的电视深度报道节目中仍有充分的体现。如《新闻调查》的早期作品以主题性调查为代表,而所谓主题性调查,就是"先宏观立论,再找素材印证"。宏大主题和宏大叙事显示了媒体对宏观形势的掌控能力,但其较为抽象的意识形态特征和不食人间烟火、高高在上的姿态,也使观众敬而远之。因此,《新闻调查》在经过两年的实践后,重新确认了新闻性和故事性相结合的道路,进而迎来了它的第一个丰收年。①

当前,深度报道的叙事策略则差不多是相反的,即是从事实、故事再到背景,在"微观叙事"的基础上需求"宏大主题"的观照,并借此实现感性叙事和理性思考的统一。其基本策略是"获得更多的事实,并建立事实存在的背景,从背景中去寻找新的事实关联和对事实的解释"②。所谓背景,则基本包括两个方面:一是与新闻事实发生发展过程密切相连的有关背景要素;二是新闻事实发生发展的广阔的社会时代背景。新闻事件总是在一定的背景环境下发生的,它和周围环境存在着千丝万缕的联系。只有把新闻事件置于一定的背景下,受众才可以完整而清晰地认识到事件的影响和意义;同时,只有将社会背景映射在可感、可触的新闻事件中才能唤起受众的接受兴趣,引发受众的共鸣。

---

① 姜英.新世纪深度报道的动因及其传播策略探析[J].新闻界.2009(1).
② 孙玉胜.焦点访谈十年[EB]. http://www.cctv.com/program/jdft/20040331/101209_1.shtml.

二、聚焦式叙事策略

客观报道的常规叙述方式是"倒金字塔"式结构。这种结构方式虽然有诸多优点和好处(比如它能突出最主要的新闻事实、方便编辑剪裁等),但它却难以成为深度报道的叙述方式。因为"倒金字塔"式结构容易让人们看完前面,自动放弃后面内容,从而造成人们信息接受过程的中断,不利于保证传播过程的完整。基于此,喻国明教授提出一种特别适合于深度报道的叙事策略——聚焦式叙事。其基本模式是:导语—过渡到主题—发展主题—有力的或意味深长的结尾。[①] 其中,导语是"聚焦"的关键,它是一个与报道主题相关的最为典型的人物或事件的"白描",可以是一段感人的情节,也可以是某人的独白或引语。其任务是提供一个生动的个案或场景,激发受众的接受兴趣。

很多深度报道节目采用预叙的方式安排这种导语。比如,《焦点访谈》节目开始之前有一个十几秒的片花,或精选关键人物的关键话语,或展示典型场景,配以设问式或启发式的画外音加字幕,一开始就形成紧张节奏,以冲突和悬念激发观众的观看欲望。《新闻调查》节目曾经提出"新闻事件化,事件故事化,故事人物化,人物命运化"的操作理念,该节目往往一开头就展示新闻当事人个人命运的重大变故,引起观众强烈的关注欲望,深刻体现了新闻报道的"人本精神"。

三、构建二元对立

深度报道,特别是其中的调查性报道,其主要任务是揭露新闻事件真相,鞭挞丑恶,调查发现社会、经济等领域中所存在的矛盾、问题、症结,并提出相应的解决方法。因此,在深度报道尤其是调查性报道中,充满了二元对立的元素。

所谓二元对立叙事策略,就是把矛盾的两个方面——例如美丽与丑陋、正义与邪恶等截然相反而又相辅相成的思想观念,把它们之间激烈的冲突都放到报道中来展示,一则深度报道,最出彩、最吸引受众的地方往往就是对立冲突激烈之处。社会中的个体无不处在一个复杂的社会群体或社会组织网络中,个体之间、个体与组织之间难免会产生各种各样的矛盾、对立和冲突。因

---

① 喻国明.深度报道:一种结构化的新闻操作方式[J].青年记者,1997(3).

此,大量深度报道题材中就蕴含了二元对立叙事所需要的元素,也就为二元对立叙事策略的实施创造了前提条件。主体与反主体构成了二元对立的中心线索,同时也搭建起了故事的主要框架。之所以要通过二元对立的方式来设置人物(采访对象)、构思情节(报道事实)、编排故事(新闻事件),就是因为只有通过二元对立的叙事策略才能最大限度地制造矛盾冲突。①

四、延宕叙事策略

深度报道有着较长的播出时长,其叙事的优势便在于可以从容不迫地展开"过程"。通过对过程的延宕,可以使观众始终处于一种兴奋、期待的状态,从而一方面不断增加观众的期待强度,另一方面也增加期待获得满足的强度。

叙事者在叙述中设法抑制、拖延、缓解故事中的激烈冲突和紧张情节,用暂时的、表面的缓和来缓解叙事接受者的情绪,就是运用了叙事的延宕策略,目的是为进一步的紧张积蓄力量。深度报道作为"时间的游戏",其优势在于"过程",重在事实是如何发生的,因此报道重在对事情的发展一层层一步步解疑,而不是把事件结果和真相一下子抛给受众。②

在这一延宕的过程中,对立双方的矛盾冲突迟迟得不到解决,人物之间的关系始终不能理顺,事情的真相始终处于一种扑朔迷离的状态,因而观众就会对事件真相和调查结果始终拥有一种期待,在这种期待没有得到满足之前观众就会一直关注事件的发展进程。于是,如何将一个直线、平淡的过程叙述成一个曲线、动荡的过程就成为编导要解决的首要问题。就电视深度报道而言,通常有三种方式:① 分段。比如《新闻调查》节目会在40分钟的节目里插入3—4段带有《新闻调查》标版的短片打断正在进行的叙事,除了对发生的事情进行小结以外,还会对将要发生的事情进行揭示,设置悬念。② 调查者的人为打断。在一个高潮即将到来的时候,作为亲历者的记者会以出镜的形式,从旁观者和见证者的角度对事件的深入发展提出设问,从而延宕高潮到来。③ 用对第三者的采访来延宕叙事。在《眼球丢失的背后》这期节目中,在对某人民医院盗取眼角膜的博士医生判决结果出来之前,采访了有关的法律和伦理专家,先请他们对判决进行分析,既深化了主题,同时也延宕了叙事。③

---

① 李德刚.电视新闻调查性报道的叙事策略[J].声屏世界,2004(7).
② 杨健.深度报道的叙事学分析[D].青岛:中国海洋大学,2013:36.
③ 李德刚.电视新闻调查性报道的叙事策略[J].声屏世界,2004(7).

五、触动情感策略

要想引起观众对某一社会问题的关注,并鼓励他们采取某种积极行动,深度报道的创作者首先应该激发起观众情感的冲动。其最有效的手法,就是揭示该社会问题与观众的关系及对观众个人的影响。美国《华尔街日报》流传着一句写作箴言:"一千万人的死亡只是一项统计数字,而一个人的死亡却是一场悲剧。"其意思是说,要通过对一个人死亡的情感体验去感受一千万人死亡这一数字的悲剧性内涵。一般来说,对绝大多数受众而言,失业率、经济问题、国防预算、国际冲突等,只是一些复杂难懂而又与自己无关的问题。但如果传播者能从某个与报道主题相关的最为典型的人物或事件的最富情感冲击力的个案入手,比如,从集中描写一个失业工人全家的生活窘境入手,再谈失业率问题以及它可能引起的社会冲突和后果,人们就有可能在一种情景化、具象化的状态中跟随传播者进入相应的主题,实现信息的从理智到情感的多渠道交流。让我们看看《新闻调查·远离职业危害》是如何做到这一点的。此报道的主题是:面对中国日渐增多的职业病,如何有效地预防、用人单位应该承担哪些业务和责任等问题。报道选取了在印刷厂打工患上神经系统障碍的11名工人,以及在家具厂工作患上再生障碍性贫血的7名女工作为典型,让观众通过具体的人物和事件来了解职业病的巨大危害及厂家对此的漠视,并讨论解决的方法。

> 记者:你们当时接触那个东西时都不知道它是有害气体?
> 患病工人:都不知道。
> 记者:老板也从来没有跟你们讲过吗?
> 患病工人:没有。
> 记者:你们平时一点这样的常识都没有吗?
> 患病工人:倒是每个人都感觉在车间里有点头昏的感觉,但是我们都不知道是那个化学物质导致的。
> 记者:是什么时候发现身体有变化的?
> 患病工人:进厂十个月以后就会发生这种情况,那时候很轻微,不是太明显,主要是手很麻,特别是早晨洗手、洗脸的时候手会很麻。
> 记者:那么重一点是什么感觉呢?
> 患病工人:走路就会很不方便,比如说上楼梯不行,严重的就是倒下就起不来。

通过对具体受害人物的采访和拍摄,让观众产生强烈的情感体验,从而去感受"职业病"这一社会问题的"悲剧性内涵",达到报道的目的。

第三节 电视深度报道的叙事结构

认知心理学的研究表明,人们在接受外来信息时,绝不会让各种信息杂乱无章、互不相关地进入大脑,而是立即组织起来,赋予意义。并且,这种意义的赋予不会是抛开其原有的关于事物的整体认识去简单地"就事论事",而总是将个别事物置于事物整体的认识结构和框架之下进行定位、"释义"和理解的。对于越是复杂的事物,越是如此。深度报道的特点和性质决定了它需要的是受众的整体性接受和认知,而消息类新闻的"倒金字塔"式结构则容易造成人们信息接受过程的中断,不利于保证传播过程的完整性。那么,什么样的结构框架适合电视深度报道呢?本节我们将探讨此问题。

一、逻辑推理结构

逻辑推理结构是按照人们理解事物的逻辑顺序来构建报道的。一般来说,逻辑推理结构可以分为因果调查式和解决问题式,这也是电视深度报道运用最为广泛的两种结构方式。

1. 因果调查式

因果调查式往往是根据现有的新闻事实(结果),依据"事出有因"的规律,逐层深入,挖掘其发生原因的方法。其典型运用是调查性报道,在追问和调查的过程中,因果调查式的逻辑推理结构也就逐渐呈现出来。这种结构能有效地抓住受众的注意力,使他们紧随记者的步伐,一步步接近真相,最后完成整个结构的逻辑演绎,也完成整个事件的因果诠释。

如《新闻调查·双城的创伤》,它要表述的是孩子的教育问题,却首先从甘肃武威双城镇的几个少年连续服毒自杀说起。在调查过程中,记者并不止步于事情的表面原因——少年人之间所谓的"感情纠葛",而是进一步深入,了解到家长和孩子之间缺乏沟通与交流,孩子内心世界孤寂,缺乏被倾听和被尊重导致了自我封闭,因而导致了悲剧的发生。调查中的一个事实构成了另一个事实的原因,另一个事实又导致了另外一个结果,层层剥笋、逐层深入,记者也在这一步步的深入中走进了孩子的内心世界。

2. 解决问题式

一般来说,解决问题式结构遵循展示问题—分析问题—解决问题的三段式模式。比如《新闻调查·谁动了我的隐私》首先从明星电话被公之于众开始,讲述孕妇、公司职员、学生等普通人的个人隐私受侵害的现象;接着进一步挖掘这一现象背后的原因,如网络技术的发展、偷拍设备的普及等;然后再调查分析公民的隐私观念;最后提出加强隐私权保护的一些基本措施。

二、时间推进结构

1. 时间顺序式

时间顺序式结构,是指按照事件发生、发展的时间顺序来组织材料、安排结构。

一些重大的新闻事件或动感和过程感较强的新闻事件,其场面具有较强的吸引力和对主题的表现力,而事件的原因却相对简单,此时,报道可以选用时间顺序式结构来表达。比如,香港回归前后,大量的报道采用的都是时间顺序结构,有的报道甚至还以字幕的形式在荧幕上打出时间来。

时间顺序式特别适合于某些正在发生中的新闻事件,对其做纪实性报道。因为事件正处于开放的发展过程中,到底将会怎么发展,结果是什么,记者与观众都无法预料。这样一开始就给观众造成一种悬念,形成一种强烈的期待感。例如《新闻调查·大官村里选村官》就属于典型的悬念式时间顺序式结构。节目一开始就交代了大官村要进行"海选"这一背景,对农村而言,民主选举是一个新生事物,它本身就充满了悬念,于是选举将如何进行就成为观众心目中的首要悬念,接下来节目又提出了另外一个悬念:原来老实巴交、通过上级任命上任的老村委会主任刘晓波能否在"海选"中连任？这些不可预测的悬念紧紧吸引着观众看下去。

但是,要注意的是,还有很多题材的报道并不适合采用时间顺序式结构。对于那些现场感和过程感都不强的事件,按时间顺序来结构就会使报道成为一个平铺直叙的"流水账"。对于那样的报道而言,采用时间顺序是一个"偷懒"的办法。

2. 采访顺序式

获得1996年中国广播电视奖社教类节目一等奖的《大写真·炎黄,你在哪里?》用的就是这样的结构方式:

> 记者采访:知道"炎黄"这个事情吗?
> 市民:炎黄做了很多好事,他思想很好的,我们都要学习他!
> 市民:从黑龙江到西藏,再到东海渔民村,他(炎黄)到处捐款。钞票虽然不多,三五百,但是这个人是了不起的。
> 记者采访:知不知道炎黄是谁呢?
> 市民:大家都不知道炎黄是谁,化名的!
> 演播室:观众朋友你们好! 欢迎收看《大写真》。无锡江阴市一个化名为"炎黄"的人,从1987年开始,每逢党的生日前后,都会及时地寄上一笔钱款,或捐赠敬老院,或资助公益事业。8年来,仅江阴祝塘镇就收到过炎黄的汇款达3 000元。在江阴,几乎每个人都能讲出关于炎黄的动人事迹。但炎黄究竟帮助过多少人,谁也说不清。人们始终不知道炎黄究竟是谁,他到底住在哪里。
> 采访+解说:……(竹塘镇镇委一直在寻找炎黄,但始终找不到)
> 采访+解说:……(记者以炎黄最近的一次汇款地址为依据,专程驱车赶到无锡,展开了对炎黄的找寻)
> (此时,记者对炎黄的寻找就成了整个报道的线索,炎黄的精神以及江阴人民学习炎黄的风气都以此为线索展示出来)

这样,记者找寻炎黄的顺序,就成为记者采访的顺序;记者找寻炎黄的过程,就成为记者采访的过程。随着记者的视线和调查,观众了解到了我们身边无数的"炎黄"的动人事迹,了解到了"我们要寻找的,正是朴实善良、乐于助人的绵延千年的中华美德"这一报道的主题。

三、复线交叉结构

所谓复线交叉叙事指的是对同一事件设置两条或两条以上的线索分别展开叙事,但是这两条线索并不是独立进行的,而是相互关联、相互影响、相互交叉的。这种叙事策略常为电视新闻调查性报道所采用。因为在前期采访的时候,不可能将与事件有关的人员同时聚焦在一起进行交流和碰撞,所以只能在后期编辑的时候,运用电视手段将不同时空、不同采访对象的观点交叉编排在一起,从而创造出一种现场感和交流感,形成一种特殊的效果。复线交叉结构一般包括以下两种形式。

1. 并进式

并进式结构通常被称作 ABAB 法。它类似于电影中的平行蒙太奇,是指将有一定关联的事件 A 和 B 分别进行裁割,然后按一定规则进行拼接,形成 $A_1B_1A_2B_2A_3B_3$ 的结构模式。《新闻调查·艾滋病人小路》采用的就是这种双线并进式结构。一条线,是《深圳晚报》记者涂俏和陈远忠对小路的 5 个多月的跟踪采访,这主要是摄影记者陈远忠用摄像机以纪实的方法记录下来的;另一条线,是《新闻调查》记者王志在小路去世后对涂俏和陈远忠的采访。这两条线一个先一个后,一个动一个静,一个感性一个理性,从观众的感受来说它们完全不同。记者面临一个困难,就是如何做到一方面将小路的故事真实、生动地展示给观众,而另一方面又让人们了解一个艾滋病患者在生理上承受痛苦的同时,还要承受很多来自社会的压力和歧视。这两个方面,如何做到严丝合缝、水乳交融,将成为报道能否成功的关键因素。报道选择了双线并进式结构,将两条线很好地结合了起来。

当然,除了两条线索并进,也有一些结构复杂的节目选择了更多的线索。比如 2008 年美国《60 分钟》播出的《不公正的证据》(*Evidence of Injustice*)。故事一开始先采访一个犯人,他坚称自己没有杀人,但 FBI 却以子弹铅分析认定受害者身上的子弹跟他的手枪里的子弹出自同一盒,而将他逮捕入狱 22 年。故事的第二条线索,是一个退休的科学家试验论证出一颗子弹其实与成千上万颗子弹铅结构相同,以此定罪不科学。故事的第三条线,采访 FBI 子弹实验室的负责人,他不承认他们的方式有缺陷。三条线索交叉叙事,故事调查的结果,FBI 承认他们的论罪方式有缺陷,他们将重审近百例相关案件。[①]

2. 对比式

很多新闻主题,是在新闻事件与纵向(历史)事实、横向(社会)事实的对比中产生和确立的。《焦点访谈·焦点的变迁》中有一集就是将今天中国人的表情和二十年前的相比较,从而得出中国二十年来发生巨大变化的主题的。

---

① 樊雪. 60 分钟叙事艺术研究[D]. 广州:暨南大学,2009 年。

四、主题集纳结构

集纳式结构就是通过对不同时空或不同事件共性的集中展示来表达新闻主题。有些深度报道的主题,需要不同时空的事物共同来表达,这些事物在表达主题时起的作用都很重要。一般来说,集纳式结构分为不同空间的变换和不同典型的组合两种。

1. 不同空间的变换

这种结构方式把有联系的、在不同时空内展开的事实按一定顺序组接起来,以此来表现一个主题。如1997年初央视《东方时空》播出的元旦特别节目,开头就将香港、北京、三峡工地、上海和新疆吐鲁番五地1996年12月31日的情景同时纳入节目中,以显示祖国各地都在迎接、欢庆1997年这个崭新的开始。不同地区、不同场合、不同身份职业的人拥有的是同一份对祖国的美好祝福,唱的是同一首歌,仿佛歌声从四面八方传来,更加显得立体丰盈、余音袅袅。

2. 不同典型的组合

有些事实彼此之间互不关联,但其主题相同,可以按照主题的逻辑将其并联在一起,相互之间形成印证或证明事件生发的普遍性。这种结构类似于我国古典小说中的"串糖葫芦结构",形散而神聚。例如,《新闻调查·以公众的名义》讲述三个人物提起的公益诉讼:律师李刚起诉全国牙防组对乐天牌口香糖的认证有欺诈消费者之嫌,中国政法大学研究生郝劲松起诉铁路、地铁等垄断企业,浙江农民陈法庆提起环境诉讼。这三个事件相互没有关联,但是都与公益诉讼有关。以调查记者活动为线索,将三个本不相关的事件和人物并联在一起,使结构紧凑、论证有力。《新闻调查·漂在香港》以四个来自不同地方、都"漂"在香港的年轻人的经历和生活为线索,穿插交替讲述他们的故事,这样的结构也属于不同典型的组合。

思考题

1. 什么是叙事视角?它有哪几类?
2. 电视深度报道中,有哪些叙事策略?
3. 在制作电视深度报道时,我们可以运用哪些叙事结构?请简要说明。